ISTO É ESTRATÉGIA

SETH GODIN

ISTO É ESTRATÉGIA

Tradução
Sandra Martha Dolinsky

1ª edição

best.
business
RIO DE JANEIRO – 2025

TÍTULO ORIGINAL
This is Strategy: Make Better Plans

TRADUÇÃO
Sandra Martha Dolinsky

DESIGN DE CAPA
Caio Maia a partir de design original de Leonardo Iaccarino

CIP-BRASIL. CATALOGAÇÃO NA PUBLICAÇÃO
SINDICATO NACIONAL DOS EDITORES DE LIVROS, RJ

G529i Godin, Seth
Isto é estratégia : planeje melhor e desenvolva sua carreira e vida pessoal / Seth Godin ; tradução Sandra Martha Dolinsky. - 1. ed. - Rio de Janeiro : BestSeller, 2025

Tradução de: This is strategy: make better plans
ISBN 978-65-5670-064-9

1. Sucesso nos negócios. 2. Tomada de decisão. 3. Planejamento estratégico. 4. Mudança de atitude. I. Dolinsky, Sandra Martha. II. Título.

25-100042.0 CDD: 650.1
CDU: 005.336

Carla Rosa Martins Gonçalves - Bibliotecária - CRB-7/4782

Texto revisado segundo o novo Acordo Ortográfico da Língua Portuguesa.

Título original: *This is Strategy: Make Better Plans*

Rua Argentina, 171 – Rio de Janeiro, RJ – 20921-380 – Tel.: (21) 2585-2000,
que se reserva a propriedade literária desta tradução.

Impresso no Brasil

ISBN 978-65-5670-064-9

Seja um leitor preferencial Record.
Cadastre-se no site www.record.com.br
e receba informações sobre nossos
lançamentos e nossas promoções.

Atendimento e venda direta ao leitor:
sac@record.com.br

Tração é progresso.
Ajude os outros a chegar aonde estão indo.
Grandes problemas exigem pequenas soluções.
O trabalho fica mais fácil se você consegue ver para onde está indo.
Mudança cria tensão.
Melhor é possível.

Charles Wilson tem um problema. Ele é um dos grandes pianistas de sua geração e inspira pessoas quando se apresenta por todo o mundo. Sendo o único artista, compositor, empresário, administrador de fãs, diretor de operações e empreendedor por trás da persona BLKBOK, tem muitas opções e pouco tempo. Ser dedicado e competente não é o suficiente; ele precisa descobrir como aumentar seu impacto e construir uma carreira sustentável sem ficar esgotado.

O secretário de Estado também tem um problema. O Departamento de Estado dos Estados Unidos é uma das maiores organizações do mundo, com inúmeros funcionários e um orçamento enorme. Como motivar esses colaboradores a trabalhar em prol do impacto desejado em mais de 150 países?

Kristin Hatcher faz um trabalho essencial de combate à violência sexual, particularmente em campi universitários. Embora a urgência de sua causa seja clara, encontrar o apoio necessário para angariar fundos e colocar o projeto em prática é um desafio contínuo, muito mais difícil do que deveria ser.

Jesse Cole, fundador e dono do Savannah Bananas, tinha um problema. Sua ideia extraordinária era limitada por um sistema já estabelecido. Hoje, ele faz cada vez mais sucesso levando seu time maluco de beisebol a estádios do país inteiro. Recentemente, tomou decisões importantes que deram mais liberdade ao time, multiplicando a gama de opções diante deles.

Quando organizações grandes e pequenas me perguntam sobre problemas de marketing, eu costumo dizer: "Acho que, antes de qualquer coisa, você precisa de uma estratégia." Mas o que isso significa? Estratégia é uma coisa difícil de se ver e de explicar porque acontece ao longo do tempo.

Para encontrar uma estratégia melhor, precisamos estar preparados para largar aquela à qual nos apegamos. Quando a tecnologia mudou, a Nintendo parou de fazer baralhos e construiu um negócio de videogames. Em contrapartida, quando o telefone chegou, a Western Union decidiu simplesmente fazer telegramas melhores.

O mundo está mudando mais rápido que nunca, criando novas oportunidades e problemas todos os dias. Essa é nossa chance de fazer um plano melhor e criar um impacto maior com nosso trabalho. Isto é estratégia.

Mas talvez você não consiga ver (ainda).

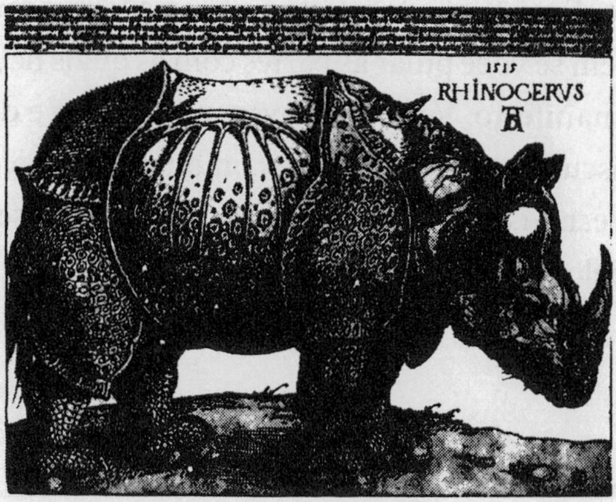

A maioria dos livros sobre estratégia é feito para gente cursando um MBA ou do alto escalão do exército.

Este aqui é para você, uma pessoa que quer melhorar as coisas.

Minha narrativa é repetitiva e implícita, numa rota que passa por si repetidas vezes enquanto procura ajudar você a ver como a coreografia do tempo, dos jogos, dos sistemas e da empatia faz nosso mundo girar. E, uma vez que você vê isso, não consegue mais "desver".

Cerca de quinhentos anos atrás, Albrecht Dürer fez uma xilogravura de um rinoceronte, uma criatura que quase ninguém na Europa havia visto pessoalmente. Cada detalhe é finamente reproduzido, mas a imagem não é precisa. Mas se você olhar para ela durante um tempo, vai ver surgir a essência de um rinoceronte.

A estratégia costuma ser uma opção invisível, a princípio muito sofisticada, cara ou elitista para a maioria das pessoas. Mas, uma vez identificada, torna mais claros os próximos passos. Nos dá o necessário para fazer planos melhores.

A estratégia é o solo, a semente e o jardineiro que trabalham juntos ao longo do tempo. É por meio da estratégia que podemos causar impacto.

Está tudo bem se você pular as partes com as quais não se identifica (ainda) desse manifesto. Você pode avançar a leitura e depois voltar.

Persista. Discuta as partes que não combinam com o que você está fazendo agora e, mais importante, as que não quer que sejam verdade.

Obrigado pelo esforço.

Como usar este livro: encontre pessoas e faça perguntas

Eu discuti as ideias deste livro com pessoas do mundo todo, e, juntos, descobrimos duas maneiras simples de transformar como você, leitor, se relaciona com o conceito de estratégia.

A primeira é: encontre três ou quatro pessoas e formem um grupo. Reúnam-se uma vez por semana, pessoal ou virtualmente, e compartilhem experiências, apontando os medos e as histórias de cada um. Você perceberá que sua estratégia está mudando surpreendentemente rápido.

A segunda é: use as perguntas, as listas e os desafios deste livro com o Claude.ai. O Claude é uma IA poderosa que personaliza suas perguntas de acordo com o seu projeto, fazendo você pensar sobre estratégia sob novas perspectivas.

Cada tópico aqui é numerado, para facilitar a consulta daqueles que valem a pena ser discutidos, independentemente de como seus colegas estejam lendo este livro.

O sistema está sempre mudando. Cabe a nós mudá-lo para melhor.

1. A estratégia é a filosofia do tornar-se

Quem nos tornaremos,
a quem serviremos,
a quem eles ajudarão a se tornar
Isto é estratégia.

A estratégia não é um mapa, é uma bússola. A estratégia é um plano melhor.

É tomar a decisão difícil hoje para que o amanhã seja melhor.

Esse é o objetivo. Esse é o cerne do nosso trabalho e nosso desafio diário.

Sempre em busca do melhor.

2. Quatro fios trançados

Tempo, jogos, empatia e sistemas: estão em todo lugar e é fácil ignorá-los.

Cada um deles dá suporte aos outros três. Ao longo deste projeto, falaremos ora de um, ora de outro, desenvolvendo uma compreensão mais completa e factível de como a estratégia funciona.

Tempo, porque a estratégia se desenvolve ao longo do tempo, como uma planta.

Jogos, porque vários jogadores estão em cena e os resultados possíveis são diversos. As árvores competem por luz; apenas uma se torna a mais alta, mas todas elas fazem parte da floresta.

Empatia, porque as pessoas não veem o que você vê nem querem o que você quer. Plante suas sementes em lugares com as melhores condições.

E sistemas, porque, sempre que trabalhamos juntos, um sistema é criado. E esse sistema geralmente perdura por muito mais tempo do que esperamos. Um pântano e uma planície não são a mesma coisa; cada um é composto por uma rede complexa de interações.

Um se desenvolve no outro, em uma trama sem fim.

3. O que as pessoas querem?

Uma vez que nossas necessidades básicas de alimentação, abrigo e saúde são atendidas, a maioria das pessoas lida com três desejos conflitantes:

- Pertencimento
- Status
- Sentir-se livre do medo

(Poderíamos colocar nessa lista alegria, admiração, emoção, satisfação e outras narrativas internas, mas, por enquanto, vamos focar esses três desejos.)

Pertencimento é comunidade. Encaixar-se. Ser querido. É vestir-se segundo a moda vigente, usar o garfo correto para a salada e saber a letra da música que todo mundo canta ao redor da fogueira.

Status é sempre relativo. Quem almoça primeiro? Quem está em cima e quem está em baixo?

E estar livre do medo é uma construção interna. O medo pode ser usado como um motivador, mas o desejo de evitá-lo é mais provável.

O marketing funciona com base nesses três princípios. E todos os sistemas se valem deles para manter sua estrutura.

Se quiser entender a escolha de alguém, procure saber a fundo o que ele realmente quer, não apenas os simulacros que diz querer.

4. A não estratégia de "aceitar aquilo que você pode ter"

"Você pode escolher qualquer um. Eu sou qualquer um."

Lute por atenção. Faça um ótimo trabalho. Não se arrisque e siga o líder.

Isso é uma não estratégia. A não estratégia de fazer o que nos mandam fazer, de nos encaixar e nos acomodar. A não estratégia é o que acontece quando não se pensa sobre estratégia.

Aquele número no velocímetro do carro nem sempre indica que você vai chegar rápido a seu destino.

Afinal, você pode estar pisando fundo no acelerador, mas andando em círculos.

Podemos fazer melhor.

Não posso lhe dizer qual deve ser sua estratégia, mas sei que você precisa de uma.

5. No aguardo de instruções

Perguntar "E agora, o que acontece?" é diferente de "E agora, o que eu vou fazer?".

O jeito mais fácil de lidar com a vida é simplesmente deixar que ela te leve e ir seguindo os itens da lista, certo? Mas nossa liberdade e autonomia exigem que tomemos um rumo diferente. Nosso trabalho começa quando encontramos uma estratégia e criamos um futuro distinto.

Nós precisamos fazer escolhas.

Ficar onde está ou se mudar para outra cidade... Seguir carreira na empresa até chegar a sócio ou abrir o próprio negócio... Anunciar um produto em um marketplace ou criar a própria loja... Música no vinil ou no Spotify... Aumentar ou diminuir os preços... Abrir mais uma franquia ou fechar a divisão de atacado... Cursar uma faculdade famosa e cara ou optar por uma ótima educação em uma instituição menos famosa... Fazer uma festa de casamento tradicional ou fugir com a pessoa amada... Criar um blog ou um podcast... Fundir com um concorrente ou vender a empresa.

São muitas escolhas, muitas opções.

Diante de tanta variedade, é tentador seguir o fluxo e fazer seu trabalho. Fingir que quem decide é outra pessoa, baixar a cabeça, seguir instruções.

Não abra mão da sua autonomia, não volte para o torpor da rotina e da conformidade. Você pode fazer as coisas de um jeito melhor.

6. O caminho sofisticado é a forma mais útil de seguir

Meu vizinho corre descalço, sem esforço aparente. Certamente não se esforça mais do que qualquer outro corredor, mas corre mais rápido, com menos desconforto. Dezesseis quilômetros depois ele ainda está inteiro.

Sofisticação é simplicidade, eficiência e eficácia. Não basta *a* solução para obter um bom resultado. Um bom resultado advém, sem dúvida, da *melhor* solução — o caminho menos complexo e mais claro. Uma estratégia sofisticada oferece uma vantagem a serviço da mudança que queremos. Embora pareça fácil na execução, criar o método requer discernimento e cuidado.

Caminhos sofisticados podem parecer sinuosos a princípio, mas colocam os sistemas para trabalhar a nosso favor, e não contra. Exigem intenção e disciplina e nos recompensam com resiliência e eficiência.

Toda estratégia sofisticada evita becos sem saída e reduz desperdícios, fazendo-nos economizar energia, tempo e recursos. Além do mais, estratégias sofisticadas são lindas. Temos a consciência no nosso íntimo de que estamos alinhados com os sistemas e recursos que nos cercam, fazendo o certo do jeito certo. Em vez de perdermos tempo fingindo que não precisamos de uma estratégia, depositamos nossa energia em ir atrás de uma sofisticada.

Estratégias sofisticadas *usam* sistemas. Mesmo quando se propõem a mudar o sistema, elas não o combatem diretamente; elas o usam como ferramenta para mudá-lo.

Essa abordagem só melhora com o tempo. A palavra se espalha horizontalmente. A confiança cresce. Engajamentos levam a mais engajamentos.

Cada nó do sistema que usamos vai alocar nossa atenção e nosso esforço de uma forma diferente. Nosso projeto precisa ser aceito por pessoas que têm o poder de escolher, e nossa função é criar as condições para que isso aconteça.

7. As estratégias sofisticadas não são todas iguais

Mas muitas delas cabem em caixas parecidas. Os sistemas respondem a estratégias, e estratégias sofisticadas nos dão vantagem.

Três coisas para focar:

- **A estratégia melhora conforme o seu desenvolvimento.** Qualquer um pode dar um gás inicial, mas estratégias sofisticadas podem ser mantidas ao longo do tempo.
- **A vantagem sistêmica supera o esforço heroico.** O esforço heroico é emocionante, mas estratégias sofisticadas de longo prazo quase não exigem milagres no dia a dia.
- **Elas são simples de explicar e difíceis de manter.** E isso acontece porque, com o tempo, as pressões para abandonar a estratégia sofisticada aumentam; serão sempre mil pequenos compromissos que acabam levando à mediocridade.

8. Os sistemas são invisíveis e persistentes

A estratégia constrói sistemas, mas também depende deles.

Todo sistema bem-sucedido tem um propósito.

Pode não ser o propósito a que o sistema diz servir, pode até parecer sem sentido, mas, se o sistema persistir, é porque está cumprindo seu propósito.

É difícil criar estratégias e fazer um impacto sem compreender quais são os sistemas atuando para manter as coisas do jeito que estão.

9. Vivemos no sistema solar

Talvez valha a pena dedicar um tempo a pensar em um sistema em que, claramente, não há ninguém no comando.

Terra, Júpiter, luas e um milhão de asteroides e meteoros... Estão todos em um sistema com uma estrela no centro.

O sistema se mantém unido pela gravidade, uma força invisível que controla silenciosa e implacavelmente a trajetória dos planetas.

Ao mesmo tempo, os planetas influenciam uns aos outros e, em menor medida, o Sol.

Quando um objeto interestelar de fora invade nosso sistema solar, atravessa-o ou é capturado, torna-se parte dele.

Não é porque algumas partes do sistema não são vistas que elas não existam. Como dizem, a gravidade não é apenas uma boa ideia — é uma lei.

10. Os sistemas entregam valor

Como nossa cultura evoluiu para ter sistemas no centro de tantas coisas que fazemos? Há três razões:

O esforço humano coordenado cria produtividade e valor. Quando trabalhamos em conjunto, realizamos muito mais. Um médico sem remédios, hospitais ou uma equipe não é muito eficaz. E um agricultor não pode alimentar ninguém sem sementes, ferramentas e mercados.

As pessoas quase nunca agem de forma racional. Mesmo quando queremos as mesmas coisas, nem sempre concordamos sobre como obtê-las. Os sistemas julgam essas divergências e nos permitem prosseguir, mesmo quando não estamos em sincronia.

A consistência é um bom recurso, e tanto o descuido quanto a persistência de informações permitem que ela exista. Se alguém não vai trabalhar ou não trabalha na velocidade máxima, o sistema atua como uma ponte.

O poder e a vantagem criados pelos sistemas também podem criar efeitos colaterais indesejáveis e impedir inovações valiosas.

11. Edifícios ou estradas?

Stewart Brand aponta que se você pegar um mapa de Boston de 1924 e o comparar com um de 2024, verá que quase todos os edifícios mudaram no último século, mas as rodovias principais permanecem as mesmas.

É muito mais fácil reformar ou substituir um edifício do que redirecionar uma estrada.

Os sistemas têm nós (edifícios) e conexões (estradas). Essas estradas possuem convenções que todos precisam entender para garantir a segurança delas.

Já os edifícios (e as pessoas) são substituídos o tempo todo. Estradas (e as regras dos sistemas) lutam loucamente para se manter como estão.

12. O assistente invisível (e o vândalo misterioso)

As melhores ondas fazem os melhores surfistas.

Uma habilidade útil no surfe é saber escolher o lugar e a hora certos para surfar. Os sistemas de nossa vida são como ondas, podem facilitar ou dificultar nosso trabalho.

Trabalhar com um sistema é como ter um assistente ávido e competente, sempre disposto a melhorar nosso trabalho. Mas trabalhar contra um sistema é como se alguém intencionalmente prejudicasse o andamento do projeto.

Quando a Michelin lançou o pneu à prova de furos, tinha certeza de que havia criado uma inovação de um bilhão de dólares. Seria melhor para os condutores, os fabricantes de carros e a indústria em si.

Poucos anos depois, o projeto estava morto. Ron Adner explica que, como as lojas de pneus, as oficinas e os borracheiros precisariam de treinamento pesado e de novos equipamentos e não engajaram logo no começo do projeto. A Michelin, por sua vez, não se esforçou também para isso acontecer.

O resultado dessa falta de integração foi clientes tendo muita dificuldade para consertar um pneu e sendo comumente pressionados a comprar pneus normais para substituir os carecas ou danificados. Clientes frustrados reclamaram e alguns até processaram a montadora.

Embora seja fácil culpar os borracheiros egoístas, o verdadeiro responsável foi o sistema — o resiliente complexo industrial automotivo que preferiu não mudar de forma tão rápida.

13. Você consegue ver o rio?

Um rio é mais do que água. Há água em um lago também.

A essência do rio é a correnteza. Remar a favor da correnteza é mais fácil do que ir contra. Uma foto pode mostrar a água, mas não seu movimento, não a força implacável dela indo da nascente à foz. *O rio flui.*

Se quiser mudar o curso de um rio, você pode tentar construir uma represa, mas elas são caras e passíveis de falhas.

A alternativa é cavar um pequeno canal que ajude o rio a ir aonde ele já estava indo. Quando você facilita o fluxo da corrente, ela responde.

Um pequeno canal logo se transforma em uma corrente e, depois, no próprio rio.

14. O coletivo

Por que os pássaros voam em formação? O que faz um pássaro participar dessa formação? Sabia que o pássaro líder não ocupa essa posição o tempo todo. O bando alterna. O coletivo evolui e encontra um sistema eficiente para ter uma melhor viagem.

Funciona assim com pessoas também. Toda vez que uma pessoa se beneficia do engajamento com uma comunidade, um sistema evolui.

A maioria das pessoas não vai até o riacho para buscar água fresca para o dia. Não temos o menor problema em pagar uma pequena taxa para ter água que sai de um cano de uma estação de tratamento, que faz parte da infraestrutura da cidade.

Não tentamos persuadir cada pessoa que conhecemos acerca de nosso status e conhecimento. Em vez disso, pagamos (com tempo e dinheiro) para frequentar uma instituição educacional que nos concede um certificado em troca.

E mesmo quem é solista profissional não está sozinho. Somos parte de um coletivo ou de um setor, um sistema que pega inputs e outputs e os transforma em algo de valor para todos os participantes.

Os sistemas estão presentes em todos os lugares onde os seres humanos precisam suprir uma necessidade. Às vezes, eles persistem por mais tempo do que gostaríamos. Às vezes, seguem direções que não gostamos. Normalmente, são culturais, invisíveis e difíceis de notar.

Mas fato é que os sistemas definem a nossa vida.

15. Sistemas de sucesso

Existem papéis e regras, entradas e saídas, recompensas e punições.

Existem ciclos de feedback, dinâmicas de poder e hierarquias. Os sistemas surgem com o *status quo* e o defendem.

O sistema pode ser invisível, mas as pessoas que participam dele sentem sua atração e normalmente entendem que ele tem poder. Os sistemas eficazes criam os outputs que os definem.

Existem sistemas gigantes e ricos, como vestibulares, a indústria bélica ou o capitalismo, mas existem outros minúsculos, como a dinâmica de um bairro específico ou a maneira como o conselho de uma ONG toma decisões. Famílias também são um sistema.

Não podemos mudar o capitalismo. Não podemos fazer nele um estrago sequer. Mas podemos mudar os incentivos de consumidores, funcionários e investidores criando diversos limites culturais e papéis que operem dentro do sistema maior.

Os sistemas podem ser pequenos como um núcleo familiar, decidindo quem tem voz ativa na decisão no jantar, e grandes como um planeta de 8 bilhões de pessoas tentando lidar com as mudanças climáticas.

Sistemas dentro de sistemas. É uma infinidade de sistemas dentro de sistemas.

16. A vida real não é LEGO

Parte do apelo do LEGO para crianças é ver se as peças se encaixam ou não. Um edifício é montado, desmontado e remontado exatamente como era.

Isso é muito legal, mas também não é muito realista.

Tente desmontar um carrinho Hot Wheels. Você precisará de muita habilidade para montá-lo de novo. Só com o ato de desmontar, as peças deformarão.

Mesmo com a promessa de peças intercambiáveis, alguns aviões de milhões de dólares nunca mais voarão porque determinado chip não se fabrica mais.

Mas a verdade é que os sistemas são muito mais complexos do que um avião. Eles são mais do que objetos construídos: são as colisões entre esses objetos e o mundo natural. São as interações complexas da cultura, da interação humana, da natureza e do caos.

Não é possível entrar no mesmo rio duas vezes porque nossa pegada, na primeira vez, transformou-o em um rio diferente. E nos transformou também.

17. Dois mitos sobre sistemas

- Você tem poder ilimitado
- Você não tem nenhum poder

Precisamos de estratégia porque não podemos simplesmente ordenar ao sistema para seguir nossos desejos. É fruto de um mito cultural a ideia de que todos nós temos autonomia ilimitada, desde que estejamos dispostos a nos esforçar, exigir e insistir o bastante.

Mas os sistemas são resilientes e resistentes.

O poder que você tem está entre o infinito e o zero.

Pode ser que tenha aceitado aquilo que recebeu adotando a postura de engrenagem ou, pior, de vítima.

Mas não somos impotentes. Indivíduos que organizam grupos com persistência e generosidade são capazes de mudar o mundo, e fazem isso todos os dias. Com a estratégia e os recursos certos, podemos causar impacto. Às vezes.

Buckminster Fuller nos ensina que, para mudar algo fundamentalmente, precisamos construir um novo sistema que torne obsoleto aquele que já existe.

Equalize a tentação de construir um novo sistema com a percepção de Carl Sagan: "Se quiser fazer uma torta de maçã do zero, primeiro você precisa inventar o universo."

É muito improvável que qualquer coisa que venhamos a construir seja de fato construída do zero. Mas, com tempo e foco podemos encontrar uma forma de alterar sistemas que são importantes para nós.

18. Sistemas construídos, naturais e complexos

Um avião é um sistema, cuja construção envolve um projetista e outros profissionais que desenvolvem projetos, peças e manuais, criando algo sobre o qual acreditam ter controle.

Mas quando um sistema construído mostra a menor das complicações, resultados inesperados começam a aparecer. A ponte Tacoma Narrows (que pesava milhões de toneladas) desabou porque os engenheiros não levaram em consideração a ressonância harmônica que a faria balançar e se desintegrar quando o vento ficasse muito forte.

A burocracia corporativa é um sistema construído e complexo. Age de maneiras que ninguém, especialmente o pessoal do RH, poderia prever.

Sistemas complexos criam resultados inesperados e imprevisíveis. São probabilísticos e instáveis, não determinísticos da maneira que esperamos.

Décadas atrás, a General Motors não pretendia projetar carros medíocres e mal construídos, mas acabou acontecendo. Também não estava nos planos da Ford que seu modelo Pinto explodisse e matasse pessoas.

Para que haja resultados, os planos não são necessários. Na verdade, é isso que geralmente acontece.

19. O que faz um sistema?

Os sistemas construídos pelo homem têm elementos em comum. Em geral, encontramos:

- **Limites** – os sistemas começam e terminam em algum lugar;
- **Benefícios** – as pessoas comprometem-se voluntariamente com um sistema porque acreditam no que ele promete;

- **Espectadores** – muitas vezes, mesmo as pessoas que não querem fazer parte do sistema, acabam por fazer parte dele;
- **Fluxos de informação** – os sistemas têm linguagem e expectativas compartilhadas que geram confiança e eficiência;
- **Estabilidade** – o sistema oferece a seus participantes uma previsão garantida do futuro;
- **Protocolos** – existem resumos, processos e métodos sobre como as coisas são feitas nos sistemas;
- **Funções** – os participantes do sistema buscam ou ganham status e pertencimento por meio de suas ações;
- **Resiliência e ciclos de feedback** – quando algo perturba o sistema, a reposta dele é recuperar o equilíbrio;
- **Conveniência e eficiência** – embora sistemas não sejam perfeitos, oferecem aos participantes resultados que os incentivam a apoiá-los;
- **Efeitos colaterais** – todo sistema também cria resultados que não são ideais para os participantes e não participantes.

Por essa razão, encontramos sistemas como:

- Esportes universitários de alto nível
- Starbucks
- Práticas religiosas
- A indústria do chocolate
- Bombeiros voluntários
- Uma orquestra comunitária
- A vida amorosa dos solteiros em Boise, Idaho.

Pode parecer que as decisões são tomadas voluntariamente, mas o sistema tem influência sobre cada participante e cada decisão tomada.

Toda decisão é a soma das expectativas, dos ciclos de feedback e das regras invisíveis e visíveis que seguimos.

20. A persistência dos sistemas

Convivemos com sistemas há tanto tempo que eles já são imperceptíveis para nós, mas eles estão em todos os lugares. Eles mudam nossas percepções e ações, e nem sempre nos oferecem o que queremos ou necessitamos. Então, por que continuam existindo?

Status quo – quando as pessoas se coordenam em redes e grupos, nossa aversão individual a determinados tipos de mudança se multiplica, portanto, o padrão é manter as coisas como estão.

Investimento – depois que investimos esforço, dinheiro e emoções em alguma coisa, é difícil abrir mão disso, mesmo que não seja exatamente do que precisamos.

Interoperabilidade – existem razões práticas para que as coisas funcionem do jeito que funcionam: conectores que conectam, idiomas que são compreendidos e procedimentos que maximizam a eficiência. Ninguém quer comprar um smartphone sem tecnologia Bluetooth.

Status – a hierarquia beneficia as pessoas que estão no topo (que têm poder) e que, por sua vez, se esforçam para se manter ali. Elas então vendem aos outros a ideia de que o sistema é a melhor maneira para que também alcancem determinado status.

Pertencimento – cultura é "pessoas parecidas conosco fazem coisas assim". Nós, seres humanos, encontramos consolo, satisfação e segurança na comunidade, e nosso desejo de pertencimento reforça a manutenção dos sistemas existentes.

É muita coisa para desfazer. Um caminho mais resiliente e vantajoso é trabalhar a favor dos sistemas, em vez de combatê-los.

21. Da porcelana fina aos fones de ouvido de condução óssea

Os sistemas culturais evoluem, camada por camada.

Em 1759, Josiah Wedgwood usou novas técnicas de produção para produzir em massa porcelanas e cerâmicas elegantes.

Em 1843, Ada Lovelace redigiu a obra inovadora que fundamenta a programação de computadores até hoje.

Em 1861, John Wanamaker teve a ideia de etiquetar os produtos a um mesmo preço.

Em 1911, Frederick Taylor publicou suas ideias sobre gestão científica, aumentando drasticamente a produtividade e a qualidade.

Em 1951, Lillian (Vernon) Hochberg iniciou suas campanhas de mala direta.

O onipresente contêiner de aço, usado pela primeira vez em 1956, barateou e facilitou o transporte de produtos pelo globo, permitindo que empresas como o Walmart transformassem a indústria do varejo.

Uma linha telefônica gratuita, lançada pela AT&T em 1967, conectava os consumidores diretamente às empresas, possibilitando o uso de cartões de crédito, lançados em 1950, para compras.

O e-mail marketing ético, criado pela Yoyodyne em 1992, abriu as portas para o comércio eletrônico, movimento que seria drasticamente ampliado com a adoção dos navegadores alguns anos depois.

E então veio a Amazon e juntou tudo isso em uma coisa só.

Isso explica como eu consigo comprar um par de fones de ouvido Shokz MP3 para usar debaixo da água pela internet e recebê-los em casa no dia seguinte.

22. Duncan Hines (e Nina Zagat)

Duncan Hines era um vendedor de gravuras viajante que atuava no centro-oeste dos Estados Unidos há cem anos.

Como os agentes de vigilância sanitária ainda não existiam, visitar uma cidade estranha e sair para jantar implicava verdadeiros riscos. Intoxicações alimentares eram comuns.

Duncan gostava de comer e, como o automóvel ficava cada vez mais confiável, ele também viajava muito.

Juntando sua expertise em gravuras com seu amor por comida, Duncan começou a publicar um guia de restaurantes para viajantes. Seu foco eram lugares onde um itinerante pudesse encontrar uma refeição decente.

No primeiro ano, ele deu seu guia de presente de Natal a algumas centenas de pessoas. Nos anos seguintes, a demanda cresceu tanto que ele começou a vendê-lo.

Pouco tempo depois, os restaurantes começaram a pedir para aparecer no guia, porque o movimento e o status decorrentes eram extremamente proveitosos para eles.

Hines ofereceu aos restaurantes uma chance de ser incluídos: se pagassem uma taxa, ele enviaria um agente para inspecionar o local. Se o restaurante passasse no teste, não apenas sairia no guia, como também receberia uma placa para colocar na entrada do estabelecimento.

A ideia se espalhou e a segurança alimentar de restaurantes do país inteiro nunca mais foi a mesma. O projeto melhorou a saúde de milhões de pessoas, deixou Hines rico e famoso, e o licenciamento de produtos acabou levando seu nome. Ainda é possível encontrar a mistura para bolo Duncan Hines em todos os supermercados dos Estados Unidos.

Várias gerações depois, Nina e Tim Zagat, advogados de Nova York, montaram um guia de bolso com indicações de restaurantes em

Nova York. Era voltado para um tema específico: focava restaurantes para pessoas que saíam para jantar algumas vezes por semana. Como foram convidando amigos e amigos de amigos para contribuir com avaliações, o livro, com um estilo único e conciso de informações curtas, foi agrupando milhares de restaurantes.

E os restaurantes recebiam classificações numéricas.

O resultado foi que os restaurantes de Nova York, e depois de todo o país, mudaram suas operações a fim de obter uma boa pontuação no guia.

Testes de DNA, passaportes, vigilância digital, classificações, listas de membros e notas de vestibular são ferramentas transformadoras porque leem dados e tiram deles informações valiosas.

E informação muda os sistemas.

23. Todos os cães são SRD

Um puro-sangue só é tão valioso porque alguma associação disse que o era.

O status conferido aos criadores e donos de cães que correspondem aos perfis inventados pelo Kennel Club e outras organizações os leva a se comprometer com esse sistema.

O resultado é uma crise sanitária devido à endogamia, além de um sistema de abrigo de cães que muitas vezes não dá conta de tantos filhotes rejeitados ou não vendidos pelos criadores.

Existem quase cem milhões de cachorros nos Estados Unidos, e cada um deles é afetado por um simples conjunto de regras que determina que tipo de cachorros eles são.

24. A *US News & World Report* mudou as faculdades

Em terceiro lugar — atrás da *Time* e da *Newsweek* —, a revista semanal *US News & World Report* vinha enfrentando dificuldades.

Para sobreviver, decidiram começar a publicar um relatório especial classificando as universidades dos Estados Unidos.

A primeira edição foi bastante informal, baseada em dados limitados e algumas opiniões.

Porém, como pareceu dar certo e lhes rendeu algum dinheiro, a revista decidiu reinvestir e transformar o guia em uma publicação independente.

Resistiram à resistência de reitores, usaram várias modalidades de pesquisa e acrescentaram inúmeras variáveis. É quase impossível classificar algo tão diversificado quanto instituições educacionais, mas a *US News & World Report* conseguiu.

À medida que a visibilidade e a aceitação do ranking aumentavam, crescia também o status das instituições — ou diminuía, conforme o caso. As universidades começaram a designar membros para analisar o jogo, entender as estatísticas e tomar medidas para subir no ranking.

Alguns dos efeitos colaterais:

- Instituições aumentando drasticamente os gastos com instalações esportivas;
- Escândalos em algumas instituições, como o da Universidade de Columbia, que foi flagrada declarando estatísticas falsas;
- Muitas faculdades mudaram o foco, o currículo e o sistema de classificação em resposta às baixas notas;
- Outras criaram formulários fáceis de preencher para candidatos com notas altas, simplesmente para poder rejeitá-los com mais rapidez e melhorar suas métricas;

- Ao narrar, rotular e publicar uma hierarquia, um agente de fora do sistema alterou um sistema que existia antes mesmo da unificação do país.

25. Onde está o relógio?

Donella Meadows compartilhou uma história que ouviu de um pesquisador na Dinamarca. Em 1973, examinaram um bairro suburbano de Amsterdã em que todas as casas eram muito parecidas.

Algumas tinham o relógio de luz no porão. Em outras, o relógio ficava no hall de entrada, onde os moradores não podiam deixar de notar o uso de energia toda vez que entravam ou saíam de casa.

Sendo iguais em todas as outras coisas, as casas com os relógios de luz visíveis consumiam 30% menos eletricidade que suas vizinhas.

26. Ver (e mudar) o sistema do chocolate

Os agricultores que cultivam cacau estão entre os trabalhadores mais mal remunerados em todo o mundo. Em Gana e na Costa do Marfim, dois dos maiores produtores, um sistema de commodities oprime a população, forçando-a a um trabalho árduo e sem fim, sem recompensá-la pelo sabor, pela inovação ou pela qualidade do chocolate que seus frutos produzem.

Chocolate é uma commodity barata, que precisa ser vendida em grande volume, mas em geral para pessoas que dão mais importância à conveniência, ao preço e às interações sociais que ao sabor ou o impacto de suas escolhas.

Aqui há vários sistemas em ação: o sistema da indústria, que exige escala, lucro e estabilidade. O sistema regulatório dos governos, em que burocracias equilibram o bem-estar social com as pressões do setor, bem como um desejo por estabilidade. E, claro, o sistema de marketing, respondendo aos consumidores, que prezam por conveniência e promoção.

Transformar o Halloween em um fenômeno cultural beneficia os maiores produtores de chocolate. Não é raro que 15% de suas vendas anuais estejam associadas a essa única celebração. As principais métricas atuando aqui são *market share* e lucro, não sabor ou sustentabilidade.

Em 2003, o jornalista holandês Teun van de Keuken falou sobre trabalho escravo na indústria do cacau. Seu plano inicial era usar a publicidade para envergonhar governantes e grandes fabricantes de chocolate e, assim, mudar o sistema.

A frustração de Van de Keuken com o sistema o levou a virar produtor e fundar a Tony's Chocolonely (nome escolhido por se considerar uma voz solitária no ramo). Hoje, Tony é um dos maiores fabricantes de chocolate da Holanda, com quase 20% do mercado holandês. O chocolate tem uma cadeia de produção estritamente controlada, do grão à barra, e oferece aos consumidores uma história diferente, uma opção mais saborosa e uma política melhor.

Shawn Askinosie seguiu um caminho parecido nos Estados Unidos, combinando gestão transparente, matéria-prima de fonte ética e remunerações muito mais altas para os produtores de cacau (de quebra, o chocolate é mais gostoso também). Shawn levou comprometimento e coragem ao setor e passou a fabricar um chocolate de forma diferente do padrão.

Uma terceira empresa, a Original Beans, enxergando as possibilidades de um novo sistema, comprometeu-se a levá-lo além, produzindo barras de chocolate estritamente controladas, usando os lucros para reforçar o setor e reintroduzindo sabores fora de linha pelos quais algumas pessoas pagam mais com prazer.

Nem Shawn, nem Tony, nem a Original Beans vão mudar o Halloween, mas as opções que criaram pressionam cada passo do sistema. Os governos não são mais facilmente persuadidos de que é impossível rastrear o chocolate até o produtor. Os revendedores percebem que podem lucrar o ano todo sem empurrar porcarias aos consumidores durante algumas semanas por ano. E os consumidores, sempre em busca de status e pertencimento, começam a se envolver com essa nova história, principalmente quando amigos e colegas destacam as opções.

"Melhor" é uma meta complicada. O sistema quer o que quer. Mas é possível, sim, encontrar vantagens que fomentem mudanças culturais que serão incorporadas ao longo do tempo.

Mudanças horizontais são mais difíceis de se ver do que lideranças corajosas, mas são mais importantes.

Os filmes precisam de heróis. As empresas precisam de CEOs. As invenções precisam de inventores.

Mas é importante lembrar que a *cultura* é o condutor da maioria dos sistemas, e que ela é o resultado das interações entre pessoas. Estratégias tropeçam quando dependem exclusivamente das determinações de quem detém o poder.

Se quiser cultivar um jardim, você precisará plantar sementes, mas o ecossistema e o clima determinarão o que acontecerá depois disso.

Nossa missão é encontrar um plano e criar as condições para que nosso projeto se espalhe entre as pessoas, por dentro e nas brechas dos sistemas que já existem.

27. Jogos sérios

Acertar a dosagem de insulina é um jogo. Conseguir a aprovação de um projeto de lei agrícola no Congresso é um jogo. Arranjar um emprego é um jogo.

Você faz uma jogada e, então, o sistema (na verdade, alguém no sistema) responde com outra. Há uma competição — por atenção, por recursos, por vagas — e resultados.

Muitas vezes, há elementos aleatórios operando também. Nenhum jogador é perfeito e ninguém ganha sempre.

Seu corpo é um sistema. Se você tem diabetes, acertar a dose da insulina é um desafio, porque o corpo humano não se otimiza sozinho para sua saúde e seu bem-estar. Se aplicar insulina demais, o sistema o empurrará para um lado. Se aplicar de menos, ele o puxará em outra direção.

Arrumar um emprego implica um sistema definido por escassez e oportunidade. Cada ação que o candidato ao emprego toma requer esforço e, às vezes, essas ações se transformam no emprego que ele está procurando.

Jogos sérios estão por toda parte, quer a gente escolha jogá-los ou não.

28. HÁ JOGOS EM CADA ESTRATÉGIA

Um jogo tem os seguintes elementos: jogadores, regras, escassez, escolhas, ciclos de feedback e resultados.

Chamar um projeto de jogo nos dá a chance de despersonalizar nosso trabalho, de adotar uma abordagem mais flexível em relação a ele e, acima de tudo, de falar abertamente sobre o tema. A teoria dos jogos — que se aplica desde a proliferação nuclear até a saúde pública e o pôquer — já foi largamente estudada e podemos aprender muito com ela.

Algumas informações sobre os jogos que geralmente são verdadeiras:

- Você não precisa gostar do jogo para que ele seja um jogo.
- Você está jogando, quer perceba ou não, e ser capaz de enxergar o jogo ajuda a jogá-lo melhor.
- O resultado de um jogo geralmente tem pouco a ver com o quanto você deseja ganhar.
- Cada jogador vê o jogo de um jeito diferente.
- Alguns jogos são fáceis de largar, outros duram para sempre.
- Os jogadores não seguem todos as mesmas regras nem têm os mesmos objetivos, mesmo quando jogam o mesmo jogo.
- Nenhum jogo permanece o mesmo por muito tempo, porque jogar muda o jogo.
- Ganhos no curto prazo podem levar a perdas no longo prazo, e vice-versa.
- Às vezes, a melhor maneira de vencer é ajudar os outros a se sair bem.
- Jogos grandes são feitos de jogos menores, do começo ao fim.
- A maioria dos jogos não é justa, e em alguns jogos não há como vencer.
- As habilidades mais valiosas em um jogo podem ser inúteis em outro.
- Alguns jogos ficam mais fáceis conforme você vence; outros, mais difíceis.
- Você não precisa sempre jogar o jogo que lhe oferecem.
- Às vezes, jogos multijogador se disfarçam de jogos para dois jogadores.

- Muitas vezes, passamos tempo demais tentando descobrir como vencer o jogo em que estamos em vez de escolher qual jogo jogar.

29. Somos todos viajantes no tempo

E somos todos agricultores também.

As sementes que você planta hoje levarão semanas ou meses para brotar.

Os sistemas que apoiamos, as pessoas com quem dançamos, a confusão que criamos... Nada disso é para hoje, é tudo para o futuro.

Estamos presentes aqui, agora, mas vivemos no futuro. Estamos fazendo história.

Se pudesse ter o amanhã de novo, você faria diferente?

30. Ver o tempo

O tempo é simplesmente a maneira que a natureza tem de garantir que tudo não aconteça de uma vez só.

As pessoas têm dificuldade de entender a natureza da evolução, a ciência de Darwin ou os juros compostos porque têm dificuldade de ver o tempo.

Talvez estejamos aqui por causa de tudo que aconteceu no passado.

Ou talvez seja mais útil perceber que o futuro está contando conosco para criar o que virá depois.

Existe o mundo do lado de lá da nossa janela, o mundo do aqui e agora.

Mas também recordamos o ontem. Quem éramos e o que aconteceu.

Também sabemos que há o amanhã. Se agirmos hoje, alguma coisa logo vai acontecer.

Podemos investir nos dias que virão (ou sacar deles). Ou seja, lá na frente poderemos pagar o preço ou aproveitar os benefícios do trabalho que fazemos hoje.

Normalmente, vamos do ontem para o hoje como espectadores, flutuando nas correntes da mudança. Mas quando operamos no nosso melhor, criamos um futuro com intenção. E o futuro conta conosco para torná-lo melhor.

Estratégia é o trabalho árduo de escolher o que fazer hoje para melhorar nosso amanhã.

31. Existe um método

Ou nós fazemos o sistema ou o sistema nos faz.

Construir uma estratégia conecta nossos objetivos ao nosso conhecimento (aumentando nossos recursos) e nos permite fazer a diferença. Nosso projeto é a estratégia factível com a qual nos comprometemos.

Dezessete perguntas lançam luz sobre o trabalho a ser feito, que traz o amanhã para o hoje, aqui e agora, permitindo articular uma estratégia.

- Estamos aqui para servir a quem?
- Qual é a mudança que queremos fazer?
- Quais são nossos recursos?
- Em qual área atuamos?
- Quem já fez algo assim antes de mim?
- Quais sistemas estão em jogo?
- Estou mudando o status de alguém?
- Por que alguém escolheria voluntariamente fazer parte desse trabalho?

- O que essa pessoa diria a seus colegas?
- Quem ganha status, pertencimento e poder apoiando esse trabalho?
- Além do suporte inicial haverá mais suporte depois?
- Estamos criando um efeito de rede?
- O que preciso aprender para que isso dê certo?
- Com quem preciso trabalhar?
- Até onde devo ir e quando devo parar?
- O que farei se não der certo?
- Quanto é suficiente?

Essas perguntas deixarão uma pessoa que deseje ser vendedor de leite, estrela de cinema ou senador impaciente. Fomos seduzidos e convencidos a procurar empregos, mas essas perguntas nos desafiam a buscar uma estratégia e são uma maneira de nos preparar para o caminho gradual que leva de um ponto ao outro. Muitas vezes, escolhemos um trabalho que queremos fazer e trabalhamos de trás para a frente para responder a essas perguntas, mas, além de ser arrogante, isso nos isola da realidade dos sistemas com os quais precisamos interagir a fim de alcançar as pessoas a quem gostaríamos de servir.

Com a estratégia certa, os trabalhos que fazemos serão mais gratificantes e fáceis de realizar.

32. O desgosto de uma estratégia intuitiva

É fácil se apaixonar por um sonho. Esse sonho pode ser abrir uma livraria ou se tornar influenciador nas redes sociais. Talvez o sonho seja uma série de promoções no trabalho, ou criar uma comunidade ativa em torno de algo.

A vida toda somos ensinados a seguir nossa paixão, a crer que fazendo o que amamos o sucesso virá.

Só que, infelizmente, nossa paixão e intuição talvez provenham de um sistema que não apoia de fato o trabalho ou a mudança que buscamos realizar. O rato não sabe que alguém construiu o labirinto.

O X da questão é que nossa paixão provavelmente provém de uma ideia do que achamos que vai funcionar. Inconscientemente, ficamos cientes do que é possível e, então, focamos um caminho e nos comprometemos com ele. Esse caminho acaba se tornando nossa identidade. Se sua paixão é escrever roteiros, pode ser que você tenha crescido em um mundo onde havia muitos filmes — ninguém nasceu para ganhar um Oscar quatrocentos anos atrás.

Em Cleveland, muitas crianças sonham em ser jogadores profissionais de beisebol, mas poucas dizem que sua paixão é ser ferreiro. Não nascemos com uma paixão específica, ela é produzida com base no que encontramos pelo caminho e no que é esperado, apesar de não conseguirmos colocar em palavras a estratégia implicada nisso.

Pode ser que nosso propósito *real* seja simplesmente ser útil, produtivo e fazer a diferença. Em outras palavras, ter uma estratégia sofisticada. Os detalhes importam menos que a jornada. Mesmo que o projeto nem sempre tenha sucesso, ele nos indica o caminho a ser seguido. É benéfico porque o empenho de ir de um ponto a outro nos faz sentir vivos de verdade. Uma vida sem projetos não tem cores, é cinza.

Para começar o árduo trabalho de desenvolver uma estratégia melhor e mais resiliente primeiro é preciso abandonar suposições e metas às quais talvez você esteja apegado agora. "Simplifique e depois acrescente leveza", disse Colin Chapman, fundador da Lotus Cars.

Simplifique, porque a complexidade desnecessária à qual estamos presos foi criada apenas para nos isolar do medo. E leveza porque nossa agilidade aumenta a resiliência.

"Simples" não significa causar um impacto menor ou se contentar com menos. Significa escolher uma estratégia eficaz. É uma chance de se tornar um *asset* específico e significativo, em vez de um genérico e errante; uma estratégia da qual valha a pena falar, que compensa melhorar. Uma estratégia fácil de descrever e difícil de manter.

Apaixonar-se por um resultado muitas vezes nos impede de fazer algo que somos capazes de fazer.

33. Escondendo-se de uma estratégia útil

Quando esclarecemos, simplificamos e nos comprometemos, a estratégia útil cria seus próprios desafios.

E se não der certo? Quando fazemos promessas e tendemos a um caminho que exija trabalho emocional, tempo e esforço, nos tornamos responsáveis. Nos tornamos eficientes, sem lugar para nos esconder. E qualquer projeto que valha a pena fazer pode não dar certo.

Agora, e se *der certo*? Estamos dispostos a abrir mão de nosso *status quo* para aceitar a possibilidade de causar impacto? Estamos prontos para ser quem seríamos se a estratégia fosse bem-sucedida?

Muitas vezes, temos mais autonomia do que gostaríamos de admitir. Esconder-se é fácil, mas nosso projeto exige que estejamos na linha de frente e causemos impacto.

Como apontou Michael Porter, uma estratégia não é uma meta. E uma estratégia não é uma lista de tarefas. Uma estratégia é o conjunto de escolhas que fazemos (e mantemos) durante a competição. É natural tentar se esconder de escolhas difíceis, arriscadas. Toda competição é algo desafiador. É mais fácil falar sobre qual é a nossa missão do que levar a cabo a escolha e a persistência de uma estratégia.

34. Parece fácil, mas não é

Os caminhos fáceis, diretos e óbvios dificilmente darão os resultados que você deseja. Na verdade, eles são uma armadilha, parte de um sistema que tira vantagem de pessoas que buscam algo conveniente e satisfatório.

As melhores empresas não recrutam nas agências de empregos, e os projetos mais valiosos nem sempre são óbvios.

35. Roma foi construída em um dia

Claro que não foi. Roma ainda nem está terminada...

Mas assim que Rômulo e Remo anunciaram "Esta é Roma", lá estava ela. Construída, mas incompleta.

Depois disso, o trabalho se tornou o esforço incansável e repetitivo de aprimorar o sistema e fazer crescer a comunidade daquele lugar.

Começaram no século certo, no lugar certo, com a filosofia certa.

E a cada dia, Roma está melhor.

Melhor, mas nunca finalizada.

36. Um telefone por si só é inútil

Alexander Graham Bell não inventou o telefone.

Ele também não conectou o mundo, não criou o 0800, nem inventou o smartphone.

O que ele fez foi construir o sistema Bell. Ele licenciou seu protocolo para empresas, para que conectassem suas redes telefônicas à rede global maior.

A grande descoberta foi ver o óbvio: que um telefone funciona muito melhor se você puder usá-lo para ligar para outra pessoa que tenha um telefone.

Com o tempo, isso significa que todo usuário de telefone tem um incentivo para se juntar ao sistema maior. Construa uma rede telefônica útil e todo usuário de telefone acabará tentando convencer quem não tem telefone a comprar um.

Mas mesmo com as vantagens extraordinárias em velocidade, eficiência e comunidade que o telefone permite, foram necessários 75 anos para que um milhão de pessoas tivessem o aparelho em casa. Construir as redes telefônicas foi difícil e vagaroso.

O Facebook levou apenas dez meses para atingir um milhão de usuários. Cem vezes mais rápido do que o sistema criado por Bell.

Alguns anos depois, o influenciador MrBeast fez um vídeo que alcançou um milhão de pessoas em menos de dois dias.

Poucas pessoas que estão lendo isso estão trabalhando para construir algo tão universal e revolucionário quanto o telefone, mas todas podem se beneficiar entendendo os efeitos de rede, porque está em toda parte e tem mais impacto e velocidade do que Bell poderia imaginar.

37. As mitologias da ilha deserta

Há duas pessoas na ilha; só você e eu. E toda interação que temos é aqui, agora.

Só que não é assim.

Cada pessoa na sua vida está conectada a outra pessoa. A muitas outras pessoas. Cada decisão que tomamos tem a ver com nosso posicionamento, nossas conexões e nossa comunidade.

E no mundo real, o tempo intimida. As interações que temos hoje nos mudarão para amanhã, depois de amanhã, e depois de depois de amanhã...

Não é uma díade. E não é simplesmente sobre o agora.

Estão todos na sala, e a sala está aqui hoje e amanhã.

É uma rede. Uma rede de sistemas comunitários conectados no tempo.

38. Cidades são contagiantes

Sem pessoas vindas de outros lugares, a metrópole seria tão pouco populosa quanto o campo.

Cidades são conectores. Quando funcionam, é porque as outras cidades também existem. A cidade bem-sucedida persiste porque vale mais ser parte dela que ficar de fora.

E a metáfora é real: nosso projeto, o efeito de rede, a jogada, as conexões, tudo isso é uma cidade. Nossa cidade. Um sistema que é parte de outros sistemas, com uma chance de fazer uma mudança acontecer.

Nós podemos criar as condições para que ela prospere. Ninguém quer ser apressado, mas muitas pessoas estão loucas para fazer parte de algo que importa.

A mudança acontece com o tempo, mas a pressa prejudica uma estratégia eficaz.

39. Analisando a última jogada

Quando o acordo vai por água abaixo, o time perde o jogo ou a parceria fracassa, é fácil direcionar nossa energia para o evento mais recente.

"E se houvéssemos feito algo diferente?"

Mas pensar dessa forma é ignorar o verdadeiro problema. Foi a primeira jogada, ou a quinta, que ocasionou o problema, não a que foi feita no último segundo.

Criar as condições para o sucesso é um projeto muito diferente de fazer uma jogada heroica.

40. Estratégia e táticas

Em 1968, o *Sunday Times* de Londres ofereceu uma recompensa em dinheiro para a primeira pessoa que conseguisse circum-navegar o planeta sozinha. Prometeram aventura, fama e um troféu também.

Onde termina a estratégia e começa a tática?

Os bravos navegantes que decidiram se comprometer com o concurso tiveram que tomar incontáveis decisões. Que tipo de barco? Teria que ser de madeira (fácil de consertar) ou de aço (improvável que quebrasse)? Que tipo de equipamentos eletrônicos deveriam ter, e quais sistemas de backup? Deveriam mesmo participar?

Foram as escolhas estratégicas que determinaram o vencedor.

Algumas táticas foram aplicadas no percurso, mas foram pensadas depois que a corrida já havia começado. Dado o tempo limitado e as poucas escolhas, qual é a melhor opção para dar suporte à estratégia?

Táticas exigem habilidades aplicadas em tempo real e podem ser desgastantes. Mas a estratégia é mais fácil de pular, porque treinamos a vida inteira para usar táticas.

Estratégia é uma filosofia baseada na consciência de nossos objetivos e na dos sistemas que nos cercam. Táticas são o trabalho árduo que fazemos para dar suporte à estratégia. Contudo, mesmo as grandes táticas não ajudam se a estratégia trabalhar contra nós.

Robin Knox-Johnston venceu a corrida ao redor do mundo. Sua filosofia sobre manutenção de barcos compensou os contratempos que enfrentou no caminho. Sua estratégia estava correta, e as táticas eram boas o bastante para apoiá-la.

41. Rumo a uma prática estratégica

Ocupamos nossos dias com atividades, mas como podemos nos destacar e fazer a diferença?

Existem três maneiras de impulsionar um projeto:

- Tarefas
- Vantagens
- Trabalho emocional

Tarefas são trabalhos que contratamos a nós mesmos para fazer. Podem tomar o dia inteiro ou a maior parte dele. Limpar a caixa de entrada, atender ao telefone, trabalhar. Tarefas são tudo que os funcionários fazem em uma empresa. Às vezes são satisfatórias, livram a nossa cara, mas não nos levam muito longe.

Vantagem é o trabalho que terceirizamos. Terceirizar é muito mais fácil hoje do que foi no passado, mas nos desafia a usar nossos recursos com sabedoria. Quando fazemos bem um trabalho que só nós podemos fazer, geramos valor suficiente para justificar a contratação de pessoas que executem as tarefas que não estamos dispostos a fazer.

Já **trabalho emocional** envolve a prática de fomentar mudanças, tomar decisões e criar estratégias. Uma vez engajados nele, fica difícil aceitar a incompetência. Também é algo desafiador porque envolve estar sempre de olho nas possibilidades e, a partir delas, implementar mudanças reais. Contudo, é fácil cair na armadilha de evitá-lo, e é por isso que gastamos tanto tempo em tarefas.

Rembrandt, Andy Warhol e Kehinde Wiley criaram obras visuais impactantes, transformando a cultura de um modo perene. Esses artistas construíram estúdios, contrataram artesãos e, graças ao auxílio de uma equipe, criaram em um volume que não seria possível se estivessem sozinhos. Contratando colaboradores, e muitas vezes até terceirizando execuções, eles potencializaram suas habilidades.

Cada artista sabia que havia um trabalho que só eles podiam fazer. Eles definiam o estilo, assinavam a obra, apresentavam-se diante da realeza ou no Max's Kansas City, e estavam cientes de seu papel público. As pinturas eram trabalho da equipe, mas a arte era de autoria deles.

Os três se dedicaram ao trabalho emocional de tomar decisões: "Qual será o próximo passo?"; "Quem devo contratar?"; "O que é bom o bastante para vender?".

Podemos aprender a usar vantagens a nosso favor ou dedicar um tempo enorme à execução de tarefas.

42. Projeto no trabalho é diferente

Quando você tem um trabalho a fazer, faz o trabalho a ser feito; quem decide isso é seu chefe.

Mas nossa vida não é um trabalho: nossa vida é uma série de projetos.

Projetos, por sua vez, são uma escolha, e nossa liberdade nos dá a chance de navegar sistemas e fazer mudanças significativas que acontecerão ao longo do tempo. Não agora; mas pouco a pouco, jogada a jogada, dia a dia. Nosso trabalho afeta o mercado e o mercado responde. Nosso trabalho influencia uma pessoa, que influencia outra. Não somos um evento. Nós escolhemos um caminho.

A estratégia é uma bússola que nos ajuda a agir quando estamos incertos, a construir redes quando estamos sozinhos e a perseverar até que o mundo em que vivemos se torne o mundo que imaginamos.

43. Talvez você precise de uma estratégia para:

- Entrar na faculdade que deseja
- Arranjar um novo emprego
- Aumentar as vendas do seu produto novo
- Escolher onde morar
- Fazer com que seus vizinhos venham à festa
- Aprovar o orçamento do conselho escolar
- Fazer uma festa de casamento sem gastar mais do que deveria
- Mudar uma cultura opressora no trabalho
- Ajudar uma criança a se sentir bem-vinda
- Economizar o suficiente para se aposentar

44. Rastejando com paciência

Justin Kobylka é o criador de pítons-reais mais bem-sucedido do mundo.

Antes da internet, isso não significava muita coisa, mas como agora estamos todos conectados, os criadores podem compartilhar vídeos e fazer negócios on-line, e o sistema em torno da criação e venda de cobras foi totalmente redesenhado.

Deixou de ser um hobby excêntrico de fundo quintal para se tornar um negócio multimilionário.

Quando um sistema amadurece, ter uma pequena vantagem pode resultar em: maior geração de recursos, mais investimentos, decisões tomadas com paciência e na construção de confiança. Um bom ciclo de feedback amplifica essas pequenas vantagens. As pessoas querem comprar do líder de mercado, o que lhe dá ainda mais vantagem.

A empresa de Justin, Kinova Reptiles, é cinco estrelas, a classificação perfeita no Morphmarket, a principal plataforma de vendas da categoria. Sua incubadora é enorme, impecável e eficiente. E, acima de tudo, sua paciência e devoção ao ofício permitem que ele desenvolva variedades de cobras nunca vistas, algumas vendidas por mais de 30 mil dólares. Sua estratégia é clara e é pouco provável que alguém se iguale à sua excelência.

O cronograma pensado de Justin denota a elegância de sua abordagem.

Seu timing de crescimento em sincronia com as mudanças do setor, agora transformado pelo uso de vídeos e plataformas de vendas on-line.

Seu timing de investir na criação de condições para que o setor cresça, com sua empresa no centro.

E o timing de criar os recursos para fazer ainda melhor amanhã. Como Justin disse a Rebecca Griggs: "Recebi ofertas de mais de 100 mil dólares por uma cobra, mas pensando em meu trabalho futuro, é importante que eu mantenha certos espécimes. Na verdade, perdemos dinheiro no longo prazo quando vendemos de imediato a coisa mais incrível que possuímos."

Ele obteve uma pequena vantagem inicial e reinvestiu esse recurso para obter uma liderança mais sólida. Hoje, criadores se gabam da procedência de uma cobra: se veio de Justin, ela vale mais.

Seu trabalho pioneiro, suas instalações impecáveis e, acima de tudo, sua reputação continuam se retroalimentando.

45. Plantas fazem as pessoas felizes

Eliza Blank tinha 20 e poucos anos quando largou seu emprego na área de marketing e abriu a Sill, uma loja virtual de plantas para residências.

Dez anos depois, sua empresa fatura milhões de dólares anualmente, tem setenta funcionários e várias lojas.

A metáfora de cuidar e nutrir uma planta não passou despercebida por Blank.

Eliza fundou a Sill quando o advento da internet começava a redesenhar a forma de pesquisar e comprar plantas. Mesmo sem ter uma loja física, ela conseguiu empregar seus limitados recursos entregando plantas de porta em porta por toda Nova York. A notícia foi se espalhando e ela conseguiu investir na criação de conteúdo (o que atraiu novos visitantes e, consequentemente, clientes para seu site) e em uma logística de envio para todo o país.

Com o mundo em constante mudança, talvez o design desse projeto não funcione exatamente da mesma forma para um novo empreendedor. Qualquer pessoa pode copiar o líder, mas se ele tiver raízes profundas e seguir semeando, sempre será difícil alcançá-lo.

46. Cintos de segurança salvam vidas

É claro que salvam. Isso é muito óbvio e fácil de provar. É uma intervenção de saúde pública das mais baratas, fáceis e eficazes.

Mais de 90% dos motoristas usam cinto de segurança, que é exigido por lei nos Estados Unidos. Mas de 1968 a 1985, quando os cintos de segurança passaram a ser exigidos nos carros, mas não eram de uso obrigatório, seu uso era inferior a 10%.

Embora seja tentador acreditar que as pessoas começaram a usá-los depois que viram dados sobre sua segurança, não foi isso que aconteceu.

As companhias de seguros estavam gastando uma fortuna para resolver sinistros e começaram a pressionar muito para que as montadoras de automóveis instalassem contenções passivas como airbags. Um secretário de Transportes aprovou uma lei que os exigia, mas a administração seguinte a cancelou, até que a depois dessa a restabeleceu. Finalmente, a Suprema Corte ordenou que o governo tomasse uma decisão consistente.

Na época, a secretária de Transportes era Elizabeth Dole. Servindo sob o governo de Ronald Reagan, Dole não queria ser responsabilizada por ordenar que os fabricantes fizessem algo contra o qual estavam fazendo lobby. Por isso, decidiu que, a menos que mais da metade dos estados tornassem o uso do cinto de segurança obrigatório, ela ordenaria que contenções passivas fossem instaladas em todos os carros novos.

As montadoras, desinteressadas em repassar as consideráveis despesas dos sistemas de contenção passiva, perceberam que mudar sua posição em relação às leis sobre cintos de segurança causaria menos impacto no sistema do qual faziam parte.

Após a decisão de Dole, em apenas cinco anos mais de 70% dos estados aprovaram uma lei. O lobby de montadoras de automóveis e seguradoras foi irresistível para os estados, que puderam apontar as pesquisas como sua motivação.

Dole criou as condições para uma coalizão que mudou o sistema.

Regulamentações de saúde pública raramente são um esforço puramente popular. O apelo ajuda, mas alinhar persistentemente os interesses das forças do sistema é crucial. Quando interesses divergentes se beneficiam com a mudança das regras, é mais provável que o progresso aconteça. Ação coordenada é a única força capaz de mudar o sistema.

Os cintos de segurança salvaram mais de 400 mil vidas nos Estados Unidos desde então.

47. O Airbnb foi perdido

E foi encontrado em Austin, Texas.

A ideia original do Airbnb era simples: pessoas com um quarto ou sofá sobrando poderiam oferecê-lo a um viajante por uma ou duas noites. Uma forma de viajar gastando menos e criar conexões entre desconhecidos.

Há muitos quartos vagos no mundo e muita gente viajando. Mas enquanto os dois lados do marketplace não fossem criados, ninguém iria usá-los. E, de fato, ninguém usava.

Os fundadores do site perceberam que o SXSW em Austin propiciaria o menor público viável, pois não só havia falta de leitos disponíveis na cidade, como os participantes da conferência eram geralmente jovens aventureiros que viajavam sozinhos. Melhor ainda, eram influenciadores no ramo da tecnologia, pessoas que ganharam status compartilhando suas descobertas com os outros.

O que precisava ser feito era simples: encontrar algumas centenas de pessoas em Austin dispostas a receber hóspedes.

Uma vez criada uma lista de anfitriões, a ideia do Airbnb foi apresentada a um público que estava ansioso e pronto para ela. Nos dias seguintes, centenas de pessoas, nós no sistema crucial da empresa, experimentaram o serviço.

Ao mesmo tempo, elas tuitaram, postaram e compartilharam essas experiências. Perceba que ninguém fez isso para ajudar o Airbnb; fizeram porque as ajudara a atingir os próprios objetivos.

E então, o sistema do qual faziam parte fez o resto do trabalho.

48. Vinte e sete pratos com ovos

Beryl Shereshewsky tem quase um milhão de inscritos em seu canal do YouTube. Não é nada surpreendente que seus vídeos recebam mais de mil comentários, todos úteis e generosos.

Diversas pessoas querem ser famosas no YouTube, e quase o mesmo tanto quer mostrar suas habilidades culinárias.

A abordagem de Beryl, que é bastante lucrativa e lhe rendeu um programa na PBS.com, reconhece e amplifica o sistema.

Para seu vídeo sobre pratos com ovos, ela coletou receitas e informações com gente do mundo todo. Camarões, Albânia, Singapura, cada contribuição é celebrada. O espectador aprende e ganha um pouco mais de esperança.

Beryl não é a única estrela. Ela cria estrelas.

Esse modelo não faria sentido na era de Julia Child, quando a TV produzia respostas impositivas e estrelas intocáveis. Mas em um sistema conectado, no qual compartilhamentos e comentários são o combustível do conhecimento, a coisa flui.

49. Esther mudou o mundo

Em 1983, Esther Dyson começou a publicar uma breve newsletter: a verdadeira newsletter, física, impressa em papel azul, enviada pelo correio, selada, a assinantes pagantes. Em 1987, a newsletter saía todo mês e a assinatura anual custava 700 dólares. E os assinantes do Release 1.0 também eram convidados a uma conferência anual que ela organizava.

Em seu auge, a newsletter tinha menos de 5 mil assinantes, mas a demografia e a atitude de seu público mais do que compensavam seu tamanho. Todo capitalista de risco, investidor e empresa de mídia de tecnologia prestava atenção àquela newsletter — em parte, porque todo mundo fazia o mesmo.

Esther, coordenadora editorial da newsletter, teve a coragem de sair na frente e fazer previsões sobre o futuro da tecnologia. Selecionando os tópicos a ser discutidos e expondo um ponto de vista, ela dava uma pauta ao setor de tecnologia.

Quanto mais fazia isso, mais valiosa sua newsletter se tornava. Ela mudou o sistema e, então, tornou-se parte dele.

Esther ganhou milhões de dólares com a newsletter em si e muitos mais com seus investimentos. Mas o mais importante de tudo foi o impacto que ela causou.

50. Acenda a luz

O Innocence Project já libertou 250 vítimas de processos injustos. Esse número deveria ser cem vezes maior, mas também é um ato surpreendente de generosidade, percepção e dedicação.

O sistema que manda pessoas inocentes para a prisão não costuma ser submetido a uma inspeção pública rigorosa. A maioria das pessoas que trabalham no sistema, independentemente de quão boas sejam suas intenções, enfrentam pressões de tempo e orçamento, bem como resistência política. É simplesmente mais fácil processar mais um caso e mandar mais uma pessoa para a prisão do que fazer o tipo de investigação que esperamos e que vemos na TV.

O que o Innocence Project fez foi virar de cabeça para baixo o viés sistêmico que prioriza a facilidade da execução da pena. É mais fácil rever um caso do Innocence Project que tentar combatê-los ou ignorá-los. Pequenos sucessos levam a outros maiores.

O objetivo é causar impacto suficiente para que cada condenação seja importante para o sistema, não apenas um trâmite comum.

51. Grandes problemas exigem pequenas soluções

Grandes problemas se tornam grandes porque os sistemas os amplificam e os tornam persistentes.

É tentador decidir que um problema crônico é tão grande que devemos declarar guerra a ele, largar tudo, investir demais, prender a respiração e não fazer nada até que seja resolvido. Mas não foi assim que o problema chegou aonde chegou e pode não ser essa a melhor maneira de resolvê-lo.

Temos autonomia para decidir e a chance de escolher nosso caminho. Mas todo caminho precisa ser percorrido — é uma abordagem gradual para um impacto de longo prazo. Muitas vezes nos concentramos no poder, na súbita dádiva e na grande vitória. Mas talvez uma ação comunitária seja necessária para ajustar as recompensas e os fluxos de informações envolvidos no sistema do qual fazemos parte.

Essas pequenas mudanças se aprofundam na maneira como os nós do sistema tomam decisões. As mudanças no sistema são mais permanentes e resilientes que as linhas gerais mais satisfatórias que normalmente adotamos.

Soluções importantes não são o trabalho que se faz agora. São o trabalho persistente, mas impaciente, de construir uma estratégia eficaz.

Cada estratégia sofisticada já mencionada anteriormente explora sistemas que já existem. Cada uma delas também faz uma mudança acontecer e começa a construir os sistemas que seus criadores desejam ver.

52. "Anunciar" (também conhecido como "dar um grito egoísta")

Esse é o mantra do promotor egocêntrico e imediatista que se autodenomina marqueteiro. Essas pessoas dizem que uma boa ideia precisa de promoção infinita porque todo mundo merece saber sobre ela.

Há uma maneira melhor de pensar sobre isso: antes de tudo, dez.

Esse é o segredo do novo marketing.

Encontre dez pessoas. Dez pessoas que confiem em você/que o respeitem/que precisem de você/que o ouçam...

Essas dez pessoas precisam do (ou querem o) que você tem para vender. E se elas amarem seu produto, sucesso. Se elas amarem, cada uma dessas pessoas encontrará mais dez pessoas (ou cem, ou mil, ou talvez só três). E o ciclo se repete.

Se não gostarem, você precisará de um novo produto ou de mais conhecimento sobre as dez pessoas que deve escolher. E começar de novo.

Quando você atende ao menor público viável, sua ideia se espalha, seu negócio cresce. Não tão rápido quanto você gostaria, mas mais rápido do que poderia imaginar.

Essa abordagem muda a postura e o timing de tudo o que você faz.

Não podemos mais vender para massas anônimas. Elas não são anônimas e não são massas. Só se pode vender para pessoas dispostas a ouvi-lo, como esse grupo de dez.

Um bom timing faz com que um lançamento estressante, com releases de imprensa e grande revelação de produto, pareça loucura. Portanto, planeje a construção gradual que se transformará em uma onda gigante. Organize-se para isso e aplique seu dinheiro direito. A curva tradicional de dinheiro gasto (uma grande corcunda que depois vai diminuindo) é justamente inversa àquilo de que você realmente precisa.

Marketing eficaz não tem a ver com exagero, frenesi, alarde. Ele foca envolver as pessoas que buscam se envolver conosco. Nosso trabalho é encontrar um caminho resiliente para o futuro, ajudando as pessoas a chegar aonde desejam.

53. Use, seja usado ou mude tudo

O sistema está aqui. Nossa estratégia existe para nos ajudar a realizar mudanças. Podemos realizá-las conhecendo e usando o sistema a nosso favor, um propulsor do nosso trabalho... ou podemos realizá-las conhecendo e subvertendo o sistema, explorando seus ciclos de feedback para redirecionar seu funcionamento.

Sendo parte do sistema, é quase impossível mudá-lo apenas trabalhando duro.

Ao perceber isso, inúmeras pequenas empresas simplesmente decidiram jogar o jogo que o Google propunha. Elas aprenderam sobre SEO e algoritmo e foram trabalhar de graça na roda do Google como hamsters. Se fizessem tudo direitinho, conseguiriam tráfego e talvez pudessem transformá-lo em receita.

Até que o Google mudou as regras (de novo).

O sistema funciona porque nos engana, porque nos faz acreditar que estamos tomando uma decisão voluntariamente; que nossas escolhas são, de fato, escolhas nossas.

Mas, normalmente, isso não passa de ilusão. O sistema (qualquer sistema pelo qual sejamos capturados) limita nossas escolhas. Podemos "escolher qualquer carta", mas raramente vemos o baralho inteiro.

Ainda assim, podemos optar por enxergar o sistema em vez de simplesmente fazer parte dele.

Toda estratégia depende de estarmos conscientes da mudança que queremos fazer e dos sistemas que podem amplificar ou impedir nosso progresso.

54. A liberdade é possível

Mesmo assim, muita gente não acha isso. Talvez porque os sistemas que nos cercam sejam otimizados em torno da obediência. Talvez porque a liberdade seja assustadora.

Liberdade vem acompanhada de responsabilidade. Portanto, abrimos mão de nossa autonomia e nos afastamos dela em vez de usá-la.

Liberdade vem acompanhada de escolhas. As alternativas estão por todo lado, e sem um projeto, o mais fácil a fazer é ficar parado, aceitar a imobilidade e choramingar em vez de liderar.

Todos nós temos mais poder do que costumamos admitir.

55. Esclarecer o modelo de negócio

Quando criamos valor de uma forma escalável, encontramos um modelo de negócio.

A pizzaria transforma farinha e queijo em pizza e recebe o suficiente para cobrir o aluguel, os salários e ter lucro.

A ONG identifica doadores que não só querem fazer uma mudança acontecer, mas também estão dispostos a contribuir financeiramente para que ela faça sua parte. Não são muitas as pessoas que têm os recursos necessários ou uma relação com o dinheiro que possibilite fazê-lo, e o papel da ONG é justamente encontrar, atrair e manter esses doadores.

Um músico de jazz pode até lucrar com gravações, mas elas também permitem que ele faça shows ao vivo que não só pagam as contas, como também alimentam sua alma criativa.

Todo **modelo de negócio útil** tem alguns atributos em comum:

- Fica mais fácil de executar com o tempo: o sucesso de ontem aumenta a probabilidade do sucesso de amanhã.
- É uma contribuição bem-vinda para a vida e para os projetos das pessoas que o subsidiam (seja em tempo ou dinheiro).
- É resiliente. Quando o mundo muda, o modelo se ajusta e persiste ou até prospera.

As ferramentas digitais têm incentivado muita gente a tentar transformar hobbies em negócios. Investimos nosso coração e alma em um podcast e esperamos que um dia se transforme em um negócio. Toda jornada em prol da criação de um modelo de negócio é um investimento e não dá retorno no primeiro dia. Para transformar uma ideia em um motor de crescimento generativo, persistente e escalável é preciso, antes de tudo, encontrar uma estratégia e investir tempo e dinheiro nela.

Não funciona no primeiro dia, mas precisa funcionar um dia. O tempo é o condutor invisível.

56. E ele voa

O tempo voa como uma flecha. Se eu quebrar um ovo e mexê-lo, não posso voltar atrás e recolocá-lo na casca. Um aluno aprende uma nova habilidade, uma empresa constrói uma comunidade, um recurso. Seguimos em frente implacavelmente.

Moscas de fruta gostam de banana. Para atrair as moscas, não vale a pena mandar que apareçam, nem insistir. Colocar uma banana madura no peitoril da janela é o suficiente para criar as condições para que a mudança aconteça.

Tempo é combustível. Sem tempo nada tem sentido. Nossa experiência do tempo determina nossas escolhas.

Há alguns anos, Lisa Nichols estava com sua avó de 87 anos, que lhe disse: "Lisa, quando você tiver a minha idade, seu trabalho será ficar sentada em uma cadeira de balanço e contar às pessoas as histórias e lições de uma vida bem vivida."

Então, ela olhou para Lisa e disse: "E, na sua idade, seu trabalho é viver uma vida que valha a pena ser contada."

57. Paixão e nosso modelo de negócio

Especialistas nos dizem que quem faz o que ama, não trabalha.

A estratégia, no entanto, é frágil; algumas pessoas ganham com seus hobbies, mas não muitas.

A alternativa é decidir amar aquilo que você faz.

O modelo de negócio é o nosso trabalho. É a maneira como criamos valor para os outros e somos recompensados por isso — o trabalho pode ser a mudança que queremos fazer, mas nossa tarefa é sermos capazes de ganhar para nos comprometer regularmente com ele. O modelo de negócio é construído pelo impulso de criar mudanças. E a mudança requer tensão, escassez e ímpeto adiante.

Quando realizamos nosso trabalho como profissionais, resolvemos um problema para pessoas que sabem que têm um problema e que têm condições de pagar para que seja resolvido.

Uma parte do nosso trabalho não é remunerada, mas cria um ativo: reputação, experiência, rede de parceiros confiáveis. Já outra está diretamente relacionada ao nosso modelo de negócios, e cobramos um preço justo por isso. E, muitas vezes, simplesmente criamos valor sem considerar se ele corresponde ao nosso modelo.

Em uma carreira saudável e durante a execução de um projeto útil existirão inúmeros momentos nos quais não ganharemos nada. O objetivo não é otimizar o modelo de negócios; mas sim criar um projeto com um modelo de negócios sólido que nos dê liberdade para amarmos ainda mais o que fazemos.

58. O círculo do "nós" e o círculo do agora

Crianças querem as coisas imediatamente. Caso contrário, respondem com birra.

Conforme vamos amadurecendo, expandimos nossos círculos. Em vez de focar apenas nós mesmos, consideramos os interesses de nossa família ou comunidade. Com o tempo, percebemos que os limites tradicionais de casta, classe ou geografia não são reais, são imaginários, e assim incluímos produtivamente mais e mais pessoas em nosso "nós".

Essa expansão vai muito além de uma sensação boa; é também uma maneira prática e eficaz de criar cultura e possibilidade.

A estratégia nos ajuda a ver que o *agora* também é um conceito que pode ser facilmente estendido. Podemos incluir ontem e amanhã na vivência daquilo que está bem à nossa frente. À medida que crescemos, aprendemos que investir no amanhã é mais inteligente do que sempre insistir em ter algo hoje.

A Confederação Iroquesa vivia com base em um princípio simples: "Em cada deliberação, devemos considerar o impacto de nossas decisões nas próximas sete gerações."

A estratégia nos desafia a tornar cada círculo maior.

Nosso círculo pode crescer e incluir as pessoas com quem interagimos e a comunidade que esperamos liderar.

E o círculo do agora abraça nossa relação com o tempo. O esforço no curto prazo cria as condições com as quais gostaríamos de viver em longo prazo.

Quem queremos que sejam nossos líderes, vizinhos ou colegas de trabalho? Deixemos a birra para as crianças.

Quando expandimos nossos círculos, podemos adentrar a possibilidade de algo melhor.

Embora o menor círculo do agora seja *este instante*, algumas pessoas planejam uma semana à frente, ao passo que outras imaginam todo o curso da própria vida ou a de seus filhos.

A parte difícil em relação às mudanças em longo prazo é simples: para a maioria das pessoas, esse tipo de esforço não é *suficiente*.

59. Vender egoísmo

Isso é fácil. Dar às pessoas o que querem de imediato, sem considerar o longo prazo ou o impacto sobre os outros, não é vender.

Então, por que não nos tornamos crianças egoístas, comprometendo o futuro para conseguir o que queremos no presente? Por que não deixamos o medo e a ganância nos corromperem, incapazes de trabalhar juntos para produzir algo de valor? E por que, em contrapartida, somos capazes de nos envolver com os outros, criar coisas bonitas e investir no futuro?

Porque sistemas ligam o hoje ao amanhã. Eles impõem normas culturais que recompensam aqueles que conseguem expandir seu círculo do "nós". Mesmo que os sistemas empaquem, eles superam o mítico caubói que vive sozinho com seu cavalo e um saco de dormir.

Nossa estratégia é usar, alterar e construir sistemas que expandam nossos círculos de maneiras que nenhum de nós conseguiria fazer sozinho.

60. O próximo convidado é o melhor

Uma forma simples de entender o tempo é pensar em lançar um podcast.

Quem seriam os melhores convidados possíveis? Michelle Obama, Elvis Costello ou Atul Gawande são o tipo de pessoa com quem os podcasters sonham. Mas, é claro, nenhuma delas tem muito interesse em participar de um podcast novo.

Quem você pensaria em chamar para antecedê-los, então? Que pessoa, se tivesse uma boa experiência em seu programa, faria com que o convidado dos seus sonhos aceitasse uma participação?

E assim, trabalhamos de trás para a frente, começando com o fim em mente. Quem será o convidado que vai chamar outro que, por sua vez, possivelmente abrirá a porta para o convidado dos sonhos?

Vá pensando em possíveis conexões, sem pular etapas, até chegar a seu cunhado ou vizinho.

A maioria dos sucessos que acontecem da noite para o dia não são, de fato, da noite para o dia.

Há 5 mil anos, tábuas de argila com escrita cuneiforme continham algoritmos, instruções sobre como calcular coisas, como o tamanho de uma cisterna.

Donald Knuth decodificou um deles em 1972 e descobriu que aqueles algoritmos geralmente terminavam com a frase: “Esse é o procedimento.”

Mas a estratégia não é um procedimento. Não é uma lista de afazeres e não oferece uma garantia.

Estamos tão focados em tirar as melhores notas e fazer tudo direito que seguimos cegamente qualquer suposto líder tenha acesso ao procedimento. Nosso trabalho, nessas instâncias, é nos encaixar totalmente, fugir de toda e qualquer complicação e seguir passos.

Mas esse não é nosso *trabalho de verdade.*

Nosso trabalho é um método, não uma lista de coisas a fazer. O método é ver o tempo e os sistemas e encontrar um caminho resiliente adiante. Nas palavras de Cleo, o misterioso gênio da matemática: "você não está preso a um único sistema de axiomas. Você pode inventar o seu próprio, sempre que desejar; basta usar sua intuição e a imaginação."

Ter esperança não é o mesmo que ter um plano.

61. Uma forma de ver a estratégia com clareza

A estratégia é um plano flexível que nos guia enquanto estamos tentando estabelecer alguma mudança. Ela nos ajuda a tomar decisões enquanto trabalhamos dentro de um sistema.

Torna-se ainda mais interessante dada a complexidade de dois aspectos a ela interligados: tempo e sistemas. O tempo reinicia a cada dia, trazendo consigo novas chances de tomar novas decisões. E os sistemas implicam as interconexões de várias pessoas (e seus interesses) no decorrer do tempo.

Um aspecto fundamental do planejamento estratégico é entender os custos em termos de oportunidade, que são os benefícios perdidos ao se escolher uma opção em vez de outra.

A estratégia exige humildade, porque é impossível prever o futuro com precisão.

Ela também implica a antecipação e o planejamento das ações e reações de outros agentes dentro do sistema. Assim, deve-se considerar não só os efeitos diretos de escolhas estratégicas, mas também os indiretos, que provêm das respostas de concorrentes, clientes e do ambiente. O sucesso de uma estratégia depende, além de nossas ações, das dos outros também.

Se você vender seu tempo pelo menor preço possível, estará sempre ocupado ajudando outra pessoa a alcançar os sonhos e objetivos dela.

Pessoas bem-sucedidas aprendem a negociar seu tempo e esforço com base na mudança que querem fazer no mundo.

62. Uma planta baixa é uma asserção

A construtora cria uma representação bidimensional de um edifício tridimensional. Abrindo as plantas em cima da mesa, ela diz: "Construiremos isto aqui."

O "isto" é a planta de uma casa. Ela representa o que será necessário para criar a casa e como será habitá-la. É a chance de viver em um futuro que ainda não aconteceu.

Em termos individuais, a estratégia consiste de *quatro* dimensões. Não é simplesmente um desenho daquilo que esperamos. Tempo e interações fazem parte da equação também: ação e reação, chamada e repetição, tentativa e aprimoramento.

O amanhã vai chegar de toda forma, com ou sem planejamento. Viver sem estratégia é como construir sem uma planta. Pode dar certo, mas é pouco provável.

Precisamos falar sobre estratégia. Precisamos escrevê-la.

63. Compartilhar sua estratégia: o plano de negócios moderno

Não entendo bem por que os planos de negócios são do jeito que são; normalmente, são empregados incorretamente a fim de confundir, entediar e fingir que atendem às expectativas. Se eu quisesse de fato saber a verdade sobre uma empresa e o futuro dela, dividiria o plano de negócios moderno em seis seções:

1. Verdade
2. Afirmações
3. Alternativas
4. Pessoas
5. Dinheiro
6. Tempo

O tópico Verdade descreve as coisas como são. Pode falar sobre o que quiser, mas não deixe de fora o mercado no qual você está entrando, as necessidades que já existem, os concorrentes, as tecnologias, e o que as pessoas bem-sucedidas fizeram no passado e o que as fracassadas também fizeram. Quanto mais específico, melhor. Quanto mais conhecimento básico, melhor. Quanto mais viscerais as histórias, melhor.

Você consegue enxergar o sistema? O objetivo desta seção é ter certeza de que você tenha convicção sobre o seu modo de ver o mundo e de que você e eu concordemos com suas pressuposições. Esta seção não é partidária; ela não toma posicionamentos; apenas estabelece as coisas como elas são.

Se você não discutir sistemas e *status quo* no tópico Verdade, ele estará incompleto.

Contar a verdade pode levar o tempo que for necessário. Faça planilhas, análises de participação de mercado e qualquer outra coisa que eu precise saber a respeito do funcionamento do mundo. Tudo nesse tópico deve ser unânime.

O tópico Afirmações é onde você tem a oportunidade de descrever como você vai mudar as coisas. Farei X, e então acontecerá Y.

Construirei Z com tanto dinheiro em tanto tempo. Apresentarei Q ao mercado e a reação dele vai ser tal.

Aqui é a hora de apresentar o seu modelo de negócio. A tração que você vai criar. O andaime que vai construir.

O tópico Afirmações é o âmago do plano de negócios moderno. A única razão para realizar um projeto é mudar algo, e eu quero saber o que você vai fazer e que impacto isso terá.

Mas, sem dúvidas, esse tópico não será totalmente preciso. Você fará afirmações que não darão certo. Vai estourar prazos, perder vendas e não conseguir pagar alguns orçamentos. Para isso temos o tópico Alternativas, que dirá o que fazer se isso acontecer. Quanta flexibilidade seu produto ou equipe tem? Se suas afirmações não derem certo, acabou?

O tópico Pessoas destaca o elemento-chave do projeto — quem está em sua equipe e quem entrará nela. *Quem* não tem nada a ver com o currículo da pessoa. Fale sobre o que eles fazem e sabem fazer. Retire os falsos rótulos e foque as habilidades, a resiliência e o histórico de trabalho das pessoas.

O próximo tópico é Dinheiro. Porque projetos = dinheiro + tempo. Você precisa saber o valor de que vai precisar, em que vai investir, o fluxo de caixa, suas perdas e seus lucros, os balanços, as margens e as e estratégias de saída. Que ativos vai construir?

Por último, para enfatizar, Tempo. O que será diferente uma semana, um mês ou um ano após o lançamento? Como o eixo invisível do tempo informará seu planejamento, para que você ocupe um lugar de liderança, e não de seguidor?

O capitalista de risco pode não gostar desse formato, mas aposto que ajudará sua equipe a pensar nas questões difíceis com mais clareza.

64. Intuição é estratégia sem narrativa

Suposições bem-sucedidas podem ter bastado no passado, mas para o trabalho que temos pela frente, para as mudanças que buscamos fazer, precisamos discuti-las.

Mostre seu trabalho.

A maioria das pessoas faz o que precisa ser feito: ir bem na prova, agradar ao chefe, pagar as contas, criar conexões...

Mas é o desconforto de articular e modificar nossa estratégia que gera os maiores dividendos.

O caminho para o crescimento é investir energia nas coisas certas. E anotá-las é uma maneira de confirmar que você está trabalhando nas coisas certas.

65. Sobre o esforço

"Se esforce mais."

As pessoas dizem que você deve superar seu medo, desenvolver hábitos melhores, levar tudo para o lado pessoal, ser vulnerável e postar tudo nas redes sociais. Esse conselho implica que, se não houvesse nada de errado com seu caráter, você não teria dificuldades para ser bem-sucedido.

Mas a velocidade é inútil se você estiver indo na direção errada.

Estratégia é o compromisso de conhecer o percurso da corrida antes de começar. Seu esforço depende de você.

Surfar é melhor quando vemos e entendemos as ondas.

66. Resiliência e vantagem

O caminho mais rápido pode não ser o mais confiável.

Quando o mundo permanece como esperamos, a otimização terá um papel importante. Nós otimizamos por meio de empréstimos, produzindo tecnologia e apostando em condições bem específicas.

Um carro de Fórmula 1 muito provavelmente vai vencer na pista, mas não vai servir ao propósito de andar pela cidade.

A vantagem nos torna frágeis.

Se você está em um mercado competitivo, sua estratégia pode exigir que supere seus concorrentes. De que adianta o piloto de Fórmula 1 se gabar de que seu carro consegue enfrentar os buracos e semáforos da cidade?

Muitas vezes, porém, celebramos a frágil vantagem inicial sem perceber que, no longo prazo, a tartaruga se saiu muito melhor do que todos esperavam.

Steve Blank nos ajudou a enxergar que, para entender a probabilidade de sucesso de uma startup, temos que ignorar quanto investimento ela precisou captar. O que importa é a tração do cliente.

Não todo mundo, alguém.

Se os clientes permanecerem, é um bom sinal. Se trouxerem amigos e colegas, provavelmente o empreendimento será um sucesso.

Inevitavelmente, o projeto vai mudar de acordo com quem o utiliza, mas, sem a tração do cliente, nada acontece.

67. Nem funciona direito

Essa é a história de toda inovação na área de software. Na verdade, é a história de quase todas as criações de engenheiros.

O primeiro avião dos irmãos Wright não chegou a voar nem um quilômetro.

A primeira versão do VisiCalc era fraca e tinha poucas funções.

As primeiras pontes construídas eram instáveis, pouco confiáveis e feitas com videiras.

É igual quando aprendemos a andar, a falar um novo idioma ou os hábitos de uma nova comunidade.

O segredo para um desenvolvimento de produto bem-sucedido não é de repente surgir com uma inovação super bem-acabada. Muito pelo contrário: é insistir em algo que a princípio parece quase inútil e dedicar tempo, esforço e trabalho até que não se possa viver sem esse algo. No início, o objetivo é ter tração com alguns, não oferecer perfeição para as massas.

Isso não serve apenas para produtos, mas também para o trabalho de um padeiro que está no início de carreira, ou de um treinador que está subindo na hierarquia.

E se aplica particularmente a mudanças de sistema no decorrer do tempo. Os primeiros exemplos são sempre pouco populares e apresentam defeitos.

Pessoas que encontram tração raramente chegam à síndrome de burnout. Essa doença acontece quando os nossos objetivos não estão alinhados com a nossa estratégia. Esperamos por algo que não chega; esperamos, aparentemente impotentes, que o mundo nos traga esse algo.

Tentar estar em dois momentos ao mesmo tempo — no presente e no futuro que desejamos — é exaustivo. Somente uma estratégia eficaz nos ajuda a unir os dois.

Estratégias são o vento favorável que transforma um projeto que nem existe direito em um projeto essencial e útil.

68. O menor público viável

Isso não tem nada a ver com entregar algo que seja uma porcaria. Também não é desculpa para a pressa.

Buscar tração do cliente significa que o tempo é parte da estratégia. É uma pequena tração que leva a mais tração.

Faça algo para poucos. Algo tão extraordinário que esses poucos sentirão falta se não existir mais. Algo notável de verdade, para que esses poucos espalhem a notícia.

Observe o comportamento desses poucos e busque ouvir o que querem os usuários de amanhã. Acrescente isso a seu produto.

Repita.

É óbvio que começamos com o mínimo. Isso é uma escolha e uma vantagem, mas também é complicado. Se falharmos com esses poucos, como teremos alguma chance quando eles forem muitos?

69. E depois? O que acontece?

O projeto vem primeiro. É uma afirmação não só sobre o fim, mas também sobre os passos para se chegar lá. E então, vem a realidade.

"Vou fazer isso."

E depois?

"Vou fazer aquilo."

E depois?

Nós fazemos algo e as pessoas (e o sistema em que estão) respondem.

E depois?

Isso expande nosso círculo do agora.

70. Matar todas as baleias

Organizar milhões de seres humanos em uma conspiração para matar o maior número possível de baleias não foi muito difícil.

Em 1846, a frota baleeira norte-americana atingiu seu pico histórico, com 735 navios e aproximadamente 70 mil pessoas empregadas no setor. A maioria desses navios caçava cachalotes, pois seu óleo era considerado de melhor qualidade para alimentar os postes de iluminação pública.

Milhares de homens deixaram suas famílias e foram arriscar a vida para caçar baleias.

Fácil? Sim. Bastou que alguém explicasse o valor do óleo de cachalote para que houvesse a criação de toda uma indústria de fabricação de lamparinas, distribuição de óleo, refino e extração da gordura. Isso criou demanda por barcos, velas, docas e marinheiros.

Os cachalotes não foram salvos graças a uma campanha publicitária ou por um ato voluntário de todos diminuírem o consumo de óleo. Foram salvos pelo desenvolvimento de luminárias a querosene e, depois, pela descoberta de petróleo na Pensilvânia.

O sistema não queria matar todas as baleias. Ele queria apenas lucrar ao mesmo tempo que resolvia o problema da iluminação. Quando encontrou uma maneira mais barata e eficiente de fazer isso, assim o fez.

Existem infinitas conspirações. Elas não são secretas. Só temos de entender os sistemas.

71. Nem todas as necessidades têm um mercado (ainda)

Um mercado é uma categoria. Um mercado é um lugar com competição. Em um mercado, as pessoas têm hábitos, orçamentos e uma pressão social que provoca o engajamento. E em um mercado, as pessoas fazem escolhas.

Em muitas culturas, há um mercado para todos os itens necessários para uma festa de 15 anos. Ao passo em que meninas dessas culturas querem esse tipo de atenção decorrente de tal extravagância, talvez não haja um mercado para tal onde elas moram.

É tentador ser o pioneiro em um mercado; o primeiro cartão de crédito, a primeira empresa de personal training ou o primeiro computador doméstico. Mas é uma estrada difícil.

Pode vir a ser um trabalho emocionante, mas os criadores costumam focar as necessidades e não os mercados, e assim, muitas vezes esquecem a dificuldade que é ativar essas necessidades e transformá-las em um mercado próspero que ainda não existe.

Se você está no modo de criação de mercado, é bom estar preparado para o quão difícil ele pode ser.

72. Ver o moinho de vento

Se você já jogou minigolfe, sabe que o melhor obstáculo é o moinho de vento. Você precisa fazer a bola passar pelo moinho e entrar no buraco enquanto as pás giram lentamente.

A estratégia aqui é óbvia e simples: basta você se atentar ao momento ideal e dar a sua tacada.

Fica um pouco mais complexo quando estamos jogando xadrez, porque há outro cérebro envolvido. Se você levar sua rainha para tal casa, seu oponente mexerá a torre dele e a colocará em xeque; portanto, talvez seja melhor não fazer isso.

Você faz isso, ele faz aquilo.

Mas quando estamos jogando rúgbi ou frisbee, temos que ficar de olho em muitos cérebros, tanto do nosso time quanto do outro. O que funcionou na última jogada pode não funcionar na seguinte.

Nessas competições fluidas, os jogadores não repetem jogadas ensaiadas. Eles fluem, em sincronia, com uma mistura de movimentos praticados e improvisação.

Na maioria das vezes, o rúgbi é simples comparado à nossa vida real. São centenas de competidores, agências governamentais, novas tecnologias e outras opções aparentemente não relacionadas, todas entrelaçadas em um sistema, acontecendo no tempo.

Diante disso, muitas vezes nossa tendência é voltar ao obstáculo do moinho. Mas conseguimos ser melhores que isso. Moinhos de vento são chatos; previsíveis. Sua natureza é regular. O restante do mundo é muito mais complexo. Reconhecer isso é o propósito do nosso círculo em constante expansão.

73. Sem uma estratégia

O meme diz: "Não fazemos porque é fácil… mas porque achamos que seria fácil."

Muitas vezes, conversas estratégicas são usadas para aumentar a resistência e nos pressionar a não tomar nenhuma atitude. O plano é muito complicado, as probabilidades são baixas e os passos são muitos. É melhor ficar em casa.

E esse histórico pode levar ao passo bem-intencionado, mas equivocado, de simplesmente começar. Começar com otimismo e entusiasmo, mas sem qualquer estratégia.

Embora a vontade de começar possa aumentar suas chances de efetivamente começar, ela também o leva para o fracasso — um que é particularmente difícil porque os riscos estão lá em cima.

Se você se importa em fazer o trabalho, é melhor verbalizar e testar sua estratégia.

Em cada passo, desde o primeiro até que a mudança seja alcançada, existe um sistema em ação. Algumas pessoas podem dizer sim ou não voluntariamente. Há expectativas sociais e culturais, status e o sentimento de pertencimento em jogo. E há um campo de networking e feedback que aceleram ou desaceleram seu movimento.

O planejamento é uma base firme para a evolução. Ele nos sustenta quando encontramos um obstáculo momentâneo e nos mantém no caminho quando parece que há muitas escolhas interessantes.

74. Alguns motivos pelos quais costuma-se evitar a estratégia

- Não conseguimos ver o sistema
- Vemos o sistema, mas não conseguimos escolher entre trabalhar com ele ou dentro dele
- Temos certo imediatismo em relação a colher nossos benefícios
- É mais satisfatório ser escolhido por um sistema poderoso do que alterá-lo
- Temos medo de que nossa estratégia não funcione e não queremos fracassar
- Temos medo de que nossa estratégia funcione e pensamos duas vezes antes de assumir a responsabilidade que viria junto do sucesso
- Fomos doutrinados a seguir instruções e executar tarefas seguindo táticas
- É mais fácil seguir a multidão do que persuadi-la a seguir um caminho mais eficaz, porém mais árduo.

- Custos irrecuperáveis são difíceis de ignorar
- Projetos são intimidantes.

É tentador sonhar acordado com o futuro, mas é preciso ter certeza de que estamos prontos para vivê-lo.

75. Uma estrutura para uma estratégia

- **Consciência** do sistema e das regras. Qualquer possível mudança envolve uma falta, o *status quo*, uma rede e o que veio antes. Acima de tudo, envolve consciência do tempo e da distância entre o hoje e o amanhã.
- **Empatia** pelos indivíduos que devem se envolver com seu projeto. Não precisamos simpatizar ou concordar para perceber que outras pessoas são independentes e podem fazer as próprias escolhas, e essas escolhas sempre serão baseadas na experiência, na visão de mundo e no interesse delas.
- **Escolhas** estão disponíveis para cada um de nós. Temos mais autonomia do que gostamos de admitir, e nossas decisões podem ser mais bem alinhadas com os objetivos do projeto.
- A **incerteza** é uma característica de toda estratégia. Não os passos definidos de um processo comprovado, mas sim a exploração e as probabilidades de criar uma versão melhor do futuro.
- A **resiliência** provém do reconhecimento de que o eixo x é o tempo, e que hoje não é a mesma coisa que amanhã. Poucos projetos funcionam como pretendemos, e nossa estratégia aceita a verdade de que nossos planos mudarão.
- **Recursos** envolvem um entendimento claro do que está disponível para executar a estratégia. Isso inclui recursos financeiros,

capital humano, tecnologia e outros ativos que podem ser alavancados para atingir os resultados desejados.

76. Criar as condições para a mudança

As pessoas não fazem as coisas porque alguém quer que elas façam. As pessoas só mudam quando *elas* querem.

O mesmo vale para sistemas complexos.

Nossa tarefa é criar as condições para que as pessoas com quem trabalhamos façam uma escolha que esteja alinhada com a mudança que buscamos fazer. O trabalho estratégico não tem a ver com estagnação e não minimiza a urgência do momento; porém, entende que o sucesso é alcançado quando nos comprometemos com uma mudança cultural, não com soluções da ordem do dia.

A cultura sempre derrota as táticas, e é por isso que a estratégia geralmente tem a ver com criar cultura.

"Como as coisas funcionam por aqui?" é uma pergunta raramente discutida, mas nunca desconsiderada. Se pudermos desenvolver uma cultura que atue em prol do ímpeto adiante, todo o restante do nosso trabalho ficará muito mais fácil.

Uma vez criada a cultura e acessados os sistemas, a mudança acontecerá organicamente. Autocontrole heroico, esforço persistente e o desejo de fazer tudo sozinho são uma receita para a frustração.

Esquiar é melhor quando há neve e estamos na descida. Muitas vezes, culpamos nossa falta de esforço ou habilidade, mas o problema real é que fomos para a montanha errada. Não deixa de ser um erro nosso, mas de um tipo diferente.

Podemos estar intencionalmente no lugar certo na hora certa. Podemos encontrar momentos vantajosos para mudar nossas probabilidades. E podemos escolher tomar melhores decisões implacavelmente, sempre alinhadas à mudança que buscamos.

Fui criado em Buffalo, no estado de Nova York, e aprendi a dirigir na neve. A primeira verdade é que frear até parar o carro é mais difícil do que você pensa, e isso significa que pneus de neve são a melhor maneira de se manter seguro. A segunda verdade é que um carro em movimento é muito mais fácil de dirigir do que um que está atolado.

Ambas as percepções envolvem tração. A primeira reconhece a tração necessária para o ímpeto adiante, para que você possa chegar aonde quer. E a outra reconhece que a tração é sempre mais fácil quando sua estratégia está alinhada com o mundo em que você vive.

Nossa estratégia nos prepara para o sucesso quando se baseia na realidade dos sistemas que nos cercam, nos desejos das pessoas com quem precisamos trabalhar e em aceitar a resiliência em vez de insistir em querer que o mundo se alinhe às nossas necessidades o tempo todo.

77. Doze slogans

Do que falamos quando falamos de estratégia? Considere estas pecinhas de Lego:

- O futuro é uma cidade desconhecida, mas podemos vê-la de longe
- O público pode ser escolhido
- Não jogue jogos que você não possa vencer
- Projetos podem ser gerenciados
- Nós tomamos decisões
- Podemos fazer a diferença
- Podemos construir ativos

- Podemos criar redes
- Tração é o caminho
- Custos irrecuperáveis podem ser ignorados
- As organizações mudam
- Você não está preso no trânsito, você *é* o trânsito

78. Sistemas invisíveis e consequências não intencionais

Sistemas invisíveis ocultam e enfraquecem a nossa autonomia. Eles nos enganam, fazendo-nos acreditar que temos menos escolhas do que realmente temos.

Somos todos participantes dos sistemas que nos cercam e cúmplices de suas consequências, mesmo sem pretender. Antes de qualquer coisa precisamos ver os sistemas; só assim teremos a oportunidade de trabalhar para mudá-los.

Fazemos a diferença quando os enxergamos e entramos em sua dança. Podemos seguir um sistema para atingir nossos objetivos e para mudar um sistema no decorrer do tempo.

Mas, se o primeiro passo é enxergar o sistema, o segundo é nos comprometermos com uma estratégia de mudança.

Nosso projeto começa com três perguntas:

- Para quem é?
- Para que serve?
- Qual é o sistema?

Não podemos mudar a tudo e a todos, mas, se formos específicos, generosos e persistentes, poderemos mudar coisas e pessoas o suficiente.

Todas as interações humanas são regidas por sistemas — podemos trabalhar operando dentro dele ou buscando caminhos para mudá-lo.

Tarefas preenchem nossos dias, mas estratégias determinam se estamos desperdiçando ou não os nossos esforços.

Em geral, o esforço faz parte de nosso trabalho, mas ele, por si só, não é uma estratégia.

79. Não somos plâncton

Em russo, há uma expressão chamada "plâncton de escritório" (ou Офисный планктон). São aqueles funcionários de nível inferior que simplesmente seguem ordens. A metáfora é perfeita e bastante atual. Só que existem muitos CEOs que também se enquadram; ficam só boiando e seguindo a multidão.

Quando não podemos estar totalmente no comando, é tentador acreditar que a melhor opção é simplesmente virar plâncton de escritório. Isso nos livra do problema.

Mas, na verdade, temos mais autonomia e influência do que ousamos imaginar. No entanto, agir com base nisso não significa escalar uma pirâmide ou alcançar uma posição de autoridade máxima.

Embora existam hierarquias ao nosso redor, é mais útil perceber que somos todos parte de uma rede. Uma rede de interconexões, um sistema de sistemas, no qual influência e pertencimento são mais úteis do que dominância ou poder.

É mais fácil criar propaganda na mídia sobre uma conspiração poderosa que nos controla, mas as estratégias mais convincentes provêm dos sistemas e da cultura, não de uma força misteriosa no comando.

Mudanças resilientes e duradouras ocorrem horizontalmente, não verticalmente. Não é algo ditado, mas sim cultural, baseado em sistemas e comunicações.

80. Marketing estratégico

Marketing é a arte de construir um produto ou serviço que conte uma história. Uma história verdadeira, que faça sentido para a pessoa que a vivencia e mude sua vida de algum modo.

A primeira tarefa do profissional de marketing é encontrar um problema e resolvê-lo, ajudando o cliente a chegar aonde ele quer.

E a segunda, que, em última análise (e de uma perspectiva de marketing), é mais importante que a primeira, é dar a essa pessoa uma história para contar e um modo de se envolver com a comunidade. É ajudar essa pessoa a melhorar seu status e sua sensação de pertencimento porque ela, usando a história que você ajudou a criar, está criando relações melhores com seus pares.

Quando vemos o mundo como uma rede e nosso trabalho como ajudar as pessoas nessa rede a se conectar e crescer, a estratégia fica muito mais clara.

81. Não há tempo a perder

Claro que não.

Tempo é tudo que temos.

Tempo é tudo que existe.

O tempo não é apenas o calendário ou o relógio. O tempo é o recurso escasso que alimenta cada projeto e limita cada estratégia.

Não podemos desperdiçar tempo porque ele não é nosso. É simplesmente a maneira como controlamos todo o resto.

82. Estratégia e falta de objetivo

É possível encontrar alegria sem uma estratégia? Precisamos otimizar cada interação ou programar cada momento? Precisamos de hora marcada para cheirar as flores ou de um relógio para monitorar nosso esforço quando saímos para fazer uma caminhada?

Certos sistemas têm interesse em nos sugar para uma vida totalmente quantificada, na qual a satisfação é uma combinação da produtividade mensurada e de quantos seguidores temos. Espero que todo mundo perceba que isso é um beco sem saída, e não a verdadeira meta.

O foco do pensamento estratégico começa com "Para que serve?". Embora gastemos alguns dias em busca de uma mudança específica, de um resultado, de um impacto que esperamos causar, nossa vida não precisa ser assim.

O projeto bem-sucedido alinha a mudança que você quer fazer com a vida que quer viver.

83. "Deveria" talvez seja uma armadilha

- Faça o que precisa ser feito para conseguir o que você necessita em longo prazo.
- Não faça coisas que o impeçam de criar a mudança que você busca.

"Deveria" é a insistência da cultura em nos fazer entrar em conformidade com sistemas que interessam a ela. Mas "deveria" pode não ser o que *você* precisa para fazer a diferença.

84. Cadê o projeto?

Para que um edifício seja construído, um arquiteto tem que fazer a planta, que vai servir como padrão, como guia. Um edifício não é bem construído sem uma planta boa.

Cada um de vocês está no processo de construir a estrutura da própria vida, e a questão é se vocês têm um projeto adequado e bom.

Quero sugerir algumas coisas para começar o projeto da sua vida. O passo número um deve ser acreditar profundamente na sua própria dignidade, no seu próprio valor e na sua própria identidade. Não permita que ninguém faça você se sentir como se não fosse importante. Sinta sempre que você conta. Sinta sempre que você tem valor e sinta sempre que sua vida tem um significado supremo [...].

O passo número dois é ter como princípio básico a determinação de atingir a excelência em todas as áreas do seu esforço. Você vai decidir, conforme se desenrolem os dias e os anos, o que fará da vida; qual será o trabalho da sua vida. E quando descobrir, comece a fazê-lo bem.

E lhes digo, meus jovens amigos, portas estão se abrindo para cada um de vocês. Portas de oportunidades que não existiam para seus pais. O grande desafio é estar prontos para entrar por elas quando se abrirem.

— Rev. M. L. King Jr. a um grupo de estudantes em 1967

85. Cedo ou tarde

Não existem postos de combustível perto do Smoke Lake em Algonquin Park, Canadá. Isso significa que você vai precisar encher o tanque do carro antes de chegar lá, ou vai acabar em pane seca.

Entendemos esse recado intuitivamente. "Último posto pelos próximos 600 km" significa que você precisa abastecer mesmo que não esteja ficando sem combustível; porque, na verdade, você *vai* ficar sem combustível.

Estratégia sempre implica adiar alguma coisa. Precisamos fazer algo que não é óbvio ou não é divertido agora para que possamos obter o resultado desejado depois.

Isso é algo que requer confiança. Confiança em nossa compreensão do que está sendo oferecido, e confiança de que o mundo não nos decepcionará.

É por isso que pessoas desfavorecidas (seja por experiência pessoal ou por uma baixa posição social herdada) muitas vezes ficam presas em uma espiral descendente. Estratégia requer investimento no futuro, investimento esse que, para ser feito, requer recursos e confiança. E, por outro lado, fazer esse investimento no futuro pode aumentar nossa confiança e nossos recursos.

O experimento do marshmallow propõe que é possível prever o futuro de uma criança com base em um teste simples. Uma criança de 3 anos recebe um marshmallow. O aplicador do teste diz a ela: "Olha, vou sair da sala por dez minutos. Se você não comer seu marshmellow até eu voltar, vou te dar mais um marshmallow. Mas se você comer enquanto eu estiver fora, só vai ganhar esse." Aparentemente, determinação e autocontrole nessa idade indicam coisas boas para o futuro.

Mas é improvável que uma criança espere pelo segundo marshmallow se em sua casa houver pouca comida, ou se estiver acostumada com promessas quebradas e estresse. Para muitas, "pegue tudo que puder" é uma estratégia de sobrevivência sensata.

Estamos todos vivendo um teste do marshmallow, todos os dias. Ver o momento certo de adiar pode nos dar a confiança necessária para investir hoje em prol do impacto amanhã.

Não comer o primeiro marshmallow é muito mais fácil se você entender e confiar no caminho que leva ao segundo marshmallow.

86. A estratégia é parceira da liberdade

- A liberdade de criar, escrever, inventar e compartilhar amplamente.
- A liberdade de se conectar, de se comunicar com quase todo mundo.
- A liberdade de aprender e ensinar.
- A liberdade de escolher as informações que consumimos, o tempo que gastamos e as pessoas com quem nos associamos.

É verdade que o mundo ainda está cheio de barreiras, limites e injustiças. Verdade também que nunca temos tempo ou recursos suficientes para fazer tudo o que gostaríamos de fazer.

Mesmo assim, em geral desperdiçamos nossa liberdade esperando por instruções, vagando pela vida sem uma estratégia.

Todos nós temos a liberdade de se importar, de se conectar, de escolher, de tomar a iniciativa e de fazer um trabalho que importa.

Mas, para isso, precisamos fazer escolhas.

Quando a pessoa que você poderia ter sido encontrar a pessoa que você está se tornando, ficará frustrada ou terá motivo para comemorar?

Devemos trabalhar hoje, amanhã e todos os dias até que o encontro aconteça.

87. Loteria não é uma estratégia

Alguém vai ganhar na Loteria Federal.

Mas não será você nem eu.

Muitas vezes, nossa abordagem ao trabalho é vê-lo como uma chance repetida de comprar um bilhete de loteria com probabilidades muito baixas de se tornar o vencedor.

Essa abordagem é sempre superada, em longo prazo, por um trabalho estratégico consistente e persistente.

O trabalho estratégico é um mapa para o nosso destino. É muito mais que uma meta. É declarar deliberadamente nossa visão de mundo, nossa compreensão do sistema e as probabilidades de nossas afirmações darem certo. Nosso projeto descreve como o esforço de agora se transformará em impacto mais tarde, e é construído em torno de empatia e tração.

O que é muito interessante porque nos permite nos desafiar (e ser desafiados por nossos colegas) quanto à qualidade de nosso raciocínio, que sempre pode ser aprimorado no decorrer do caminho.

A loteria, por outro lado, é, em última análise, um beco sem saída tentador. Mesmo ganhando de vez em quando, não temos autonomia e nem a chance de aprender no caminho.

88. Saudade do futuro

Estratégia é a maneira mais confiável de chegar ao futuro no qual gostaríamos de viver.

Se estamos com saudade de casa, podemos simplesmente entrar no ônibus e ir de volta até lá.

Existe a saudade do passado — do passado previsível, seguro e inatingível, porque as máquinas do tempo ainda não existem.

Podemos escolher curtir o tipo mais comum de saudade, que é a nostalgia. Sofremos alegremente esse sentimento agridoce que temos em relação a eventos que amamos, mas que não podemos reviver. A inatingibilidade do passado é parte de seu atrativo.

Gostaríamos de fazer tal coisa de novo, mas não podemos.

Saudade do futuro é o mesmo sentimento sobre coisas que ainda não aconteceram. Estamos preparados para que aconteçam, mas se algo acontecer para mudar nosso futuro, essas coisas não acontecerão e nos decepcionaremos.

Somos bons em visualizar esse futuro, mas se achamos que ele não vai acontecer, ficamos nostálgicos e desistimos antes de ter a chance de torná-lo realidade.

Isso não é visualização positiva; é apego do pior tipo. Ficamos apegados a um resultado que muitas vezes não podemos controlar.

Em vez de apego e dependência implacável a um único resultado, que tal desenvolver uma estratégia resiliente que nos ajude a construir o futuro no qual queremos viver?

Podemos simplesmente entrar no ônibus e ir de volta para o futuro.

89. Fazemos nossas tarefas ou nosso trabalho?

Quando estamos fazendo nossas tarefas, temos uma lista. Instruções. Plausível negação. Mais cedo ou mais tarde, temos que executar nossas tarefas, mas com certeza vale a pena focar nosso trabalho.

Afinal, ele é o que faz a mudança acontecer. Nosso trabalho depende de nós. Nosso trabalho é uma série de escolhas que levam às tarefas nas quais gastamos nossas horas.

Nosso trabalho é nossa responsabilidade e nossa oportunidade.

Nossas tarefas demandam responder a perguntas. Nosso trabalho nos dá uma chance de fazê-las.

De onde vêm suas tarefas? Do sistema em que você está. O sistema treinou você para realizá-las. O sistema pode ser uma rede social ou uma instituição educacional. Você pode ser barbeiro ou proprietário de imóveis. O sistema nos dá as tarefas.

O trabalho é descobrir quais tarefas realmente queremos.

90. Acima de tudo e antes de mais nada, tensão

Falamos sobre tensão como se fosse algo ruim, mas a única maneira de lançar um elástico até o outro lado da sala é puxando-o para trás e criando tensão. A tensão superficial permite que o inseto ande sobre a água sem se afogar. E a tensão nos mantém focados no mundo que nos cerca.

Ao propor mudanças em um sistema, estamos causando tensão. Há sempre tensão associada à mudança. As pessoas a quem servimos se perguntam: "Será que vai funcionar? Posso ignorar isso? O que os outros estão fazendo? Vou fazer papel de idiota? Sou qualificado? Serei deixado de fora? Quanto isso vai me custar? Posso deixar as outras escolhas para trás?"

Toda estratégia que adotamos tem tensão em seu centro. Não estamos aqui para "fazer nosso trabalho". Estamos aqui para fazer uma mudança acontecer.

Uma boa ideia não tem a ver com o que você faria se pudesse começar de novo, mas sim com uma série de pontos de vantagem e disrupções que permitem ao agente da mudança criar a tensão e as oportunidades necessárias para redirecionar o sistema.

Quando nosso trabalho interage com um sistema, ou criamos tensão ou somos ignorados.

Quando o Google lançou o Gmail, havia um número limitado de contas de teste. Conseguir uma dessas contas satisfez a curiosidade dos clientes iniciais e conferiu status. Como ninguém queria ficar de fora, esses selecionados engajaram com a nova ideia em troca da chance serem os primeiros.

Quando estavam na versão beta, esses usuários descobriram que valia o incômodo de trocar de provedor de e-mail.

Claro, um dos efeitos colaterais evidentes do uso de e-mail é ele ser visto por outras pessoas. Elas não precisaram se inscrever nem dar permissão para receber e-mails do gmail.com; é assim que e-mail funciona. Usá-lo espalha a palavra.

No início, quando foi lançado, pessoas "normais" recebiam e-mails de líderes de tecnologia influentes em seus círculos, e todos provinham de um novo endereço: gmail.com.

Essa mudança causou novos círculos de tensão. Devo mudar para esse negócio novo? E a mudança provocou conversas. As pessoas falavam sobre o novo serviço sem que o Google pedisse.

A rede cresceu. O Gmail atingiu um milhão de usuários em duas semanas e agora tem 1,5 bilhão.

Mas o mesmo tipo de tensão existe em uma escala muito menor. A tensão de mudar a cultura em uma sala de aula do primeiro ano, a tensão de abrir uma nova loja na cidade.

91. O ciclista mais rápido do mundo

Em 1933, Francis Faure quebrou o recorde de maior distância percorrida de bicicleta em uma hora. O recorde anterior já durava vinte anos, mas Faure o quebrou facilmente.

Ele tinha uma bicicleta melhor.

Infelizmente para Charles Mochet, o criador da bicicleta original, Francis Faure não era um ciclista de alto nível. Estava, sem dúvida, em segundo ou terceiro lugar na categoria de aspirantes a ciclistas.

Quando Faure apareceu com sua bicicleta reclinada (na qual o ciclista se inclina para trás e os pedais ficam bem para a frente), os ciclistas de status debocharam dele. "Faure, você deve estar cansado e quer tirar um cochilo nessa coisa. Por que não se senta reto e pedala como um homem?"

Havia um *status quo* a defender. Não apenas em relação a seus equipamentos, mas também sua posição e técnica estavam vinculadas ao estilo mais tradicional de bicicleta.

A história da nova bicicleta era clara: ela oferecia um recurso técnico que ajudava os ciclistas com menos status a ascender; ameaçava, portanto, a hierarquia. Além disso, minava os custos irrecuperáveis em termos de habilidade e equipamento que os ciclistas dominantes haviam gastado. E, por fim, desafiava o domínio dos fabricantes de bicicletas, que também eram os patrocinadores das corridas.

Imediatamente após sua vitória, o órgão regulador das corridas de bicicleta se reuniu e, após muito debate, baniu as bicicletas reclinadas das competições — uma proibição que ainda permanece, quase cem anos depois. Como resultado, os fabricantes continuam focados em construir as bicicletas que os profissionais querem pilotar, e os amadores seguem os profissionais, controlando a distribuição e reduzindo os preços, e assim o sistema persiste.

Pessoas como nós fazem coisas assim.

Mesmo que você não vá vencer, gostaria de dar a impressão de que poderia.

Em 2024, a revista *Bicycling* publicou um artigo sobre quanta dor as bicicletas tradicionais podem provocar, especialmente nas mulheres. Foi relatado que algumas ciclistas estão até fazendo cirurgia nos lábios vaginais para não ter que abrir mão de pedalar.

As pessoas estão se submetendo a cirurgias importantes em vez de simplesmente trocar a bicicleta por uma reclinada!

A bicicleta reclinada é mais rápida, mais segura e mais confortável. Embora a maioria dos ciclistas provavelmente nunca chegue a ganhar competições, o sistema tem influência sobre seu status e seu pertencimento e, por isso, alguns preferem fazer uma cirurgia dolorosa e cara a trocar a bicicleta padrão por uma melhor.

Melhor pode não significar mais rápida e mais confortável. Pode ser simplesmente o tipo que os outros querem.

Se Mochet houvesse contratado um ciclista campeão mundial para ser seu influenciador, a história toda seria diferente. Inveja e *status quo* são forças poderosas.

92. Quando a Apple se tornou Apple?

A empresa mais valiosa do mundo começou dentro de uma garagem, na qual Steve Wozniak criou o primeiro computador doméstico de amplo acesso e bom preço.

Mas não havia sistema algum naquela época, apenas algumas lojas de computadores e quase ninguém que criasse programas para donos de computadores domésticos. Ninguém comprava anúncios, de modo que não havia revistas nas quais eles pudessem aparecer.

O Apple II plantou as sementes para o sistema que viria a seguir. Mas se a Apple houvesse simplesmente criado mais versões de seu computador doméstico, teria sido o fim da história deles.

Assim, a empresa mais valiosa do mundo acabou pegando emprestado/roubando/encontrando o conhecimento tecnológico que levou ao Macintosh. Apostaram uma grande fatia da empresa em que o Mac decolaria e mudaria o mundo.

O sistema operacional deles era atraente. O design era charmoso. O anúncio no Super Bowl criou uma lenda.

Mas nada disso teria importância sem o trabalho de Guy Kawasaki.

Guy inventou o trabalho de evangelizador da informática. Ele passou mais de um ano viajando pelos Estados Unidos, persuadindo programadores a desenvolver softwares para o Mac.

Kawasaki conversou com a Aldus, a Adobe, a Microsoft, a Spinnaker e milhares de outras empresas. Ele construiu um novo ecossistema, criando uma base para que os usuários demandassem softwares que levassem as empresas a criá-los, e, como recompensa, elas veiculariam anúncios e apoiariam lojas que vendessem seus produtos.

E então, o que aconteceu?

Chegou o iPhone, porque havia um ecossistema e uma estratégia para fazê-lo vingar.

93. Quando a Netflix se tornou Netflix?

A Netflix começou como uma empresa de aluguel de DVDs. Envelopes vermelhos onipresentes e um acervo enorme foram as marcas registradas de seu sucesso inicial.

Depois de derrotar a Blockbuster e ter o mercado só para eles, Reed Hastings e Ted Sarandos tomaram a decisão estratégica de mudar o futuro da empresa, apostando em streaming de filmes e programação original. E comunicaram esse compromisso de uma forma muito simples:

Pararam de convidar lideranças do mercado de DVDs para as reuniões.

Embora o aluguel de DVDs representasse todo o lucro da empresa e a maior parte de sua receita, Hastings e Sarandos sabiam que ter aquelas vozes poderosas na sala acabaria levando a concessões, posto que defenderiam essa linha de negócios.

E o problema é que, depois de abrir concessões, normalmente o passo seguinte é algo que diminui o valor dos ativos conquistados com muito esforço.

94. Quando David Bowie se tornou David Bowie?

Se você ouvir as gravações originais de estrelas do rock como Sly Stone, Janis Joplin e Lou Reed, verá que eles começaram fazendo o melhor que podiam para ser exatamente como todos os outros.

É isso que o sistema parece recompensar. É isso que faz conseguir um produtor e uma *demo* e, aparentemente, uma chance de estrelato. Só que quase nunca funciona.

O grande salto entre o músico e o astro do rock é a decisão de se manter original em vez de tentar ser igual a todo mundo.

95. Qual é a sua estratégia?

Para nossos pais, as estratégias eram reservadas para MBAs de grandes empresas ou para diplomatas que comandavam países. A Alcoa e a Kodak tinham uma estratégia; assim como Winston Churchill. Talvez Muhammad Ali tivesse uma estratégia para sua próxima luta, mas para o cidadão comum, estratégia não era um tópico.

As redes de TV criaram uma estratégia para o que criariam e o que assistiríamos. Nós consumíamos o que nos era oferecido.

Agora, porém, em meio a tanta divisão, a estratégia depende, em grande parte, de nós — das escolhas inócuas sobre qual mídia consumir (ou criar) até as estratégias existenciais de que tipo de mundo queremos construir e habitar.

Este pode ser o momento certo para entender nosso poder e fazer algo com ele.

O amanhã sempre chega. Talvez possamos escolher uma estratégia para torná-lo melhor.

96. O que significa ser um pensador estratégico?

Significa que você é capaz de enxergar o sistema.

Significa que você desenvolve os recursos e as habilidades necessárias para trabalhar com o sistema ou alterá-lo.

Significa que você tem empatia para entender como os outros fazem escolhas.

E significa que você trabalha para reduzir atrasos nos ciclos de feedback para que possa ajustar suas táticas com base na resposta do sistema ao seu trabalho.

O plano operacional e as táticas que acompanham nossa estratégia são focados nesses ciclos de feedback — em permitir que sejamos mais ágeis quando encontramos respostas do *status quo*.

97. Táticas não são estratégias

Táticas é o que nos permite vencer a partida. Táticas são flexíveis, descartáveis e, às vezes, secretas.

Estratégia é o que nos permite vencer o campeonato. Vale a pena compartilhá-las, inspecioná-las e mantê-las.

Tática é o que fazemos a seguir. Estratégia são todos os "a seguir", um após o outro.

Táticas são para agora. Estratégias veem, respeitam e valorizam o tempo.

Quando suas táticas funcionam, fazem sua estratégia avançar.

Quando sua estratégia falha, nenhuma tática bem-sucedida ajudará.

98. O que é um ciclo de feedback?

Se o DJ segura o microfone muito perto dos alto-falantes, ocorre um guincho horrível; porque o som passa pelo microfone, é amplificado, sai pelos alto-falantes e depois volta, repetidamente.

Os ciclos de feedback funcionam do seguinte modo: alguém rouba um banco no Velho Oeste, então eles fortificam o cofre e o próximo ladrão tem mais dificuldade. Na vez seguinte, eles contratam guardas, e assim por diante, até que chega uma hora que os assaltos a bancos começam a desaparecer.

Os ciclos de feedback tornam as pessoas ricas ainda mais ricas. Também alimentam o sistema que leva cada geração de computadores a ficar mais rápida, e os hospitais a investir mais e mais em tecnologia.

Os ciclos de feedback não estão aí para nos dar conselhos. Eles impulsionam a mudança para a frente ou a seguram. Eles multiplicam ou dividem.

Como chegamos a ter casamentos que custam 2 milhões de dólares? Um casamento é uma cerimônia semipública, celebra conexão e status. Muitas pessoas que vão a um casamento vão organizar um para seus filhos ou para si mesmas, e, quando o fizerem, seguirão os padrões dos casamentos aos quais foram e provavelmente impulsionaram. O ciclo de feedback é amplificado.

Um político ganha atenção fazendo algo ultrajante. O próximo político que busca atenção trabalha para superar o primeiro. Rapidamente, os padrões de decoro são substituídos por um ciclo de feedback em busca de atenção. E a mídia acompanha tudo, amplificando e sendo amplificada pelo ciclo.

Um hotel chique tem muitos hóspedes bem pagantes. Um evento externo (uma mudança na cultura, uma crise regional, uma pandemia) faz que a ocupação caia. O hotel responde investindo um pouco menos em comida e manutenção. Então, menos pessoas retornam. E o ciclo continua, até que o hotel não exista mais.

Observando um ciclo de feedback, observamos o funcionamento de um sistema.

99. O tempo não é grátis

Toda escolha tem um custo. Quando passamos uma hora lendo um livro, é uma hora que não passamos ouvindo speed metal. Quando aceitamos um cliente, escolhemos abrir mão de algum outro.

O custo de oportunidade é real e, à medida que recebemos mais acesso, mais ferramentas e mais oportunidades, ele aumenta.

As estratégias reconhecem que nosso tempo tem um custo e nos desafiam a escolher.

Você está gastando seu tempo, quer perceba ou não. E sem uma estratégia, o tempo gasto é desperdiçado.

Quando reconhecemos que o tempo gasto hoje é um investimento que fazemos para transformar nossa vida amanhã, o eixo invisível se torna ainda mais óbvio.

As escolhas que fazemos hoje para tornar o amanhã melhor são a nossa estratégia.

100. Evitando o viés da retrospectiva

A maioria das teorias de negócios cai em uma armadilha fácil: as pessoas encontram alguns exemplos bem-sucedidos e explicam como essas teorias levaram ao sucesso.

O problema é que elas não parecem entender que a teoria não se aplica a todos os negócios semelhantes que faliram.

A confiança no viés da retrospectiva muitas vezes leva as pessoas a acreditar, erroneamente, que possuem conhecimento prévio do resultado de determinado evento. Sem evidências empíricas, apenas por dedução lógica, elas creem ser capazes de prever o que acontecerá.

Na verdade, isso não é possível. Não sabemos por que o Facebook teve sucesso e o Friendster não. Por que a General Magic não vingou, mas o Airbnb chegou lá.

Uma pessoa que prometa um roteiro detalhado de negócios provavelmente não tem noção de quão complexo é criar o futuro.

Tudo que podemos fazer é procurar as condições certas, não esperar uma garantia.

101. Não são as peças, é o sistema

Mais de uma pessoa (ou, no caso de objetos ou bens, mais de uma peça) trabalhando com outras para criar algo em um esforço coordenado é um sistema.

Melhorar as partes do sistema nem sempre melhora o resultado, porque, como Russ Ackoff escreveu, o sistema tem a ver com as interconexões entre as partes, não com as partes em si. Mesmo colocando um pneu de bicicleta eficiente em um caminhão, nada de bom acontecerá. Ainda assim, gastamos nosso tempo consertando pneus, em vez de observar o caminhão.

Se você pretende fazer parte de um sistema, precisa entender como suas ações podem alterá-lo. Melhor ainda será se puder descobrir como o sistema responderá ou reagirá às suas ações.

102. Pensando sobre status

Status é um tópico mencionado mais de cinquenta vezes neste livro por ser um componente crucial dos sistemas e estratégias. O problema é que normalmente o confundimos com uma métrica facilmente mensurável que às vezes (mas nem sempre) é uma medida dele: dinheiro.

Em alguns círculos, pessoas ricas têm status. Comprar um carro caro é uma maneira de sugerir que a pessoa é rica, e isso pode conferir status.

Mas o palhaço da turma do terceiro ano tinha uma espécie de status também. Assim como o diretor do coral.

O status é "quem almoça primeiro" (pelo menos neste bar).

Concede-se status ao garoto alto e àquele que tira boas notas. Em alguns círculos, a quem tem muitos seguidores nas redes sociais.

E há o status das pessoas que parecem evitar indicadores de status facilmente mensuráveis.

103. Vendo status em Hollywood

Entre os quinhentos filmes de Hollywood de maior bilheteria de todos os tempos, *Casamento grego* é o mais lucrativo em termos de retorno sobre o investimento.

E entre todos os filmes de Hollywood no top 1.500 de bilheteria, *Atividade paranormal* é, de longe, o de maior retorno, superando quase qualquer investimento que o mercado de ações já ofereceu. Seu retorno sobre o investimento foi de mais de um milhão por cento.

É de se perguntar por que filmes como esses não são feitos com frequência, raramente ganham prêmios ou recebem comentários elogiosos na mídia especializada.

A resposta está no pertencimento e no status. Diretores, estrelas e produtores de Hollywood não se dedicam a esse ofício para ganhar o máximo de retorno para seus investidores, e sim para fazer parte de um sistema que produz pertencimento e status.

A maioria dos setores tem objetivos semelhantes, só não são tão fáceis de notar.

Quem está em alta e quem está em baixa?

O que o sistema faz provavelmente é o que o sistema valoriza. E vice-versa.

104. O resultado dos sistemas

Os sistemas produzem o que produzem, não o que os organizadores ou participantes esperam.

O sistema de saúde não faz saúde, faz tratamentos. Às vezes, a saúde é um subproduto.

O sistema de ensino superior dos Estados Unidos não funciona para produzir graduados bem-informados. Ele funciona para criar carreiras e cultura.

O objetivo de uma empresa típica não é transformar a vida de seus clientes: é enriquecer seus executivos. A transformação é um efeito colateral ocasional.

É incomum que resultados surpreendentes do sistema sejam uma conspiração deliberada. Um sistema é muito mais do que uma simples cadeia de nós não relacionados e por isso seus resultados e combinações podem acabar nos decepcionando. Quando as pessoas trabalham juntas, os efeitos colaterais deixam de ser triviais e normalmente se tornam o ponto principal do empreendimento.

105. Nossa intenção é alterada pelo sistema do qual fazemos parte

O estudo Dartmouth Atlas, sobre assistência médica nos Estados Unidos, demonstrou que, quando o número de leitos hospitalares disponíveis aumenta, o número de pàcientes internados no hospital aumenta. O mesmo acontece com dispositivos médicos e exames.

Não são só os professores que "ensinam para a prova". Todos nós fazemos isso.

Assim como a gravidade, as forças sistêmicas que agem sobre nós são invisíveis e parecem normais. A cultura é a dinâmica de execução de sistemas resilientes, e a cultura é a maneira como as coisas funcionam aqui.

As pressões invisíveis (e às vezes visíveis) da gravidade sistêmica nos oferecem status e pertencimento se formos fiéis à cultura.

Enquanto a cultura estiver entregando os resultados resilientes e úteis que buscamos, não há problema algum. Mas quando ela não for mais gratificante, pode valer a pena olhar com atenção para o sistema que decidimos apoiar e para aqueles que estamos construindo.

106. O nascimento da Afya

Em 2007, Danielle Butin estava viajando pela Tanzânia. Terapeuta ocupacional, ela era executiva de saúde no crescente ramo de cuidados a idosos.

Na viagem, ela conheceu uma médica de Londres que estava trabalhando como voluntária em uma clínica local. A mulher estava aflita: "Em Londres, sei que faço a diferença. Tenho os suprimentos e as ferramentas necessárias para oferecer o melhor aos meus pacientes. Aqui eu me sinto inútil. Não há esparadrapo e os antissépticos mais simples. Estou vendo pacientes morrerem e não tenho poder para ajudar."

Isso plantou em Butin a semente de uma estratégia que transformou a vida de centenas de milhares de pessoas.

Ela descobriu que os hospitais dos Estados Unidos são obrigados por lei a descartar medicamentos e suprimentos muito antes do vencimento. Itens selados, estéreis e potentes que salvam vidas são jogados fora às toneladas. As empresas farmacêuticas simplesmente não se importam (isso aumenta as vendas), o FDA quer maximizar a eficácia e a esterilidade, e o custo de descarte de cada item seria muito alto, por isso, os hospitais obedecem.

Butin, enxergando o sistema, criou a Afya, uma ONG que serve como ponte entre sistemas. Eles recolhem aparelhos e suprimentos médicos não utilizados ou vencidos dos Estados Unidos e redirecionam para sistemas de saúde em países subdesenvolvidos.

Das visitas aos depósitos de hospitais, onde os itens são armazenados antes de serem descartados, a Afya cresceu e se tornou uma força mundial.

É interessante observar como os agentes dos sistemas se mostram ansiosos em colaborar com a Afya. Isso ilustra o poder de uma estratégia para transformar boas intenções em ações.

Os administradores de hospitais geralmente ficam horrorizados com o nível de desperdício que seus sistemas criam e estão dispostos a mudar essa história. Em vez de simplesmente descartar todo o excedente em aterros, optam por lhe dar um uso mais produtivo no exterior.

Os médicos estão ocupados demais para passar semanas no Haiti ou na Ucrânia, mas sabem que sua influência no hospital local pode fazer a diferença na assistência médica, que é exatamente o que eles almejavam no início de carreira.

Os doadores geralmente são motivados a pagar por algo tangível e urgente como um navio de carga com toneladas de ajuda médica essencial para Porto Rico ou Tanzânia, onde ela é desesperadamente necessária e uma simples transação pode gerar enormes benefícios.

Grupos de saúde locais estão loucos por esses suprimentos. Tendo as ferramentas necessárias, aí sim conseguem colocar suas habilidades e rede em uso.

Existem inúmeras boas causas, mas a estratégia de Butin implicou ver como diferentes sistemas poderiam se envolver entre si para produzir um resultado do qual cada participante se orgulhasse.

107. Perpetuar o golpe

Um sistema raramente atende a todos os envolvidos, mas, mesmo assim, é difícil mudá-lo. Por exemplo: pessoas que começam a trabalhar em uma empresa não são bem atendidas por ela nem pelo sistema existente.

O sistema de oferta de empregos é injusto, ineficiente e opaco. E uma vez contratados, os novos funcionários são mal treinados, perdem tempo em reuniões e se debatem para encontrar uma maneira de contribuir.

No entanto, quando os funcionários sobem um ou dois degraus e se tornam gerentes, passam a participar do outro lado, confiando no mesmo sistema.

Estudantes de medicina acham o curso exaustivo e desumano, mas quem persevera e vira médico não faz muito para mudar o sistema do qual acabou de sair.

Isso não é porque não são bons humanos; é porque os sistemas são persistentes. Os indivíduos têm a impressão de que não há nada que possam fazer. Muitas vezes obtemos exatamente o que o sistema nos promete, mas, às vezes, ficamos empacados e aceitamos isso, independentemente das consequências.

Criar o amanhã repetindo o ontem não é um caminho útil.

108. Sistemas tóxicos

Os sistemas não surgem sendo egoístas, mas os resilientes muitas vezes acabam assim.

A indústria da beleza e da moda não atende a todas as mulheres. Muitas acabam sofrendo com problemas de autoestima e saúde, a misoginia também exerce uma influência opressora. Já a devastação ecológica causada pelo descarte de toneladas de *fast fashion* é um custo para todos nós.

Quando a internet surgiu, sua proposta de conectar as pessoas, levando conhecimento e diversão era muito louvável. Com o surgimento das redes sociais, padrões obscuros de comportamento e o capitalismo de vigilância foram minando a esperança das pessoas em relação a essas boas intenções, além de nos dividir e criar desespero.

Os efeitos negativos de um sistema quase sempre surgem gradualmente. Os nós vão tomando decisões que lhes soam razoáveis, até que o descenso se torna muito maior que o esperado.

Existe uma pressão cultural e um impulso para seguir em frente, e em pouco tempo estamos presos — incapazes de sair das redes sociais, endividados, sentindo-nos amarrados.

Sistemas tóxicos não desaparecem sozinhos. Ações coordenadas da sociedade e o apoio dos pares fornecem o lastro necessário para construir novos sistemas. À medida que eles ganham força e poder, o sistema original começa a notar e é forçado a alterar seu comportamento.

109. A urgência do "não"

Se a escassez é um dos elementos de um jogo, é benéfico aceitar o fato de que não podemos ter, fazer ou oferecer tudo.

Toda estratégia requer escolhas. E essas escolhas normalmente implicam dizer "não" a coisas que *poderíamos* fazer, mas *não* faremos.

- Recusaremos alguns clientes.
- Evitaremos algumas oportunidades.
- Focaremos uma coisa em detrimento de outra.

É tentador saturar nossos dias com trabalho. Atualizar nossas páginas do TikTok, LinkedIn e Facebook, depois passar para o Instagram e depois voltar para o e-mail. Realizar uma lista infinita de tarefas e atender a cada cliente, cada colaborador, cada colega, em vez de sermos generosos e repassá-los para outros prestadores.

Se estamos o tempo todo competindo com todo mundo, em todos os lugares, não é de se admirar que não estejamos entregando muito resultado.

110. Sobre ser julgado

Como você decide quem tem o poder de julgá-lo?

Para quem está competindo nas finais olímpicas de patinação artística, está bem claro quem são os juízes: eles ficam sentados a uma mesa especial e levantam plaquinhas.

Se estiver competindo por uma medalha de ouro, não é útil ignorar os juízes ou agir como se não estivesse ali para ser julgado por eles, porque está.

Na maioria das vezes, porém, a identidade dos juízes não é tão clara. Há juízes em potencial em todos os lugares. É tentador imaginar que todos podem sê-lo e muito corajoso assumir que ninguém o é.

Uma das bases de nosso projeto deve ser reconhecer quais juízes estamos dispostos a aceitar e quais podemos ignorar com prazer.

111. Ao escolher seus clientes, você escolhe seu futuro

Todo projeto tem clientes. Podem ser os pacientes da sua ONG ou seus investidores. Pode ser a pessoa que entra no café e te pede um *latte* ou o dono do café, seu chefe.

Há uma canção que diz "You've got to serve somebody".

Quando escolhemos nossos clientes, abraçamos sua visão de mundo e o sistema do qual fazem parte. Seus orçamentos se tornam nossos orçamentos. Suas prioridades se tornam nossas prioridades.

Mas clientes podem ser escolhidos. Podemos aceitar passivamente os que surgem em nossa porta ou podemos buscar ativamente aqueles com os quais gostaríamos de trabalhar.

Antes era bem simples. O cliente entrava na loja, escolhia o produto e pagava. Havia uma vitrine, uma maneira de anunciar os produtos, e o cliente.

Hoje em dia já não se precisa mais aceitar todos os clientes que surgem ou simplesmente ficar à espera do próximo. Agora, temos a chance de enviar mensagens e deixar que elas atraiam o público-alvo do nosso negócio.

Veja algumas escolhas que os clientes determinam:

- Preço
- Suporte e serviço
- Exclusividade
- Cocriação
- Durabilidade
- Status que o produto oferece
- Persona pública da marca
- Sustentabilidade

Se você pretende atender a clientes muito exigentes que esperam um trabalho personalizado, preços baixos e atendimento pessoal, é assim que passará seus dias.

Se aumentar seus preços em 30%, poderá trocar clientes em busca de preço baixo por clientes que enxergam preço alto como sinal de qualidade. O tipo de trabalho que realizamos e a forma com que realizamos são muito mais do que uma simples troca de bens, são uma mensagem, um sinal que emitimos.

É provável que um anunciante vendendo chinelos pela TV, de madrugada, via uma linha 0800, atraia um cliente menos informado e menos exigente, mas talvez se sinta pressionado pelo mercado a apelar mais enfaticamente aos preços baixos.

Se você é freelancer e anuncia seu trabalho em uma plataforma de serviços on-line, provavelmente vai atender a clientes pontuais mais preocupados com o preço. Com as mesmas habilidades, você poderia criar um projeto bem diferente e atender a clientes fiéis em seu escritório.

Muitas vezes, ficamos presos a uma determinada carteira, fazendo cada vez mais malabarismos para atendê-los em vez de gastar tempo e recursos substituindo essas pessoas por clientes que gostaríamos de ter.

Para um freelancer, a melhor maneira de ter sucesso é buscando clientes melhores. Clientes melhores que pagam mais, exigem mais e divulgam seu trabalho. Mas, como encontrá-los não é trabalho fácil, as pessoas preferem simplesmente aceitar os que aparecem.

Escolha, eduque e recompense os clientes que gostaria de manter. Ao recompensar certos comportamentos em detrimento de outros, ao cumprir algumas promessas, mas não fazer outras, ao ter padrões, você consegue o público que merece. Você pode educar seus clientes a:

- Ser respeitosos (ou rudes)
- Ser pacientes (ou egoístas)
- Guardar sua satisfação para si mesmos (ou compartilhá-la com os outros)
- Exigir atendimento personalizado
- Ansiar pela próxima etapa
- Ser mesquinhos (ou generosos)
- Esperar mimos (ou ser gratos por tudo que recebem)
- Querer coisas grátis (ou buscar o luxo)
- Querer trocar de marca para economizar dinheiro (ou ser leais)
- Ser céticos (ou confiar em seu julgamento)

Os clientes aos quais você dedica sua atenção — e aqueles que dispensa — mudam a sua rotina de trabalho (se você não os escolhe, está entregando seu futuro a qualquer um que entre pela porta).

Reconheça e recompense os clientes com quem gostaria de passar seus dias. Você tem a liberdade e o poder de fazer isso, se quiser.

Não é fácil persuadir alguém a querer o mesmo que você.

É muito mais produtivo encontrar pessoas que já querem ir aonde você gostaria de levá-las.

112. Ao escolher sua competição, você escolhe seu futuro

Não é de se surpreender que Lance Armstrong tenha trapaceado. Durante sua carreira, em sua posição na elite do ciclismo mundial, era impossível ir além sem doping.

Todo mundo faz isso.

Quando há escassez, surge a competição.

Cabe a você escolher se quer mesmo entrar em uma cuja melhor estratégia é pensar a curto prazo. Geralmente, é uma corrida para o fundo do poço.

113. Ao escolher a fonte de validação, você escolhe seu futuro

A quem você está tentando agradar?

Essa validação está bem alinhada com a sua estrutura e o seu modelo de recompensa?

O Cracker Barrel não tenta agradar o crítico gastronômico do *New York Times*.

Eles são consistentes e coerentes acerca de quem representam, e agradar a essa comunidade promove seus objetivos e os recompensa.

Ler as avaliações, agradar aos críticos, ouvir atentamente os clientes mais reclamões e raivosos são escolhas estratégicas. Se estiverem ajudando seu projeto a atingir suas metas, mantenha.

Mas muitas empresas encontram nada além de estresse quando dão ouvidos a quem está fora do seu circuito. Talvez seja melhor evitar os não fiéis.

Quando unimos o local onde buscamos validação com o trabalho que esperamos fazer e as recompensas que esperamos receber, nossa estratégia está alinhada.

114. Ao escolher sua distribuição, você escolhe seu futuro

Distribuição é o ato de levar o que você produz até quem precisa disso. É difícil de visualizar, mas, no fim das contas, é uma escolha tão importante quanto as demais.

Seu programa de entrevistas deve ser transmitido ao vivo no rádio, em um podcast ou no YouTube? As conversas podem ser as mesmas, mas escolher a forma de distribuição muda os sistemas em que o produto vai atuar, cria pressões diferentes e resulta em recompensas diferentes.

O capitalista de risco Mitch Lasky destacou a importância disso para as empresas de videogame, mas afeta todas as organizações que pretendem causar impacto.

A Florists' Transworld Delivery mudou o mercado de flores ao mudar a forma como as distribuía: o cultivo não mudou, as flores não mudaram, mas o setor da floricultura mudou.

A Steam transformou o mercado de videogames ao ajudar os desenvolvedores de jogos a abandonar os CDs e disquetes.

A TaskRabbit mudou o dia a dia de montadores e carregadores de móveis. A montagem é a mesma, mas a fonte de clientes, as interações e o processo foram todos transformados.

A Apple determina não apenas o marketing, mas também o design dos aplicativos criados para serem distribuídos em sua loja de aplicativos. Um aplicativo não é diferente de um site apenas por razões técnicas; ele também é limitado e habilitado pela maneira como é distribuído e como essa distribuição muda a postura do usuário.

Não é simplesmente trocar um intermediário por outro. Quando o sistema de distribuição muda, o que é construído muda também.

115. Notícias, ideias e mudanças na distribuição

Os livros foram distribuídos basicamente da mesma maneira durante quatrocentos anos. Autores, gráficas, livrarias e leitores.

A livraria era a poderosa guardiã. Os editores viam os livreiros como seus clientes, e tudo girava em torno de fazê-los felizes.

As notícias foram compartilhadas da mesma maneira durante um século. As pessoas que escreviam sobre elas tinham um modelo, e quem as fazia (políticos, relações públicas etc.) agia apropriadamente.

E agora, passada uma geração, compartilhamos a escrita, seja de livros ou de notícias, de um jeito diferente.

A mudança na distribuição levou a uma mudança em quem escreve (muito mais pessoas), em quão editados e sofisticados são (muito menos) e com que velocidade a informação se espalha e desaparece.

Até as notícias mudaram. Muitas mudanças em eventos mundiais podem ser diretamente relacionadas à distribuição de notícias.

Ao escolher sua distribuição, você escolhe seu futuro.

116. "Todos" é ilusório

Não podemos impactar todos. Ninguém pode.

Mas isso não significa que não possamos melhorar as coisas para alguém.

Está implícito aqui que nossa estratégia vai deixar alguém de lado, vai ignorar algumas pessoas e que será criticada.

A necessidade de ser ovacionado é uma armadilha.

Mas há uma saída: as pessoas que precisam de você e serão beneficiadas pelo seu trabalho. Se hesitar em entregar seu trabalho porque ele pode não ser perfeito para todos, estará, na verdade, roubando de alguém que realmente precisa dele.

117. O que você quer?

"O que você quer?" é uma pergunta difícil de responder. "Qual é sua estratégia?" é um dos motivos.

Quando nos perguntamos o que realmente queremos, surgem inseguranças. E se conseguirmos o que esperamos e não gostarmos? E se nos apaixonarmos pela mudança que queremos promover e depois descobrirmos que não podemos realizá-la?

É mais fácil desistir e dar ao sistema o que ele exige.

Uma estratégia é uma resposta a esse dilema.

118. O que ele quer?

Uma forma simples de entender um organismo ou sistema evoluído é perguntar o que ele quer.

Que ações ele precisa evocar para sobreviver ou prosperar?

A flor quer que as abelhas a visitem e as frutas querem ser comidas pelos pássaros. Obviamente, elas não têm intenção consciente, mas esse "desejo" guia sua progressão através das gerações. Quando elas conseguem mais do que querem, o resultado se multiplica.

O mesmo acontece com objetos e organizações.

A ferramenta bem projetada quer que você a segure pelo cabo, não pela lâmina, e que a use com frequência e segurança. O item de luxo bem-sucedido quer que você o mostre aos outros e se sinta de determinada maneira usando-o.

O smartphone quer a sua atenção. A máxima possível, e depois um pouco mais. Para isso, ele leva o mundo exterior aonde quer que você esteja, perfura a intimidade do aqui e a magia do agora, criando persistentemente ansiedade, medo e aparente satisfação infinita.

O que o hospital quer é que cada leito esteja ocupado — mas não quer superlotação. E quer que os médicos mais experientes se sintam seguros em seu status. E, por favor, nada de infecções iatrogênicas ou processos por negligência médica.

O que a maioria das empresas quer é que a alta liderança seja bem paga e respeitada.

O que a internet quer é que estejamos on-line o tempo todo, deixando rastros e vestígios de todos os nossos dados.

Em *Para onde nos leva a tecnologia*, Kevin Kelly me ajudou a ver que a maneira mais fácil de entender como a tecnologia está mudando nosso mundo é imaginar que é outra espécie evoluindo para preencher e expandir seu nicho.

Quando um sistema nos surpreende, provavelmente é porque imaginamos que ele quer o que nós queremos, ou que ele quer o que queremos que ele queira.

Mas os sistemas fazem o que fazem, independentemente de quanto queiramos que eles façam outra coisa.

Não tenho a intenção de ser cínico. É só uma forma abreviada de ver como podemos trabalhar com sistemas existentes para conseguir o que queremos (ou mudar o que eles fazem). As pessoas merecem nossa empatia, e os sistemas a exigem.

Ao mesmo tempo, não sei se concordo totalmente com a heurística de Stanford Beer: "O propósito de um sistema é o que ele faz."

O clima é um sistema, mas a chuva não é o propósito do sistema. Na verdade, ele não tem um propósito no significado usual da palavra. O clima não está *tentando* fazer nada. Ele simplesmente é.

Podemos perguntar o que um sistema quer se ele nos ajuda a prever comportamentos ou atingir nossos objetivos. Mas os sistemas humanos que nos cercam não precisam ter um propósito, e mesmo que tenham, raramente o seguem.

Talvez fosse mais preciso dizer: "O sistema é o que o sistema faz."

Não importa o que você quer que ele faça. Observe o que ele faz e você entenderá o que é.

Não estou argumentando que o sistema é consciente, que tem objetivos explícitos, que é comandado por um supergênio maligno. Mas a maneira mais fácil de entender um sistema é imaginar o que ele pode ser. O sol não "quer" que a Terra gire em torno dele, mas certamente age como se quisesse.

Os sistemas querem algo. Antes de se envolver com um sistema, investindo seu tempo e sua paixão, vale a pena entender o que ele quer.

Escolher se envolver com coisas que querem o que queremos é uma escolha poderosa.

119. As condições de fuga

Às vezes, um ciclo de feedback é insaciável. E ciclos de feedback insaciáveis, habilitados e reforçados pela sociedade em que vivemos, quase sempre levam a efeitos colaterais inesperados.

Na década de 1800, os homens ricos da Europa desenvolveram uma afinidade por chapéus e casacos de pele de castor. Era uma corrida por status, e a demanda por peles de castor rapidamente esgotou a oferta. Quanto mais custavam, mais a demanda aumentava. Um ciclo de feedback descontrolado.

Isso deu uma oportunidade a empreendedores dos Estados Unidos e Canadá. John Jacob Astor dedicou seu tempo e recursos a adquirir e vender o máximo de peles de castor que pôde.

Para conseguir melhores condições de negociação com os nativos caçadores de castores que encontrou, ele lhes ofereceu álcool com desconto, apesar de saber que o alcoolismo crônico estava acabando com a saúde e a dinâmica familiar daquelas pessoas.

À medida em que aumentava a demanda por peles, os caçadores iam se aprofundando cada vez mais nas florestas, e acabaram remodelando a paisagem de grandes matas da América do Norte.

Na maioria dos ciclos de feedback há um regulador embutido. Extremos são nivelados e o sistema acaba retornando a um equilíbrio estável. Sistemas resilientes abominam o nó insaciável descontrolado.

Não temos um desejo insaciável por pizza. Depois de algumas fatias, comer mais não é melhor — é pior. Também não temos um desejo insaciável por variedade. Uma ou duas prateleiras de pizzas no supermercado é ótimo, mas um corredor inteiro dedicado a elas é opressor.

Mas o capitalismo cria condições para incentivar um desejo insaciável por mais dinheiro, conectando-o a status e pertencimento. Mais dinheiro normalmente cria um desejo por mais dinheiro.

A corrida desenfreada por "mais" é o curinga para algumas pessoas.

120. Coisas que escalam

Não importa quanto a economia de mercado crie, invente e venda: ainda haverá um desejo insaciável por certos bens de consumo dos quais nunca nos cansamos.

O nexo de todos esses desejos é o dinheiro. O dinheiro em si não é nada, mas a história dele mostra que é um substituto para muitas coisas.

Do lançamento do telégrafo ao FedEx e as DMs, oferecer velocidade em viagens e comunicações cria uma tensão à qual algumas pessoas não conseguem resistir. E quando partes de um sistema em rede atualizam sua velocidade, outras também o fazem.

Embora todas as pessoas estejam cientes de seu status, quem subiu nesse ranking fará de tudo para mantê-lo, expandi-lo e ostentá-lo. Por isso o desejo por bens de luxo, de bolsas a iates e ingressos na primeira fila. "Eu quero mais do que só a minha parte" criou um ciclo de feedback infinito.

Tim Wu deixou bem claro que, a partir do momento em que temos o suficiente para sobreviver, vamos em busca de conveniência. As pessoas trocam quase tudo quando recebem uma opção que aumenta o ócio ou parece multiplicar o tempo livre.

E isso nos ajuda a ver que o que a maioria das pessoas na maioria dos sistemas quer é segurança. Livrar-se do medo. Saber que vão ficar bem e que amanhã também tudo estará bem.

Diante do relato de sentimentos de alienação e solidão, parece que a escassez de uma comunidade acolhedora vem aumentando, apesar da quantidade extraordinária de tempo que passamos na internet, supostamente em conexão com outras pessoas. Um dos motivos é que as pessoas também anseiam por celebridade. O mito do influenciador, a solidão do esquecido, o desejo de conexão e significado... tudo isso acaba levando as pessoas a compartilhar suas ideias e sua vida.

A maioria desses desejos, particularmente de status, é insaciável. Quando o sistema recompensa e incentiva nossos desejos, muitas vezes voltamos querendo mais. Para causar um grande impacto, precisamos frear os desejos insaciáveis.

Status, segurança, pertencimento e curiosidade são universais e estão sempre interagindo, na medida em que todo mundo, no mundo todo, deseja sucesso e consolo.

121. Trabalhar para o sistema

Uma galinha é apenas a maneira de um ovo fazer outro ovo.

E uma noiva é simplesmente a maneira do intrincado mercado de casamentos garantir que o salão esteja cheio na próxima semana. Lotado de mulheres que podem ser a próxima noiva.

Hoje em dia, tudo pode estar indo bem, mas os sistemas resilientes têm ciclos de feedback para manter a estabilidade e investem no futuro criando estruturas para garantir que persistirão.

Normalmente, os sistemas surgem porque nos ajudam a atingir objetivos. Mas, com o tempo, os mais poderosos mudam nossos objetivos e nos colocam para trabalhar para ele. Ou seja, passamos a ajudá-los a satisfazer as necessidades *deles*, não as nossas.

Sistemas criam cultura; e cultura é a maneira como um sistema persiste discretamente, criando gravidade onde não havia antes.

122. Quem está no controle?

A mãe de uma menina de 12 anos me confidenciou que estava aflita com a festa de 13 anos da filha, principalmente por causa da pressão dos amigos para que ela convidasse cem crianças e gastasse dezenas de milhares de dólares.

"Não ceda!", eu disse. A filha dela tinha um círculo muito pequeno de amigos, e o espetáculo social e as despesas não fariam ninguém feliz.

Por que isso é um problema? Bem, porque em muitos ambientes, dizer "não" é bem difícil.

Por que gastamos horas nas redes sociais se isso nos deixa infelizes, e por que nos sentimos esgotados diante das notícias? Se não está nos ajudando, por que continuamos fazendo?

Resposta: porque somos insaciáveis.

Somos uma galinha? Nosso único papel é fazer outro ovo?

Quase certeza de que sim.

O vírus da gripe não quer que morramos, mas ele precisa nos deixar doentes para que espirremos em outras pessoas e o espalhemos. Os vírus que não conseguem isso desaparecem. O mesmo acontece com os sistemas sociais que parecem reger a vida.

Na maioria dos sistemas, quase sempre o melhor resultado possível é usá-lo quase tanto quanto ele nos usa.

Mas o que eu digo é: temos a chance de articular estratégias e fazer valer a nossa autonomia em vez de sermos covardes. Não estamos aqui só para botar ovos para agradar ao sistema.

123. Frames e filmes

O tempo não é algo que podemos ver diretamente. Ele é a mudança dos frames no decorrer da nossa vida.

Assim como um rio é um lago com correnteza, uma estratégia só é possível quando levamos o tempo em consideração. À medida que avança, encontramos diferentes condições, opções e desafios. Nossa estratégia conta como lançaremos mão do nosso projeto no decorrer do tempo.

Se você tocar todas as notas de uma música de uma vez, vai ouvir apenas ruído. É o espaço entre as notas que as transforma em música.

O agora é importante, mas não basta. O agora mais o amanhã e o depois de amanhã é nosso projeto.

124. O dia em que conheci Derek Sivers

Em 10 de junho de 2009, fiz um post comentando sobre uma historinha interessante.

Há o Sujeito Número 1, que é o maluco que fica dançando sozinho no show. Ele é maluco, mas está ali, na dele.

O Sujeito Número 2 é corajoso e solidário. Ele chega perto e começa a dançar junto.

Mas é o Sujeito Número 3 que muda a dinâmica. Sua presença faz que seja seguro para os Sujeitos 4, 5, 6 e 7 começarem a dançar também.

É a partir dele que ficar sentado passa a ser mais socialmente arriscado do que se levantar.

E assim, chegam os Sujeitos de 8 a 20.

Agora já temos um movimento.

Passamos muito tempo glorificando o Sujeito Número 1.

Mas o trabalho real é ser capaz de reconhecer o tempo. Reconhecer que nada acontece de uma só vez.

É o Sujeito Número 3 que precisamos focar.

Do outro lado do mundo, um empresário chamado Derek Sivers postou algo sobre a mesma história no mesmo dia. Acabamos ficando amigos e publiquei seu primeiro livro. Desde então, seu TED Talk sobre o tópico foi visto milhões de vezes.

Mas não de uma vez. Esse é o ponto.

125. Pinguins-imperadores, as multidões e o medo

Aos 6 meses de idade, um pinguim-imperador na Antártida está pronto para entrar na água. Claro que a temperatura da água é congelante, mas eles são pinguins. A maioria entra deslizando de cima de um bloco de gelo, mais ou menos de uma altura de 50 cm.

Mas imagens recentes de drones da *National Geographic* mostraram o que alguns grupos fazem.

Motivados pelo instinto, centenas, talvez milhares de pinguins se arrastam até a beirada de um penhasco íngreme coberto de gelo. Eles estão a mais ou menos 15 m acima da água — uma queda que seria fatal para a maioria dessas criaturas —, e os filhotes têm apenas 6 meses de idade.

Estão todos ali, aglomerados na beira do penhasco, lutando contra o medo (compreensível) de cair. Até que um pinguim do grupo salta (talvez ele seja empurrado). Os outros assistem, atônitos. Depois de ver que o primeiro pinguim saiu nadando, um segundo pinguim pula, e então um terceiro.

Em poucos minutos, toda a colônia está pulando na água.

Eles estavam paralisados, até que deixaram de estar. Mas isso não acontece de uma vez.

Alguns pinguins tiveram que ir primeiro.

A ideia começa a se espalhar. A pressão dos pares é real.

Até que estão todos na água.

Sendo bem claro: assim como os pinguins, estamos em um sistema cultural passível ao comportamento de manada.

Quando estiver em dúvida, procure o medo. Provavelmente é ele a causa de qualquer comportamento surpreendente diante dos seus olhos.

126. Se quiser acender uma fogueira

Talvez você tenha aprendido a fazer uma fogueira quando criança.

Sem dúvida, você precisará de lenha.

Mas também precisará de gravetos. Quanto maiores os troncos, mais gravetos. Quanto mais úmida a madeira, mais gravetos.

Nossa estratégia falha sempre que o tamanho dos troncos excede nosso estoque de gravetos.

127. Cinco passos para uma mudança extensa

Começa com um núcleo. Esse grupo central compartilha um desejo. Talvez essas pessoas se sintam frustradas, deixadas de lado, estejam buscando algo melhor ou novo. Não são típicas.

Primeiro, ofereça a esse grupo conexão, status, ímpeto, oportunidade e informação. Esse comportamento é diferente do que as massas normalmente adotam.

Segundo, maximize as chances de uma pequena vitória. Pequenas vitórias são evidências de progresso. Elas criam coesão de grupo, comprometimento, e, acima de tudo, dão uma meta ao núcleo.

Terceiro, dê ao núcleo a oportunidade de falar sobre o trabalho. O que eles dizem aos outros quase certamente não é o que você disse a eles. Isso requer um salto empático, oferecer ao próximo círculo de pessoas uma história que ecoe com os desejos delas, não com os seus.

Quarto, crie a probabilidade de outra vitória.

Esse processo gradual de história » ação » coesão pode ser repetido várias vezes. O impulso, normalmente, é a única coisa oferecida. "Está acontecendo o seguinte; você vem?" é mais poderoso que "Deixe-me explicar todos os fatos sobre o que é possível".

Por fim, estabeleça novas funções de status, oportunidades de pertencimento e troca de dados para codificar um sistema futuro.

A infraestrutura não vem no primeiro momento. Na verdade, ela é construída muito mais tarde, depois que as pessoas dão importância suficiente ao novo sistema a ponto de querer fazer parte dele.

128. Sand Hill Road

Digamos que você queira colocar em prática um plano para fazer com que bilhões de pessoas no mundo passem quase todo o tempo na internet, mudando a estrutura de nossa cultura e enriquecendo um pequeno grupo de apoiadores e empreendedores.

Esse processo começou na Sand Hill Road, em Menlo Park, Califórnia, há cerca de cinquenta anos. Kleiner Perkins foi o primeiro capitalista de risco a se mudar para um parque de escritórios lá, seguido pela Sequoia Capital, Mayfield Fund e Accel Partners.

Esses agentes costumavam investir menos de um milhão de dólares em cada rodada, e entre seus sucessos estavam Apple, Atari e Sun. Essas vitórias iniciais trouxeram mais empreendedores, mais investidores e mais atenção dos mercados públicos.

O processo continuou o mesmo. As ações evoluíram no decorrer do tempo e os sucessos levaram ao sistema que existe até hoje. Não apenas um edifício, mas uma cultura, um modelo, um mercado. O sistema que eles construíram foi incorporado aos sistemas existentes nas áreas de finanças, direito, tecnologia, educação e muitas outras.

Hoje, existem milhões de capitalistas de risco em todo o mundo, todos seguindo o modelo que foi construído e lapidado em um parque de escritórios em uma rua de uma cidade. Essas empresas originais podem até deixar de existir um dia, mas o sistema e a cultura que elas construíram continuarão sem elas.

129. Cem é uma boa maneira de começar

Eis um exemplo de como um sistema que está pronto para abraçar uma mudança.

Em 1979, Lynn Taylor, uma professora de pré-escola em Livermore, Califórnia, levou um fantoche e cem moedinhas de um centavo para a sala de aula. Taylor apresentou à classe o conceito do centésimo dia de aula e transformou isso em uma celebração.

No ano seguinte, ela e outros professores repetiram o processo com sucesso.

Em 1981, eles publicaram um artigo em um boletim internacional para professores chamado *Mathematics Their Way*.

Observe a progressão:

O núcleo.

A pequena vitória.

Uma maneira fácil de falar sobre o trabalho e uma maneira de publicá-lo.

Essa pequena vitória pode ser repetida anualmente. É seguro fazê-lo, você se associa a outros professores e seu status sobe, porque você lidera o grupo. Se esquecer o dia, não poderá fazer a celebração mais tarde, porque isso criaria tensão.

E então há planilhas, folhetos, tradições, até que um dia o evento já faz parte da cultura.

Lynn e sua ideia deram ao sistema justamente aquilo de que ele precisava, mas também foram alterando seu formato aos poucos. De acordo com o *Chicago Tribune*, "a verdadeira compreensão do 100 é um dom, uma espiada por trás da cortina da magia e do poder de números enormes, a chave para o infinito. Se entender o 100, você entenderá o 200. Se entender o 200, o 300 e o 400 entram em foco, e aí o 1.000 começa a fazer sentido e a maioria dos outros números de que precisamos para decodificar a vida cotidiana".

Não foi um avanço substancial que transformou o sistema de educação infantil para sempre, mas funcionou porque foi adotado, e foi adotado porque fez avançar os objetivos dos envolvidos.

130. Falha ao alterar a dinâmica de doação

Minha história sobre doação de rins lembra um pouco a da pré-escola, mas tem uma conclusão diferente e menos positiva.

Quando um parente meu precisou de um rim, fui confrontado com a escassez de órgãos para doação. Aqui nos Estados Unidos, vi que algumas pessoas tentavam resolver o problema se mudando para outro lugar, para uma região onde tivessem mais chance de subir na lista de espera. Outra solução que não ganhou força foi: deixar de ser doador para optar por *não* ser doador (em alguns países, salvo quando se manifestam em contrário, todas as pessoas são automaticamente consideradas doadoras de órgãos). E cogitavam-se até soluções macabras, como comprar órgãos de famílias pobres de algum cidadão recém-falecido.

Por mais dramáticas que sejam as apostas, isso ainda é um jogo. Há recursos escassos, problemas de alocação e de estratégias para ser bem-sucedido. Mas o jogo aqui é um desperdício e leva a traumas desnecessários.

A solução que propus foi fazer uma mudança simples na maneira de priorizar a lista de doadores de órgãos, acrescentando uma variável simples: há quanto tempo você está na lista de doadores?

Se alguém está eticamente aberto a receber um rim, deveria estar disposto a doar o seu quando morresse. A maioria das pessoas concordaria que estar disposto a receber um rim enquanto está viva significa que deveria estar disposta a oferecer esse rim depois que morresse.

A pressão pela competição para entrar na lista de doadores cedo mudaria as conversas entre médicos e pacientes. Os médicos teriam um incentivo urgente para aconselhar cada paciente a entrar na lista de doadores o mais rápido possível.

Uma mudança nas regras da lista de espera tinha o potencial de aumentar significativamente o número de órgãos doados, inclusive zerando a lista de espera.

Meu amigo e colega dr. Jonathan Sackner Bernstein trabalhou comigo para transformar a ideia em um artigo. Ele é um pesquisador respeitado e suas habilidades e seu status nos ajudaram a elaborar um artigo que foi publicado no periódico *Transplantation* em 2004. Foi citado pelo *Yale Journal of Health, Policy and Ethics* um ano depois. Então, o progresso na mudança da regra praticamente parou.

Como essa história é diferente do exemplo da história anterior, sobre a pré-escola?

Vejamos. Professores de pré-escola têm uma grande liberdade para programar seu dia. Muitos estão abertos a novas ideias e não precisam ir a uma reunião para experimentá-las. Os clientes iniciais desse público estavam ansiosos e receptivos.

Mas o nível mais alto de profissionais que trabalha com transplantes e políticas públicas não se encaixa nessa descrição. Eles querem provas; não querem cometer erros. E, acima de tudo, não querem participar de milhares de reuniões com pessoas furiosas defendendo o status quo. Por isso, deixam as coisas como estão.

O maior desafio para nossa proposta era que não havia pequenas vitórias disponíveis. Embora tivesse um sentido lógico, não era uma ideia que poderia funcionar em algumas cidades e depois se espalhar como pétalas ao vento e pipocar aqui e ali. Ou entrava em vigor em todo o sistema ou não entrava.

E outro desafio era que Jonathan e eu não nos dedicamos cinco, dez anos a disseminar a ideia. Não falamos em uma conferência atrás da outra, não buscamos subsídios para estudos mais detalhados e, acima de tudo, não conferimos status a indivíduos influentes que se beneficiariam com a disseminação da ideia.

Boas ideias são necessárias, mas raramente são suficientes.

131. Evite os descrentes

À medida que uma ideia vai avançando na comunidade, alguns clientes iniciais estão alinhados com a missão e loucos para ajudá-la a se tornar um sucesso.

Mas a maioria está cética. Está procurando uma maneira fácil de manter as coisas do jeito que são. Sente-se desconfortável com a tensão que a mudança provoca e esconde esse medo com objeções que parecem um feedback bem pensado.

Quando, na verdade, não é.

Se uma mudança está ganhando força no núcleo que pode levá-la adiante, uma parte difícil — mas essencial — de nossa liderança é ignorar todo o resto.

Ignore os comentários ponderados, os atalhos oferecidos e a chance de impressionar um poderoso mudando o que você faz.

Faça isso com respeito, é claro. Perdoe as pessoas que não entenderam a piada. Não era para elas.

Você terá tempo para diluir e ampliar sua ideia mais tarde.

O trabalho árduo não é agradar a todos. O trabalho árduo é conseguir o voto. É fazer com que as pessoas que querem o mesmo que você apareçam de forma persistente, volumosa e contínua.

132. Entender os adeptos

Imagine uma curva de sino. É aquele gráfico com uma corcova no meio que vemos o tempo todo em estatística.

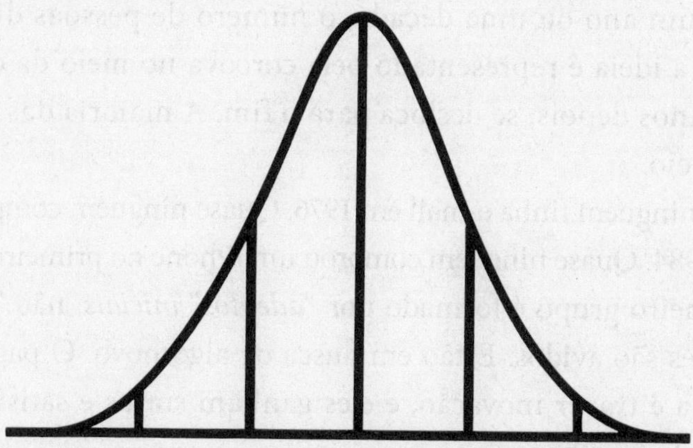

Se medir a altura de cada pessoa de minha cidade, você descobrirá que cerca de dois terços estão agrupados no meio, entre 1,50 m e 1,80 m de altura. Indo para a esquerda, 10% a 15% têm menos de 1,50 m de altura, e bem para a direita, outros 15% têm mais de 1,80 m de altura.

Até aqui, tudo bem.

Everett Rogers abriu essa curva quando percebeu que, em vez da altura, poderíamos colocar o tempo no eixo inferior.

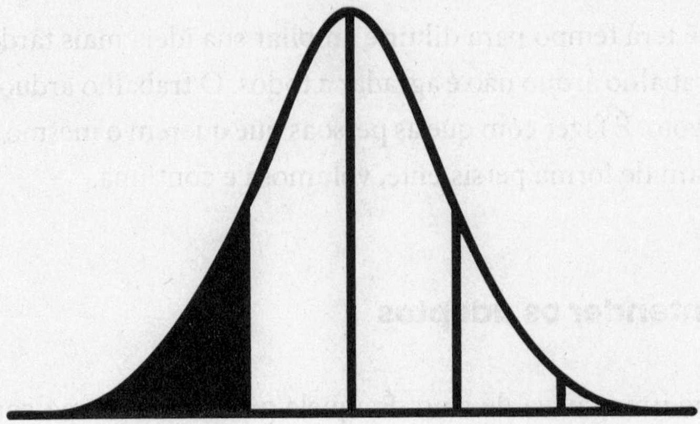

No começo, apenas algumas pessoas — os adeptos iniciais — estão interessadas em uma novidade (a parte pintada de preto). Amanhã, talvez eles espalhem a notícia para mais algumas pessoas. Em um mês, um ano ou uma década, o número de pessoas dispostas a abraçar a ideia é representado pela corcova no meio da curva e, por fim, anos depois, se desloca para o fim. A maioria das pessoas está no meio.

Quase ninguém tinha e-mail em 1976. Quase ninguém comprou um Mac em 1984. Quase ninguém comprou um iPhone no primeiro dia.

O primeiro grupo é formado por *"adeptos" iniciais*, não "adaptadores". Eles são ávidos. Estão em busca de algo novo. O papel deles no sistema é trazer inovação, e eles ganham status e satisfação ao procurar algo melhor.

Nesse grupo está menos de 3% da população. Isso significa que quando você traz algo novo para o mundo, 97% das pessoas com quem interage não vão aceitar a inovação.

As pessoas no extremo oposto da curva são o que eu chamo de *adaptadores*. Lutam contra a mudança, porque é uma ameaça para elas. Os adaptadores têm muitas objeções, mas o que eles realmente querem dizer é: "Estou com medo."

Anthony Iannarino ensina que o trabalho de uma equipe de vendas não é persuadir as pessoas a comprar: é encontrar as pessoas que QUEREM experimentar algo novo e educadamente e sem demora dispensar tudo mais.

O trabalho do profissional de marketing é fazer algo tão notável que esse pequeno grupo de adeptos não consiga parar de contar a novidade a seus pares. São eles que espalham a novidade, não você. Esse fenômeno está claro há décadas, mas, ainda assim, as pessoas continuam em busca de atalhos.

Atalhos para mudar todo o sistema.

Atalhos para promover uma ideia para todos os seres humanos e explicar por que o novo caminho é melhor.

Atalhos para ser escolhido.

Sua ideia pode até ser rejeitada por não ser a melhor, mas é mais provável que seja rejeitada por ser nova.

133. O tempo é o eixo esquecido

Fazer dieta ajuda a perder peso?

Talvez, mas não hoje. Quem sabe um dia.

O lançamento de um produto inovador muda a cultura e gera um retorno lucrativo?

Talvez, mas não hoje. Quem sabe um dia.

Podemos desenhar curvas o dia todo, mas a maioria das pessoas não gosta muito de lidar com elas nem de tentar entendê-las. Nós apenas fingimos que entendemos; balançamos a cabeça quando ouvimos sobre o ciclo de vida de adesão a um produto ou sobre o crescimento das emissões de carbono, mas somos humanos, vivemos em um mundo prioritariamente tridimensional. Há esquerda e direita, cima e baixo, frente e trás.

Mas não é isso que os gráficos nos mostram. Eles nos mostram a quarta dimensão: o tempo.

Não é um gráfico, na verdade; é uma pilha alta de gráficos: um gráfico para ontem, outro para amanhã, e assim por diante. Um jornal nos mostra o que aconteceu ontem, mas se lermos 3 mil jornais, entenderemos o que aconteceu no decorrer de uma década.

O tempo e os sistemas se escondem bem embaixo do nosso nariz. Normalmente, os sistemas de hoje são invisíveis e o amanhã é uma terra inexplorada, ainda não descoberta.

Uma estratégia exige que viajemos no tempo: ir do hoje ao amanhã e aos demais amanhãs.

134. Fique à vontade com uma série de frames

Mas e depois? O que acontece?

Colocamos um vídeo no YouTube e mandamos o link para sete pessoas.

E depois?

Uma delas o compartilha com três pessoas.

E depois?

Alguém o compartilha com seu grupo de amigos e então são mil visualizações.

Ou talvez nada disso aconteça e o vídeo vá perdendo tração aos poucos.

Cada um desses passos são pontos na curva de adesão. Uma coisa acontece e então outra coisa acontece (ou não).

135. Aceite o abismo da desaprovação

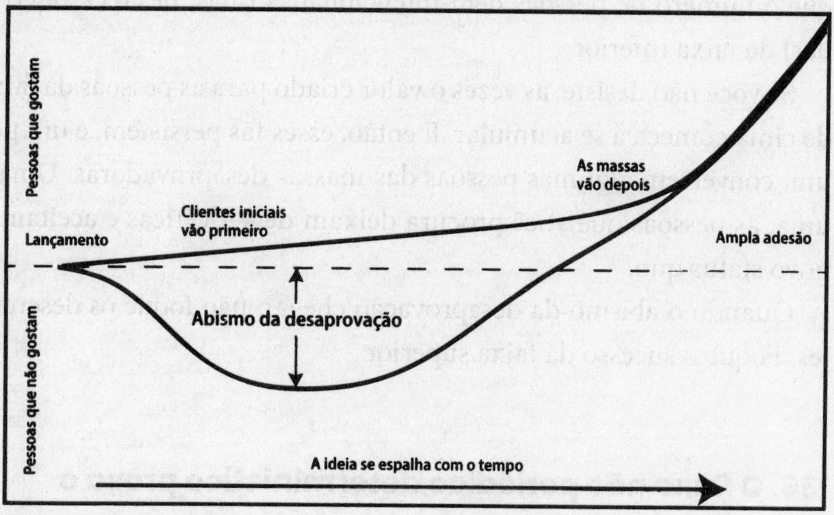

Sua ideia vai se espalhando, mas a maioria das pessoas que ouve sobre ela, não gosta.

Começando pela esquerda. Sua nova ideia, sua proposta para a empresa, seu novo empreendimento, sua inovação — ninguém sabe nada disso.

A maioria das pessoas não consegue entendê-la (faixa inferior). Acham que é uma jogada arriscada, uma solução para um problema que ninguém tem, ou que é muito cara (ou uma combinação dos três).

A coisa poderia parar por aqui, mas há as poucas pessoas que estão na faixa superior. Elas são as primeiras a aderir e acreditar, e algumas delas a espirram e contagiam as outras; contam a todo mundo sobre a nova ideia.

Esse é um momento perigoso. Se acompanhar todas as pessoas que odeiam o que você fez, você vai desistir imediatamente. É quando o abismo da desaprovação está em seu máximo. Isso aconteceu com o telefone, com a web, com o rap. Muitas pessoas ouviram falar dessas coisas, mas o número de fãs (a faixa superior) era muito menor que o número de pessoas bem-intencionadas (mas, neste caso, erradas) da faixa inferior.

Se você não desiste, às vezes o valor criado para as pessoas da faixa de cima começa a se acumular. E então, esses fãs persistem, e um por um, convertem algumas pessoas das massas desaprovadoras. Uma a uma, as pessoas que você procura deixam de ser céticas e aceitam o novo status quo.

Quando o abismo da desaprovação chegar, não foque os descrentes. Foque o sucesso da faixa superior.

136. O fluxo não periódico determinístico prova o ponto de vista

Edward Lorenz escreveu um artigo científico em 1963 e o publicou em um respeitado periódico científico para meteorologistas. O gráfico a seguir registra quantos outros artigos se referiram ao dele ao longo dos anos.

1963-1973: Algumas citações por ano

1974-1989: Crescimento constante, atingindo várias centenas de citações acumuladas

1990-1999: Crescimento acelerado, atingindo alguns milhares de citações acumuladas

2000-2022: Crescimento rápido, atingindo mais de 10 mil citações acumuladas

O artigo de Lorenz é considerado a base da teoria do caos e tem sido citado em quase todas as áreas de estudos científicos.

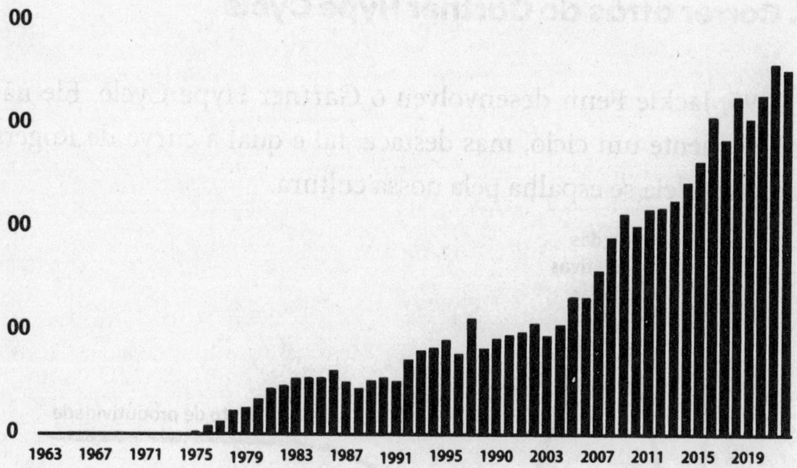

O artigo foi um fracasso quando publicado? Quando virou um sucesso? O que mudou nele ao longo dos sessenta anos em que se espalhou pela comunidade?

Ideias que se espalham vencem. E a tração é subestimada.

137. Correr atrás do Gartner Hype Cycle

Em 1995, Jackie Fenn desenvolveu o Gartner Hype Cycle. Ele não é propriamente um ciclo, mas destaca, tal e qual a curva de Rogers, como uma ideia se espalha pela nossa cultura.

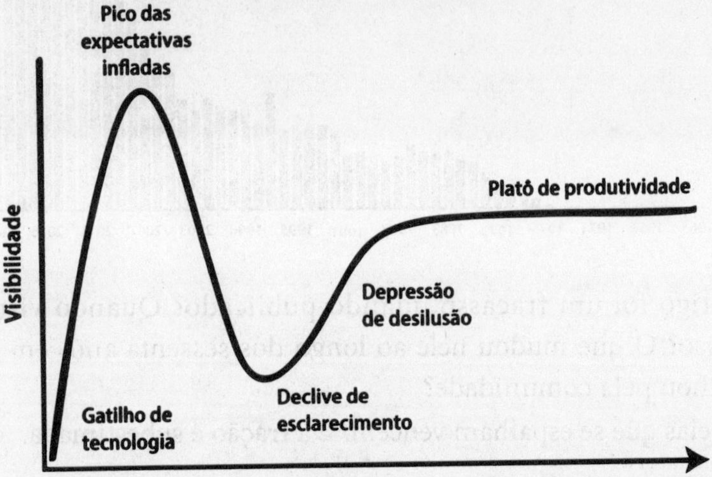

Embora a ampla aplicabilidade do Hype Cycle tenha sido debatida, ele é uma ferramenta perfeita para nos ajudar a ver o papel do tempo nas mudanças culturais.

No começo, uma nova ideia, tecnologia ou moda é introduzida. Isso é uma faísca, um gatilho para discussão. Mas no primeiro dia, quase ninguém faz isso (porque é o primeiro dia, afinal).

Se houve *hype*, começa uma discussão. A moda é mencionada pelos clientes iniciais e pela mídia. Ela aparece em conferências e é compartilhada por pessoas ansiosas para ganhar status sendo as primeiras a saber.

Se a nova ideia entrar em cascata, logo vai parecer que está em todo lugar. Como as NFTs, ou as botas Ugg, ou qualquer outra moda passageira que você possa citar. O pico de expectativas infladas só pode acontecer por causa do tempo. Como uma onda que só pode existir se houver um oceano, essa cascata representa as vozes amplificadas e conectadas por trás dela.

A ferramenta Humane AI gerou um *hype* enorme, conseguiu centenas de milhares de pré-vendas e surfou no pico de expectativas infladas. O problema é que essas expectativas eram tão altas que o impulso caiu, deixando o futuro do produto em frangalhos.

Às vezes, a onda se move da esquerda para a direita devagar, depois mais depressa, até o ponto em que passa a ser levada pela maré. Quando isso acontece repetidamente, passa-se de um evento aleatório para um padrão previsível. E um sistema cria padrões implacavelmente.

A estratégia útil leva isso em conta. É mais fácil surfar uma onda quando você consegue ver o padrão.

138. Veja o precipício

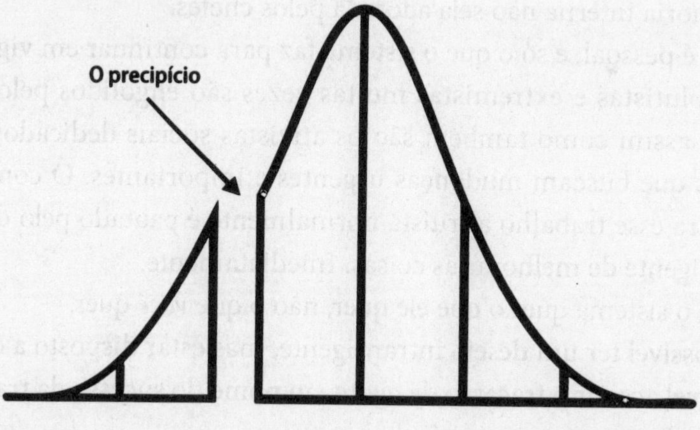

Geoff Moore expandiu a ideia de Rogers, analisando o desenrolar do tempo em paralelo à expansão de uma ideia pela cultura.

Embora os clientes iniciais e os fãs de novidades sejam de fato um grupo pequeno, eles raramente influenciam a primeira grande leva.

Existe um pertencimento e uma coesão significativos entre as pessoas que lideram a cultura. Elas encontram status e segurança quando estão em sincronia umas com as outras. Uma pessoa começa a ouvir uma música nova, ou a vestir roupas de um novo designer, ou a usar uma nova tecnologia, e bem depressa uma comunidade inteira está fazendo o mesmo.

Até que a maioria das tendências para. Elas atingem o precipício.

É o fosso entre os inovadores culturais e as massas. Os inovadores culturais preferem estar na vanguarda, ao passo que as massas preferem o status quo.

A mudança que queremos fazer encontrará o precipício. Quando isso acontecer, o sistema — defensor do status quo — trabalhará para mantê-la ali. Como? Por meio de políticas, hesitação e medo, além de céticos, gente que compra pelo preço e aqueles que querem conveniência.

Talvez sua ONG não seja financiada por uma fundação. Talvez sua política importante não seja ouvida pelo governo. Talvez sua proposta de melhoria interna não seja adotada pelos chefes.

Não é pessoal; é só o que o sistema faz para continuar em vigor.

Absolutistas e extremistas muitas vezes são engolidos pelo precipício, assim como também são os ativistas sociais dedicados e as pessoas que buscam mudanças urgentes e importantes. O combustível para esse trabalho altruísta normalmente é pautado pelo desejo intransigente de melhorar as coisas. Imediatamente.

Mas o sistema quer o que ele quer, não o que *você* quer.

É possível ter um desejo intransigente, mas estar disposto a ceder. É possível aceitar o fracasso de *agora* em nome do sucesso da tração e a magia do progresso inevitável.

Wangari Maathai, criadora do chamado Cinturão Verde Pan-africano (*Pan-African Green Belt Network*), no Quênia, empreendeu uma iniciativa que plantou 30 milhões de árvores no continente. Ela ganharia um Prêmio Nobel da Paz por esse feito, mas no primeiro dia, na primeira semana, no primeiro mês, poucas árvores foram plantadas.

Problemas sistêmicos exigem soluções sistêmicas, e atravessamos o precipício quando criamos as condições para que os defensores do status quo aceitem avidamente nosso movimento.

139. A necessidade de andaimes

Você e eu poderíamos escalar o Monte Everest. Não até o topo, mas poderíamos fazer um bom trabalho no começo.

Escalar até o pico do Monte Everest é lendariamente difícil e começa com uma caminhada de nove dias da cidade de Lukla até o Campo Base. Nesses nove dias, as pessoas sobem cerca de trezentos metros por dia atravessando florestas e campos, parando em casas de chá pelo caminho.

Essa longa caminhada não só permite que o corpo se acostume com a altitude, como também dá forças e amplifica o comprometimento com a tarefa. Os custos irrecuperáveis são reais; quase ninguém desiste no décimo dia. Na verdade, a fila é bem cheia para fazer a subida final até o pico, que pode durar horas.

Outras montanhas talvez comecem com uma subida muito mais íngreme, o que as torna menos acessíveis, mesmo não sendo tão difíceis. A pessoa chega, vê um penhasco e vai para casa.

Chamo de andaime o suporte cultural e organizacional que obtemos na primeira etapa de uma nova ideia ou prática.

A cidade de Lukla é um andaime. É um primeiro passo socializado, factível e popular.

Como podemos estimular as pessoas a economizar para a aposentadoria ou a vacinar seus filhos? Como muitas práticas importantes e benéficas, elas não compensam imediatamente. O caminho começa com medo ou desconforto, e só depois nos recompensa.

O andaime para essas mudanças é o apoio dos pares. É o desejo de pertencimento. O status decorrente de estar entre os primeiros, de ser sensato em relação ao futuro, da reputação e paz de espírito que resulta de ser um bom pai.

Lev Vygotsky descreveu o andaime há cem anos em seu trabalho sobre desenvolvimento e aprendizagem infantil. Ele introduziu o conceito de "Zona de Desenvolvimento Proximal" (ZDP), que se refere à distância entre o que um indivíduo pode fazer sem ajuda e o que pode fazer com orientação e incentivo de um parceiro habilidoso.

É muito mais fácil andar de bicicleta se alguém estiver de patins andando ao seu lado, segurando o guidão. E algumas horas depois, você nem se lembra que um dia não soube andar.

O andaime é multiplicado quando acrescentamos coesão cultural, interoperabilidade e o efeito de rede. Quando estamos cercados por pessoas que já têm o conhecimento necessário, nossa jornada fica mais fácil, e a tensão por seguir em frente supera nosso medo.

Precisamos de andaimes para começar. Mas a aplicação dessa ideia poderosa é perceber que podemos oferecê-los aos outros. Se a mudança que você fizer depender da participação de outras pessoas, torná-la atraente e fácil de fazer é seu primeiro e único trabalho.

Para ser bem-sucedido em mudar um sistema, é preciso construir uma estrutura para que outras pessoas se juntem a você.

140. Andaimes e marketing

Isso nos dá a chance de reimaginar nossa tarefa como profissionais de marketing. Não se trata de espalhar a palavra; não tem a ver com exagero, frenesi, alarde.

Profissionais de marketing constroem andaimes.

Criamos as condições para que as pessoas que querem ir aonde estamos indo se juntem a nós. Usamos tensão, status e pertencimento para ajudá-las a ir de onde estão para onde querem chegar.

Como é a experiência do usuário? Qual é a história por trás da história? E o que direi aos outros?

Uma marca é mais do que um logotipo. É um convite e uma promessa, uma expectativa sobre quem a pessoa pode se tornar e como será a jornada.

141. O problema dos sistemas alavancados

"O sistema irá adotá-lo quando você for bem-sucedido. Para ser adotado, você precisa ser bem-sucedido."

Se sua marca estiver vendendo muito, você terá espaço nas prateleiras da loja. Claro, a única maneira de vender muito é tendo espaço nas prateleiras.

Às vezes, o dinheiro pode servir de andaime. Podemos investir no início, construir ativos, fazer promoções e criar o impulso momentâneo necessário para obter um impulso duradouro.

Mas isso pode ser extremamente caro. A tração é o caminho mais resiliente.

O menor público viável se engaja muito antes dos poderosos nós do sistema. Oferecemos a eles algo produtivo e agradável e abrimos a porta para mais status e pertencimento.

Investimos bastante nesse pequeno grupo, criando uma estrutura em torno de sua experiência, da qual outros estão loucos para participar.

A escritora Adrienne Maree Brown nos incentiva a agir na velocidade da confiança. Conexões são mais importantes que o todo. O próximo passo não é sediar um grande evento, e sim criar as condições para que pessoas suficientes retornem repetidamente, formando o núcleo para uma mudança real.

142. Tratar pessoas diferentes de forma diferente

Uma ideia nova precisa de mais andaimes do que uma já comprovada. Os inovadores serão sempre pessoas que gostam de estar na dianteira e que muitas vezes buscam se sentir inteligentes descobrindo as coisas sozinhos. Pioneiros no deserto com nada mais que um canivete e um ferro de solda, heroicamente fazendo a coisa funcionar.

Eles estarão ansiosos para contar a novidade aos colegas — uma forma de elevar seu status ao se gabar com falsa modéstia de como são inteligentes, corajosos e inovadores.

O grupo seguinte, o de clientes iniciais, ficará feliz por ter chegado primeiro, mas não quer se sentir idiota, principalmente perto de seus amigos inovadores. Essas pessoas precisam de sua ajuda. O andaime que você lhes fornece as ajudará a aumentar sua competência rapidamente, para que possam se sentir pertencentes ao grupo dos inovadores que os levaram até ali. Elas preferem não ter de fazer a solda sozinhas, e quanto mais cedo experimentarem os benefícios de sua ideia, melhor.

Se você conseguir criar um séquito que defenda sua ideia, é possível que os clientes iniciais falem sobre ela com os amigos e colegas. Eles são a maioria inicial, as pessoas comuns, que não estão buscando mudança ou novidade, que simplesmente querem algo que funcione melhor.

Se você tratar esse grupo do mesmo jeito que trata os inovadores, vai fracassar.

Nem toda ideia ou intervenção chega tão longe. Muitas inovações acabam no precipício — boas ideias que não tiveram andaimes suficientes para atingir as massas.

E alguns projetos, independentemente do andaime, nunca alcançam a maioria das pessoas. Na verdade, quase todos os projetos estão nessa categoria, mas tudo bem. O menor público viável ainda é viável.

143. Chegar às massas

A passagem dos clientes iniciais para massas é um conceito tão essencial, embora negligenciado, que vale a pena parar um momento e perceber como ele está em tudo ao nosso redor. À medida que um projeto se espalha em uma comunidade, ele se desenvolve até se tornar uma solução completa; a conveniência, a confiabilidade e a utilidade impulsionam sua ascensão.

Os primeiros computadores pessoais precisavam ser montados e programados, usavam interruptores, e hoje em dia cabem dentro do bolso, entendem a fala humana e recompensam a preguiça.

As primeiras gravações de Frank Zappa não eram, nem de longe, tão populares ou acessíveis quanto os hits inovadores do auge de seu sucesso comercial. Suas primeiras obras eram só para intelectuais. As músicas inovadoras entregavam aos ouvintes menos envolvidos exatamente o que prometiam.

O chocolate original "do grão à barra" da Scharffen Berger foi vendido pela primeira vez em blocos de mais de 1 kg para chefs, em um mercado de produtores. Hoje, é vendido pela Hershey's em tamanho de bolso.

Os puristas ainda usam câmeras Nikon analógicas e revelam filmes. Todos os outros tiram bilhões de fotos por dia com um clique no celular.

Mas existem muitos projetos que não se movam horizontalmente para atingir a todos. Trabalhos bons, criados por pessoas que alcançam um público específico.

Kamasi Washington faz música extraordinária. Seus álbuns de jazz são adorados por críticos e ouvintes sérios, mas você não escuta suas músicas nas rádios pop.

Apollonia Poilâne não compromete seu pão para torná-lo mais barato ou mais fácil de obter, ou para durar mais. Mesmo assim, algumas pessoas do mundo todo vão a Paris só para prová-lo.

As massas são uma escolha, com a qual você pode se comprometer ou a quem intencionalmente evitar.

144. Mal-entendido sobre a qualidade

O senso comum sobre o conceito de "qualidade" é que se trata de uma combinação de perfeição e luxo. Com essa visão, um Rolls Royce é um carro de qualidade superior a um Toyota Camry.

Mas essa não é uma definição eficiente da palavra.

Qualidade significa simplesmente "atender às especificações", de acordo com Deming e Crosby e outros pioneiros da qualidade.

Por essa definição, o Camry é, na verdade, um carro de qualidade superior. As unidades produzidas não variam. O carro não quebra. Ele é exatamente o que seu fabricante disse que seria.

Assim, quando buscamos qualidade, temos duas tarefas:

- Concordar com as especificações para o cliente que buscamos atender.
- Assegurar que o produto ou serviço atenda às especificações.

Um cliente inicial, ansioso pelo modelo mais novo e pelo estilo mais recente, não se importa tanto se as costuras estão boas ou se os testes de segurança do produto foram concluídos. Na verdade, ele prefere uma especificação diferente — "o quanto antes", "novo", "agora" —, mesmo que grosseira em comparação ao que pode vir a ser.

Já o usuário do meio prefere uma especificação na qual preço e desempenho estejam em equilíbrio. Ele quer algo comprovado, conveniente e barato.

E os retardatários preferem, acima de tudo, o que é barato e sem graça.

Com o passar do tempo, a especificação muda.

Talvez sua definição de melhor não importe. Podemos usar a versão de outra pessoa e definir a especificação de acordo com ela.

145. O desafio de encontrar críticas úteis

Protótipos raramente são aplaudidos por amadores.

Mostre ao proprietário de um carro comum o design inicial de um novo modelo e ele focará tudo que não funciona e os problemas de ajuste e acabamento.

Aprendi com o tempo a não pedir leitura crítica e opiniões sobre esboços de livros ou projetos. Especialmente de pessoas que têm boas intenções, mas que não aprenderam a dar conselhos úteis como profissionais.

Isso não é uma crítica a pessoas interessadas e generosas, pessoas que se importam; é simplesmente uma incompatibilidade.

Críticas iniciais úteis são baseadas em uma boa percepção do tempo. Dizer "esta árvore é muito pequena" não é útil, uma vez que o jardineiro já sabe que a árvore vai crescer.

Conselhos úteis compreendem que o tempo fará seu trabalho, algo que o criador sabe também. A verdadeira questão é: como podemos melhorar a especificação?

Não estamos perguntando se você gosta. Estamos perguntando: "Para o tipo de pessoa que buscamos servir, tendo em mente que o tempo vai aprimorar muitos dos elementos que você vê, o que está faltando?"

146. Ser claro sobre o que é "melhor"

Parece pedante discutir o conceito de "melhor", mas, na verdade, isso está no cerne de sua estratégia.

Melhor para quem?

Melhor significa mais barato, mais rápido, mais resiliente, mais sustentável, com status mais elevado, mais conectado, mais conveniente, mais caro, mais saboroso, mais saudável, mais engraçado, mais curto, mais longo, mais pesado, mais leve ou mais recomendado?

Quando não temos empatia para imaginar o "melhor" de outra pessoa, estamos a caminho da frustração.

147. O que nos perguntamos quando é nossa vez na curva

Todos nós temos escolha. Como clientes ou cidadãos, funcionários ou vendedores, ficamos onde queremos na curva de adesão no decorrer do tempo.

Talvez você seja um cliente inicial (de tecnologia, moda ou cosméticos). Talvez você seja um retardatário, que espera até ter poucas opções e muita pressão para seguir em frente.

Algumas pessoas se sentem atraídas pelas últimas discussões a respeito de biologia molecular, mas compram a mesma manteiga de amendoim toda semana. Outras ficam impacientes esperando o próximo restaurante da moda, mas usam exatamente o mesmo estilo de sapatos todos os dias.

Não importa onde você decida ficar, é provável que esteja se perguntando se deve ir ou não.

Escrevendo sobre mudança técnica, Rogers descreveu as perguntas que informam qualquer mudança cultural ou econômica que buscamos fazer. Acrescentei algumas à sua lista com base em uma mentalidade estratégica e cultural. É preciso empatia para responder a essas perguntas com os outros em mente, mas é essencial tentar.

Engenharia e desempenho

- Como essa inovação melhora as soluções anteriores?
- Quais são os benefícios de usar essa inovação?
- A melhoria pode ser medida em termos de custo, velocidade, eficiência ou por outras métricas?

Interações e efeitos de rede

- Essa inovação está alinhada a valores, crenças e necessidades atuais do menor público viável?
- É compatível com sistemas, práticas ou tecnologias existentes já em uso pelo público-alvo?
- Vai funcionar melhor quando mais pessoas a utilizarem?
- Como a inovação se encaixa no contexto social e cultural do público?

Conveniência e simplicidade

- É fácil entender e usar essa inovação?
- Como é a curva de aprendizado?
- Existem complexidades ou detalhes técnicos que podem dificultar a adesão?

Redução de risco

- Pode ser testada de forma limitada antes que um compromisso de adesão total seja assumido?
- É possível realizar um piloto da inovação com um grupo ou segmento do público-alvo?
- Com que facilidade os resultados dos testes podem ser medidos e analisados?

Andaimes

- Novos usuários recebem status ou benefícios organizacionais?
- Os resultados do uso da inovação são visíveis para os outros?
- Como histórias de sucesso ou benefícios resultantes podem ser demonstrados ou comunicados a potenciais clientes?
- Os usuários existentes geram tensão naqueles que talvez estejam se contendo?

148. Jogos de curto e longo prazo

Nossas interações com as pessoas e os sistemas dos quais fazem parte podem ser vistas como jogos. Um jogo de curto prazo é uma interação discreta com um resultado xis. Por exemplo:

- Conversar com o guarda para evitar uma multa de trânsito
- Finalizar um projeto freelance e agradar ao cliente
- Fazer um post que chame muita atenção
- Vencer uma discussão com o parceiro

Um jogo de longo prazo é a soma de uma série de jogos de curto prazo. Por exemplo:

- O resultado de uma noite de pôquer
- Uma carreira de dez anos como gerente de marca
- Criar uma plataforma para vender seu trabalho on-line

Luca Dellanna nos recorda que vencer todos os jogos de curto prazo não é a melhor estratégia para o sucesso de longo prazo. Ele propõe algumas maneiras de considerar uma série de jogos. Vejamos três:

- Use jogos de curto prazo para construir ativos de longo prazo, como confiança ou hábitos.
- Jogue partidas interativas, aceitando o fato de que você provavelmente estará de volta amanhã.
- Assuma riscos intencionais, mas não se exponha à chance de perder seus principais ativos.

Você pode perder um jogo de curto prazo, mas de uma forma que torne provável que seja convidado a voltar. Sem fazer birra, sem queimar pontes.

Uma pessoa com uma estratégia bem-sucedida alinha os jogos com a intenção e busca interações que se desenvolvam com o tempo, em vez de esperar o telefone tocar e deixar que o destino decida seu próximo passo.

149. Infinito ou finito?

Existem jogos infinitos e finitos.

Jogos finitos são os que jogamos para vencer. Eles têm jogadores, começo e fim.

Jogos infinitos são os que jogamos por jogar.

Luta livre é um jogo finito, assim como uma eleição. Pega-pega com seu sobrinho é um jogo infinito. Não buscamos vencer no pega-pega, só queremos jogar.

James Carse nos ajudou a entender que sempre há jogos dentro de jogos e que focar os jogos infinitos de contribuição e conexão é uma maneira de viver que vale a pena.

No reino dos jogos finitos, alguns são baseados em abundância, outros em escassez. Uma eleição é um jogo de escassez. Há vencedores e perdedores e a única maneira de você conseguir um voto é tirá-lo de outra pessoa.

Há setores inteiros baseados no conceito de escassez. A agricultura é baseada em aumentar a produtividade de um pedaço finito de terra. A TV aberta é baseada em ganhar fatias de mercado às custas de outras emissoras.

Mas também há jogos finitos que envolvem abundância. As editoras entendem que um livro raramente compete com outro — a oportunidade é vender mais livros como um todo. As livrarias estão cheias de títulos concorrentes, mas esse é o lugar onde os livros vendem melhor: ao lado de outros livros.

Toda estratégia inclui um jogo. Precisamos escolher e entender o que estamos jogando.

150. Escassez ou abundância?

Se quiser ganhar uma medalha de ouro no bobsled, você precisará vencer todos os outros times. É um jogo de escassez, no qual o vencedor leva tudo. O quarto colocado não ganha medalha.

Corretores imobiliários lucram com a escassez. Quando seis pessoas querem a mesma cobertura, fica com ela quem pagar mais.

Entrar em um sistema construído sobre um tipo particular de escassez requer que seu projeto produza mais valor do que a solução existente. É mais fácil vender painéis solares quando eles podem produzir eletricidade mais barata do que outras formas de geração de energia. O dinheiro é escasso, a necessidade de eletricidade é real e o benefício é claro.

Na maioria dos modelos econômicos e versões de nossa estratégia diária, a escassez está no cerne do jogo. Apenas uma pessoa pode conseguir aquele emprego. Apenas 300 dólares serão gastos hoje em acomodações. Apenas um filme pode ser assistido por vez.

Direitos autorais são baseados em escassez, assim como bens de luxo. Se todos tivessem acesso, não valeriam muito.

Mas houve um aumento notavelmente rápido de jogos baseados em abundância.

Redes construídas sobre informação ou conexão abominam a escassez. Elas são construídas para ser generativas.

A proposta de doação de órgãos e a ideia dos cem dias são generativas. Elas não tiram nada de ninguém; pelo contrário, produzem valor onde não havia antes.

Abordagens generativas criam valor. É uma chance de trocar escassez por abundância.

Foram gerados 7 bilhões de empregos ao longo do período da minha vida. Empresas produtivas normalmente produzem as condições para empresas mais produtivas.

Ideias que se espalham vencem. Ao conectar pessoas, 2 + 2 pode acabar sendo igual a 7. Essa é uma das razões de a internet ter crescido tão rápido: o efeito de rede paga dividendos a todos os participantes.

É difícil ter certeza de qual jogo estamos jogando, já que escassez e abundância geralmente funcionam de maneiras opostas. Quando vamos contra a tendência e trocamos uma pela outra, coisas surpreendentes costumam acontecer.

151. Domínio ou associação?

Alguns jogos são vencidos por dominação. Outros, por pertencimento.

Por exemplo, para ser o médico mais bem-sucedido da cidade, você não pode tentar dominar os outros médicos; você se associa a eles. As indicações provêm de pessoas que confiam em você, não daquelas que você derrotou.

Por outro lado, em muitos jogos a maneira de vencer é dominando o oponente (pensar no outro lado como um oponente já é uma pista disso).

Não só na luta. Em restaurantes franceses da velha guarda, os chefs dominavam seus funcionários para garantir obediência, e muitas culturas corporativas são construídas em torno de participação de mercado e direitos de propriedade, não de comunidade ou efeito de rede.

O espaço nas prateleiras do varejo é escasso. As marcas vencem dominando as prateleiras. Vencem aumentando as vendas por metro quadrado de seus produtos para que os comerciantes estoquem mais. Aumentam essa vantagem pagando aos varejistas adiantado por espaços cada vez maiores nas prateleiras e investindo em promoções e publicidade. Mais espaço nas prateleiras apoiado por mais anúncios leva a mais lucro para o varejista... o que leva a mais espaço nas prateleiras.

Para os comerciantes, só interessa qual marca vai dar mais lucro por metro quadrado. Eles não precisam nem querem gostar do seu produto, não precisam nem querem se importar muito com quanto você está se esforçando.

Se não estiver pronto para jogar um jogo baseado em dominância, nem comece.

152. Pagar adiantado x retribuir

Retribuir é o mesmo que trocar favores. Reciprocidade é um instinto humano natural, amplificado pela cultura. Se alguém lhe faz algo legal, você tende a fazer algo legal em troca.

Já pagar adiantado significa oferecer algo a alguém que não pode fazer nada em troca.

Essa postura não é focada em dividendos que você receberá hoje; ela simplesmente cria as condições para que a cultura passe isso adiante.

Em algumas culturas do noroeste do Pacífico, como os kwakwaka'wakw, os haida e os tlingit, existia uma tradição chamada *potlatch*. Em tradução livre, seria algo como "dar". O *potlatch* era uma festa cerimonial de redistribuição de riqueza e presentes para demonstrar o status, prestígio e generosidade do anfitrião dentro da comunidade. Durante essas cerimônias, o anfitrião dava coisas, como comida, roupas e outros objetos de valor. Em alguns casos extremos, podia dar tanto que ficava de mãos vazias e nu.

Além de demonstrar status, o *potlatch* também servia para reforçar hierarquias sociais e relacionamentos entre diferentes famílias e clãs dentro da comunidade.

Mas o avarento, por outro lado, é tão inseguro que não abre a porta para ninguém. Vive para proteger o que tem, não paga nada adiantado nem retribui.

153. Manutenção, substituição ou possibilidade?

O jogo baseado em manutenção preserva o status quo. É a quarta sequência de *Duna*. É um serviço básico de atendimento ao cliente para que ele não procure outro fornecedor. É manter os pratos clássicos no cardápio para não espantar os clientes regulares.

As lojas de departamento jogam esse jogo. Elas defendem seus imóveis e seus aluguéis. Na verdade, a maioria das empresas tradicionais assumem custos irrecuperáveis e jogam para não perder o que têm.

Um jogo de substituição e melhoria acontece quando um insurgente promete aos clientes algo que o titular já oferecia, só que melhor. Substitutos bem-sucedidos criam tensão. As pessoas que optam por permanecer com a versão original começam a correr o risco de perder status e pertencimento. O substituto oferece uma combinação de medo (de perder) e status capaz de persuadir quem, em outras circunstâncias, permaneceria com o status quo.

É um jogo de apostar no futuro. Em geral, é um salto mais difícil, pois essa coisa nova não é a solução completa. Pode parecer arriscado, mas é exatamente o que os clientes iniciais querem. É uma promessa de algo melhor, em breve. Os clientes iniciais não pedem provas, eles pedem algo em que acreditar.

154. Jogos de habilidade, sorte e privilégio

Alguns jogos são vencidos porque sistemas, estratégias e circunstâncias favorecem um jogador em detrimento dos demais. Por outro lado, existem jogos que simplesmente dependem da sorte.

Sistemas de castas e privilégios jogam com cartas marcadas. Vieses culturais e econômicos, históricos e atuais, criam um jogo tendencioso, que nos faz pagar com nossa dignidade e produtividade. Precisamos trabalhar juntos para que esses jogos sejam mais justos.

Porém, em muitos lugares, temos a oportunidade de jogar jogos de habilidade, que recompensam preparação, estratégia e esforço, talento e acesso a ativos.

Parece óbvio, mas não é: se estiver interessado em desenvolver seu caminho de resiliência, foque os jogos baseados em habilidade e dedique-se a desenvolvê-la.

155. Jogos com objetivos divergentes

O senso comum a respeito de jogos, esportes organizados e outras competições presume que todos os jogadores querem a mesma coisa.

Somente um bilionário pode ter mais dinheiro ou poder. Somente um velocista pode fazer o melhor tempo.

Mas os jogadores da maioria dos jogos do mundo real normalmente buscam resultados diferentes. Por isso, é possível resolver muitas interações em um cenário no qual todos ganham.

A dona do restaurante quer aumentar a produtividade e servir o máximo de mesas possível por noite. O cliente pode estar disposto a jantar bem cedo a fim de atingir um objetivo diferente, que é evitar a multidão e, ao mesmo tempo, pagar bem mais barato.

Nossas oportunidades se multiplicam quando vemos que outros nós do sistema podem não querer o que queremos, e talvez possamos negociar para que, em vez de opositores, sejamos parceiros.

É preciso procurar esses jogos antes de começar a imaginar soluções nas quais todos ganham e que podem transformar um sistema.

156. Inscrição mútua e jogos complexos

O boxe-xadrez funciona porque os jogadores concordam com as regras (que são ridículas, pesquise para ver). Uma vez no ringue, você pode implementar uma estratégia confiável que alterna lutar com torres e bispos ou com socos. O que quero dizer é que você não deve lutar boxe-xadrez por uma questão de princípio, mas, *definitivamente,* não deve fazê-lo com uma pessoa que não está ciente de onde está se metendo.

Quase sempre os jogos que jogamos não surgem claramente marcados como jogos, e nem todos os jogadores concordaram com as regras. Quase sempre os outros jogares têm objetivos, táticas e abordagens diferentes das nossas.

Vejamos seis herdeiros contestando um testamento. Um quer acabar com aquilo o mais rápido possível e aceita menos do que receberia se lutasse com unhas e dentes. Outro quer que cada membro da família se sinta ouvido e respeitado, e não um acordo rápido. Um terceiro só quer garantir que um dos outros irmãos (aquele que sempre decepcionou a mãe) não receba nada. E outro quer brigar e evitar um entendimento a qualquer custo.

Na maioria das parábolas sobre negociação, há um rei, como Salomão, que dita as regras ou limites de forma bem clara, diretrizes que todas as partes devem respeitar.

O trabalho árduo na verdade acontece *antes* de a parábola começar. "Ou a gente joga pra valer ou não vamos jogar." Normalmente, a negociação é para definir como ela vai se desenrolar. Essa é uma das razões de a arbitragem ser uma ferramenta tão poderosa: concordar com ela assegura a adesão de todas as partes ao processo e ao resultado.

Sem adesão total, tudo desmorona. A areia movediça surge quando você pula a essencial pré-negociação e presume que esse sistema jogará pelas regras que você espera. É um erro presumir que todos os jogadores imaginarão as mesmas regras.

157. Não aposte em jogos em que você não pode ganhar

Existe um tipo específico de microjogo que tem uma estratégia diferente dos jogos de sistemas mais amplos que estamos discutindo aqui, mas vale a pena focá-lo.

Como vimos, alguns jogos são, na verdade, interações envolvendo você e outra pessoa. Não há força externa envolvida, ao menos não no período que lhe importa.

Pode ser a interação no balcão da locadora de veículos, com um colega de trabalho ou com alguém que você ultrapassa na estrada.

Em nosso mundo civilizado, a vasta maioria dessas interações são positivas e gentis. Mas, às vezes, não. A outra pessoa talvez ache que só pode vencer se você perder (ou talvez vice-versa).

Alguém tenta dominar, criando as condições para um confronto não generativo. Não há espaço para acordos ou para uma solução na qual todos vençam, porque o único resultado satisfatório para o outro é que você perca. E pode ser que ele esteja disposto a burlar as regras ou investir demais para sair na frente.

O desafio é: ganhando ou perdendo, provavelmente você não vai ter sucesso em longo prazo. O que fazer, então? Uma pausa. Use o tempo como aliado. Busque maneiras de influenciar o sistema como um todo. Ou simplesmente se retire e busque um jogo melhor com um oponente melhor.

Dar uma lição no oponente, nesse momento, pode custar mais do que vale a pena pagar.

É melhor guardar jogos de oposição para a mesa de pingue-pongue. Eles não funcionam bem na vida real.

158. Todas as nossas estratégias são todas as estratégias que temos

Em um jogo finito, quando todos os jogadores estão jogando com a mesma intenção, espera-se um comportamento egoísta. Mas há uma diferença entre egoísmo de curto prazo e sua maximização no longo prazo.

Nós não estamos parados no trânsito: nós somos o trânsito. Todo mundo leva algum tipo de egoísmo aos jogos que joga.

Está tudo bem construir casas nos lugares onde o aluguel é mais caro quando se está jogando Banco Imobiliário. Mas quando passamos desse modelo de faz de conta para o mundo real, podem surgir problemas.

Isso porque cada um de nós vive, trabalha e prospera em um sistema habitado por outras pessoas.

A tática egoísta e de curto prazo de jogar o lixo do fast-food pela janela faz sentido se seu objetivo é ter um carro limpo o mais rápido possível e se ignora intencionalmente os custos de suas ações sobre os outros.

Mas não é uma estratégia útil nem resiliente, porque quando se torna contagiosa, todos (inclusive você) pagarão por isso.

Todas as estratégias resilientes são baseadas em expandir nossa percepção de nós mesmos e do agora.

159. O último biscoito do pacote

Quando há competição, a estratégia geralmente ganha um lugar à mesa.

Na virada do século, fui convidado a dar uma palestra no Walmart de Bentonville, Arkansas. Eles estavam enfrentando a concorrência de uma novata chamada Amazon. Na época, as vendas da Amazon eram de cerca de 3 bilhões de dólares por ano. Fiquei surpreso ao ver uma faixa pendurada no auditório onde nos reunimos: "Você não tem como superar a Amazon." O maior varejista do mundo decidiu recuar, pois sabia que dificilmente venceria aquela briga. Vinte e quatro anos depois, a receita da Amazon é duzentas vezes maior do que era naquela época, mas as vendas e os lucros do Walmart também dispararam.

Competir por participação de mercado, domínio ou pelo último biscoito do pacote nos leva a pensar urgentemente no jogo que está à nossa frente.

Existem várias abordagens a considerar:

Nocautear o oponente parece pouco galante, mas, na verdade, é a abordagem mais comum. Usando nossos pontos fortes, eliminamos a concorrência mais fraca, destacando os benefícios de nossa oferta dominante. A IBM se manteve firme no mercado de computadores durante décadas. Taylor Swift continua vendendo álbuns. O líder de mercado oferece um misto de segurança, habilidade, confiabilidade e vantagem que torna fácil atender aos sistemas existentes.

Aproveitar a oportunidade pode ser a melhor opção para o novato insurgente. Ir aonde o jogador dominante não pode ou não quer ir transforma seu tamanho menor e experiência em um trunfo.

Cada um no seu quadrado normalmente é a estratégia certa para um líder de mercado que enfrenta um insurgente. No caso do Walmart, a administração entendeu que mudar sua estrutura financeira, modelo de negócios e foco para derrubar a Amazon exigiria que abandonassem décadas de crescimento em mercados onde já eram dominantes.

Cooperação é a opção mais negligenciada. Alianças, redes e retomada do fluxo de informação criam oportunidades, porque o valor é agregado, não simplesmente capturado. Na verdade, existem muito poucos jogos de soma zero; precisamos usar nossa imaginação.

Sabe o que não funciona? Insistir. Tentar com mais afinco. Ser como o líder, mas não ser o líder.

160. Os sistemas prosperam, mas não para sempre

Em 1973, Leigh van Valen demonstrou que as espécies se extinguem em decorrência de mudanças em seu ambiente, não porque são antigas ou se tornaram obsoletas.

Como ao mesmo tempo há outras espécies evoluindo, o que funcionou ontem para sustentar um organismo pode não funcionar hoje. Há uma corrida constante por uma mamata, mas, quando é encontrada, ela não dura.

A Teoria da Rainha Vermelha nos ajuda a entender por que nosso mundo parece tão caótico. O AOL ganhou a internet, até o Yahoo ganhar, até o Google ganhar, até o Facebook ganhar, até o TikTok ganhar...

O fim não existe. Existe apenas o começo de um novo jogo, jogado de novo.

Nossa estratégia vai funcionar até não funcionar mais.

Porque nossa estratégia tem um impacto no sistema, e o sistema muda. Não simplesmente em decorrência de nosso trabalho, mas em resposta a outras estratégias.

Quando Alexander Graham Bell ofereceu as patentes telefônicas à Western Union, esta as rejeitou, porque tinha uma estratégia perfeita: gerir um negócio consistente de telegrafia era sua missão. A empresa ainda estaria fazendo isso se o agente de mudança não houvesse chegado e reescrito as regras do jogo.

Anos mais tarde, quando a AT&T não conseguiu mais capitalizar todas as inovações em telecomunicações, desde máquinas de fax até a incipiente internet, repetiu o mesmo erro que a Western Union — o erro que permitiu que a própria AT&T existisse.

O sucesso que você tem hoje pode ter sido conquistado com muito esforço, mas o futuro não liga para isso.

161. Para chegar a Nova York

O sistema de companhias aéreas é um milagre. Ninguém é responsável por ele, e ainda assim ele é capaz de levar milhões de pessoas a seus destinos onde quer que sejam, o dia todo, todos os dias.

Se quiser ir de Los Angeles a Nova York, a melhor estratégia é bem simples. O sistema está aí, pronto. Tendo dinheiro, documento de identidade e chegando na hora marcada, há uma boa chance de conseguir chegar a Nova York.

Por outro lado, se quiser persuadir uma companhia aérea a começar a operar voos regulares de Muskoka a Nova York, o sistema não vai facilitar sua vida. Meia dúzia de telefonemas e uma carta para um jornal não vão fazer uma mudança acontecer.

Na maioria das vezes, trabalhamos no sistema, não sobre ele.

Hoje, muitos sistemas com os quais contávamos estão mudando. Continuaremos passando a vida dentro de sistemas, mas agora, mais do que nunca, temos a chance de influenciá-los também.

Quando aparece um furo no barco, você pode passar o dia todo tirando água com um balde ou reservar um tempo para puxar o barco até o cais e consertar o furo.

Quando trabalhamos *no* sistema, tudo o que podemos fazer é ficar tirando a água com um balde.

Quando trabalhamos *sobre* o sistema, temos a possibilidade de melhorar as coisas.

162. Se couberem, vão embarcar

Padrões são o que permitem que os sistemas se conectem.

O YouTube não quer saber se o vídeo que você está assistindo é engraçado ou não. O recipiente que contém os dados e a maneira de entregá-los não têm nada a ver com o conteúdo.

A transportadora não quer saber se as mercadorias não combinam: o contêiner comporta um volume, e, se couberem, os produtos vão embarcar.

Padrões são contêineres consistentes. Significam que podemos aceitar automática e facilmente qualquer coisa que caiba em dado contêiner, e isso nos permite construir sistemas complexos e resilientes.

Temos padrões para pacotes de dados, para porcas e parafusos, para modelos de negócios dentro da lei. E temos padrões para interpretar as pessoas.

Cada um de nós está dentro de um pacote. Ninguém conhece todos os nossos pensamentos, sonhos e fraquezas. Quando chegamos em um pacote que se encaixa no padrão, podemos participar do sistema.

Isso funciona muito bem quando queremos comprar um pedaço de pizza. O sistema existe para trocar dinheiro por uma fatia; quem você é não deveria importar.

Se nos colocarmos em um pacote padrão, poderemos conseguir um emprego no Starbucks ou encontrar pessoas para assistir à nossa palestra no TEDx.

Se você deseja fabricar malas para quem viaja com frequência, é bom criar uma que se encaixe nos padrões das companhias aéreas. É improvável que elas mudem suas regras só para as malas que você fabrica.

Por outro lado, a padronização no tamanho do pacote não ajuda se o sistema for injusto, amplificar a divisão ou for baseado em preconceito. Não ajuda se os efeitos colaterais do sistema forem prejudiciais. Quando confrontamos um sistema como esse, encaixar-se no pacote pode ser difícil demais de suportar. Precisamos mudar o sistema, em vez de ser uma parte fungível dele.

Quando uma pessoa é repetidamente rejeitada por um sistema, isso *não* tem a ver com quem ela é. Tem a ver com o sistema percebendo que ela é um pacote que não se encaixa no padrão. O sistema não conhece o indivíduo, ele simplesmente reconhece o pacote.

Quando esse padrão se torna tóxico ou prejudica nossa cultura, precisa ser mudado, e de forma sistêmica. Querer explicar isso a um burocrata ou a uma pessoa do atendimento ao cliente é inútil. Eles estão ocupados processando pacotes e marcando caixas, e nossa indignação é um desperdício de tempo. Precisamos pensar em fazer o que precisa ser feito ou dizer o que precisa ser dito para trabalhar com o sistema nesse momento, para que possamos encontrar os recursos necessários para mudá-lo com mais vantagem e urgência onde realmente importa.

Às vezes, é gratificante criticar um sistema injusto no momento que ele interage conosco, mas, nessa hora, provavelmente ele não vai nos dar ouvidos.

163. Alimentar o sistema

Uma amiga me perguntou sobre a carreira da sobrinha. Ela passa horas no TikTok todos os dias, criando vídeos e torcendo para ganhar seguidores.

Talvez ela não perceba, mas está trabalhando para o TikTok sem ser contratada nem paga para isso. Ela imagina o que o sistema quer e se esforça para entregá-lo.

Alguém vai ganhar na loteria, mas provavelmente não será ela.

Quando nos dedicamos a alimentar o sistema, estamos ao lado de muitas outras pessoas que oferecem um produto ou serviço similar. São muitas alternativas com poucas chances de oferecer algo único, o que significa que é improvável que você seja compensado de forma justa.

Alimentar o sistema pode ser divertido e seguro, e é por isso que muita gente o faz.

É uma estratégia com resultados previsíveis. Talvez você esteja procurando um emprego confiável. Porém às vezes o sistema nos vende um sonho que ele não pode realizar, e esses são os jogos que devemos evitar.

164. A escassez e os propulsores de um sistema

Quando uma loja está indo bem, ela fica com 20% da margem de lucro e o dono do imóvel com 80%.

Quando afunda, é porque o dono do imóvel ficou com 105%.

A diferença entre aluguel e margem de lucro é o fator determinante do sucesso ou fracasso de quem tem um contrato de locação.

Não se constroem mais imóveis, por isso, os proprietários conseguem impulsionar o sistema do comércio e, muitas vezes, de moradia.

Um dos grandes chefs de Nova York tentou lutar por um desconto no aluguel para ajudar os restaurantes a continuar operando. Evidentemente, isso só levou os proprietários de imóveis a aumentar o aluguel, porque a escassez de pontos ótimos lhes dá o poder de absorver todo o dinheiro extra que entra no sistema.

Mas o outro lado também é verdade: com o tempo, se o salário mínimo aumentar, os restaurantes não irão à falência. Os que permanecerem cobrarão o que o mercado suportar (o que eles são economicamente incentivados a fazer o tempo todo) e os proprietários de imóveis não aumentarão os aluguéis porque o mercado não conseguirá absorvê-los. O mercado imobiliário impulsiona o sistema e trabalha para manter a estabilidade.

O Facebook e o Google são como proprietários de imóveis. Eles vendem atenção. Quando as empresas querem comprar cliques, esses gigantes da mídia rodam algoritmos e leilões para determinar o preço mais alto para o tráfego que podem vender. Se o tráfego custa mais para os anunciantes, os sites de mídia aumentam o preço do tráfego e absorvem todo o valor extra.

Um escritório de advocacia que ganha 100 dólares por clique inscrevendo clientes para uma ação coletiva está disposto a pagar até 99 dólares por clique para obter esse tráfego. Se ele tiver concorrência, será exatamente isso que acabará pagando, e o Google ficará com todo o valor extra.

A lição é simples: *evite projetos em que o sistema é organizado para absorver todo o valor que você cria.*

165. Crescimento e magia

Empresas de pequeno porte têm uma vantagem quando criam projetos. Sem nada a perder e poucas pessoas para agradar, podem criar momentos mágicos. Pequenos projetos de pequenas equipes podem dar um salto adiante com a confiança de saber que não têm muito a perder.

Quando um projeto funciona, é tentador e generoso fazê-lo crescer, oferecê-lo a mais pessoas. Transformar um restaurante de sucesso em uma rede, ou um consultório médico pequeno em um muito maior.

E quase inevitavelmente, o negócio vacila.

A única maneira de fazer com que a magia cresça, é criar uma estratégia na qual o crescimento *seja* mágico.

O ketchup Heinz é melhor porque é comum, seguro, normal. Essa é a magia que eles oferecem. A Disney é mágica porque sua diversão é previsível, industrializada e massificada. Transformaram um oximoro em um lema. É o lugar para ir se você quiser ir para onde todo mundo vai.

Projetos nos quais o crescimento tem relação direta com a magia têm um efeito de rede. Quanto mais pessoas os usam, melhor eles ficam.

166. Como a NPR perdeu para o podcast

Depois que as coisas acontecem, parece óbvio: em 2012, a rádio pública dos Estados Unidos [NPR] tinha todo o aparato necessário para transformar a maneira de entregar informações em áudio. Uma década depois, a internet hospedava mais de 2 milhões de podcasts, com uma audiência que chegava perto dos 18 bilhões de horas em 2023. À NPR sobrou apenas uma pequena parcela dessa receita.

Os podcasts mais populares eram, normalmente, criados e produzidos por ex-funcionários da rádio e o público principal formado por pessoas que já eram ouvintes da NPR. Sem dúvida, esses podcasts parecem produções da NPR.

Dada a habilidade, equipe, atenção e financiamento disponíveis para a NPR, teria sido natural ser um líder inicial e persistente nessa área, mas eles viram a oportunidade e, aparentemente, decidiram minar sua capacidade de aproveitá-la. Lembro que passei um tempo com a liderança da WNYC analisando a oportunidade, e percebemos que pouco aconteceria.

O sistema entrega o que o sistema faz.

O diretor da rede nacional de estações de rádio tem pouco poder, porque cada estação associada controla o recurso mais valioso: o espectro local. A rede cedeu o poder de decisão às estações locais, agindo principalmente como um repositório para a programação sindicalizada que as estações queriam colocar em sua fatia do espectro. Na época do rádio, o número no dial era o bem mais precioso de cada estação.

Os indivíduos que comandavam as estações locais se viam como curadores. Só passava uma coisa no rádio às 15h, e eles decidiam o que era.

Além disso, eles sofriam a pressão dos ouvintes para continuar transmitindo (e financiando) os programas de alto nível (e caros) que preenchiam esses espaços.

Criar milhares de programas e promovê-los parecia algo que minaria as duas coisas mais importantes para eles: mandariam as pessoas para longe de "sua" estação para começar a ouvir "em outro lugar". E eles não poderiam fazer a curadoria da mesma maneira, pois seu trabalho seria criar muitos programas de uma vez, não simplesmente transmitir um.

Pior de tudo, a febre mundial dos podcasts minaria a mentalidade do espectro local. Se podcasts de outras estações estão roubando seus ouvintes, como você vai ser creditado ou aumentar sua capacidade de controlar e criar?

O resultado irônico é que a mudança técnica do podcasting levou a uma diminuição significativa do valor do espectro central de cada estação, exatamente o que elas estavam tentando proteger.

Quando uma nova tecnologia muda as regras, os sistemas antigos raramente prosperam.

167. O interesse próprio é autoevidente

Cada pessoa de um sistema sempre agirá em causa própria.

Isso não significa, necessariamente, que as pessoas agirão de maneira egoísta. A organização de um sistema saudável gerencia o interesse próprio em prol do bem comum. As pessoas entram em sistemas que lhes dão o que buscam e nele permanecem enquanto suas necessidades estão sendo atendidas.

Os nós com interesse próprio (ou seja, as pessoas de um sistema) tomam decisões com base em status e pertencimento. E tomar decisões pode implicar perguntas como:

- Isso me fará ser promovido?
- O que direi a meu chefe?
- Isso se encaixa em nossos padrões?
- Quem tem o poder nessa interação?
- Estou autorizado a fazer isso?
- Do que tenho medo?
- Vou lucrar com isso?
- Qual é a escolha menos arriscada para mim?
- Como posso maximizar as métricas que o sistema está procurando?

- Qual é o caminho de menor resistência?
- Pessoas como nós fazem coisas assim?

O status surge quando comparamos nossa posição e nossas conquistas às dos demais. Já o pertencimento é prever se as pessoas com quem interagimos aprovarão o que fizemos.

As respostas a essas perguntas são impulsionadas pelos links entre os nós. Estamos no meio dos ciclos de feedback, entregas, inputs e outputs que os links entregam (ou que imaginamos que entreguem).

Cultura é "pessoas como nós fazem coisas assim". Os links se acumulam até formar um lembrete persistente e implacável da cultura.

Se quiser prever como um sistema responderá a um input, comece descrevendo o que é do interesse do nó com o qual você está interagindo.

168. É fácil evitar a parte mais importante de nosso trabalho

Nós fazemos escolhas. O dia todo, o tempo todo.

E, para fazê-las, levamos em consideração expectativas, percepções de status e pertencimento, urgências, níveis de estresse e confiança. As escolhas são influenciadas pelo tamanho que parecem ter o círculo de nós mesmos e o círculo de agora.

Somando tudo isso, sempre faremos o que acharmos melhor.

Às vezes é arriscar a vida mergulhando em um lago gelado para salvar a vida de um estranho. Às vezes é fazer uma doação a uma instituição de caridade. Às vezes é diminuir a velocidade para deixar alguém passar na frente no trânsito. E tudo isso ainda é interesse próprio.

O trabalho de promover mudanças é ajudar as pessoas a decidirem que mudar suas ações é exatamente o que *elas* querem fazer.

Não porque seja importante para nós, mas porque é importante para elas.

169. É voluntário

Todos ao nosso redor fazem escolhas. Cada pessoa é parte de muitos sistemas e, embora eles exerçam influência, sempre há escolhas a fazer.

Nossas escolhas são movidas por nossos objetivos e necessidades, medos e desejos, no contexto do sistema. Ninguém está totalmente sozinho, e ninguém é totalmente impotente. Existimos em comunidade, buscamos conexão e nos preocupamos com nosso status, pertencimento e progresso.

Uma estratégia útil é empática, enxerga e respeita a autonomia de escolha de todas as pessoas.

170. "Se você for, eu vou"

Quase nunca dizemos isso em voz alta, mas muitas vezes usamos essa métrica internamente na hora de tomar decisões.

"We Are the World" é uma das canções mais vendidas de todos os tempos. O documentário sobre sua criação mostrou a estratégia de gravação, que durou uma noite inteira e foi organizada só para criar a música.

O estúdio estava cheio de reis e rainhas do pop. Lionel Ritchie, Michael Jackson, Cyndi Lauper, Bob Dylan, Bruce Springsteen, Tina Turner e até Huey Lewis estavam lá.

Nas entrevistas, duas coisas ficaram claras:

Quase todos os cantores se sentiam como impostores, oprimidos pelos outros astros presentes. Bob Dylan ficou tímido e teve dificuldade para cantar suas partes. Para nós, é fácil imaginar que os outros não se sentem uma fraude, mas essa é a prova de que *todo mundo* se sente assim. O que nos leva à pergunta: se cada um daqueles cantores sabia que se sentiria inseguro, por que foi?

Todos os presentes disseram ter ido simplesmente porque os outros iriam. Um pensamento do tipo "se você não for, vai ser esquecido e deixado de lado".

Criamos valor quando conseguimos oferecer status e pertencimento às pessoas. Até para as que são estrelas do rock.

171. Leve estratégia para o marketing

Faça em três etapas:

- Conte uma história, mas uma história verdadeira, que se sustente. Conte-a apenas para seu menor público viável, esse pequeno grupo que realmente lhe dá ouvidos, que se importa e que está entre os clientes iniciais. Crie tensão e urgência.
- Dê a esse grupo um motivo para compartilhar a história com outras pessoas. Algo que aumente o status, o pertencimento deles ou a utilidade de apoiar seu produto, serviço ou causa. Dê a eles o andaime para fazer isso.
- Ajude-os, por meio do uso da narrativa, a mudar a história de modo a torná-la deles.

O marketing estratégico começa vendo o caminho, a maneira como a ideia se espalha pela comunidade ao longo do tempo.

É preciso uma história específica, não simplesmente "você pode escolher qualquer um e nós somos qualquer um". Buscamos servir a um pequeno grupo, a pessoas que sentiriam nossa falta se não existíssemos.

Uma vez que esse grupo encontra pertencimento e status em nosso trabalho, criamos as condições para que eles compartilhem a história com outros. Mas lembre-se que eles não contarão a história original que as atraiu, mas uma um pouco diferente, também verdadeira, que atrairá os amigos delas.

172. Morar em uma van

Há alguns anos montei uma gravadora e produzi alguns álbuns.

Um deles era o de uma dupla de músicos talentosos. Eles moravam juntos em uma van e viajavam de cidade em cidade para tocar em cafézinhos e barezinhos.

Esses eram os lugares em que eles conseguiam tocar.

Um dos meus papéis foi ajudá-los a entender que morar em uma van não ajudava em nada. Se permanecessem em um determinado lugar por algum tempo, poderiam construir um público e uma reputação. Passando uma curta temporada em tal cidade, ganhariam credibilidade suficiente para quem sabe se tornarem a atração principal de um lugar maior, construindo um público que lhes permitiria ingressar no sistema.

Quem fecha a agenda de espaços melhores não necessariamente tem ouvidos melhores; essa pessoa não passa de um nó no sistema e a ela interessa saber de onde o músico veio e se vai ou não trazer um público consigo.

Começar do zero é mais fácil, e por isso é, na verdade, uma armadilha; freelancers talentosos fazem isso todos os dias. Pode ser fácil conseguir tocar em um barzinho, mas se isso não o conectar a um sistema que amplifique seu trabalho, atrapalhará a mudança que você busca fazer.

173. Sementes às vezes viram carvalhos

Depois de anos de pesquisa, em 1993 a Apple Computer lançou um produto inovador chamado Newton. Foi um enorme sucesso, vendeu mais de 100 mil unidades nas primeiras semanas. Mas, em poucos meses, o Newton se transformou no maior fracasso de público da história da empresa.

Cerca de catorze anos depois, a Apple lançou o iPhone. O produto não foi bem avaliado e vendeu apenas um milhão de unidades nos primeiros 74 dias de venda. A princípio, nenhum grande avanço em relação ao Newton.

Em segunda análise, o iPhone já vendeu mais 2,3 bilhões de unidades desde então, tornando-se o bem de consumo mais lucrativo de todos os tempos.

O Newton e o iPhone tiveram resultados muito semelhantes no início; o entusiasmo pelo lançamento é superestimado.

Na natureza é igual. Depois de poucas semanas de desenvolvimento, um embrião de humano, de elefante e de baleia-azul pesam quase tanto quanto uma semente de papoula.

O futuro se desenrola após o lançamento. Quando aceitamos o tempo e os sistemas, o lançamento cuida de si mesmo.

174. Os sistemas têm diversos objetivos

O que é uma boa comida de avião?

Bem, depende. Depende do propósito e a quem serve.

Antony McNeil faz 52 mil refeições por dia para a Singapore Airlines. Algumas são para passageiros que pagam o preço de um carro popular por uma passagem, e outras são para passageiros da classe econômica de um voo curto.

Algumas são para veganos e outras para pessoas que gostam de waffles com calda no café da manhã.

Entretanto, mais que aos passageiros, Antony tem de agradar ao pessoal de operações, que perde milhões de dólares se um avião atrasar porque o abastecimento das refeições atrasou.

E à equipe de voo, que tem de conciliar prioridades conflitantes e detalhes intermináveis, e ao mesmo tempo garantir a segurança do voo.

E à equipe de limpeza, que não tem tempo nem recursos para limpar manchas de gordura.

E ao diretor financeiro (CFO), que adoraria economizar o dinheiro gasto com cenouras.

Uma pergunta simples como "qual é o jantar?" se torna um problema complexo, sem uma resposta óbvia, porque o sistema tem variáveis independentes e objetivos mutuamente incompatíveis.

Não existe uma solução única. Existem muitas soluções, e nenhuma é perfeita.

175. Uma maneira de resolver o problema é mudar o sistema

Quando a JetBlue projetou ser uma companhia aérea confortável com preços acessíveis, sua diretora de marketing (CMO), Amy Curtis-McIntyre, analisou as prioridades conflitantes e o status quo da cadeia de fornecimento do serviço de bordo das companhias aéreas e reconsiderou.

A pergunta "qual é o objetivo disso?" nos mostra a história da alta gastronomia na aviação em perspectiva. Os trens — que eram a concorrência original em matéria de viagens caras — tinham uma longa história de vagões-restaurante, chefs e até o Expresso Oriente digno de Agatha Christie. Reproduzir alguns desses elementos tornou a transição para o transporte aéreo uma escolha culturalmente mais segura para muitas elites.

E então, uma vez criada a imagem, as companhias aéreas em geral escolhiam atrair pessoas que viajavam a negócios (com seus salários mais altos) por meio do cardápio oferecido. Mesmo a comida não sendo muito boa, e mesmo que isso não influenciasse a escolha do cliente, o sistema se perpetuou.

Por que não abandonar o sistema totalmente?

Curtis-McIntyre decidiu comprar os *snacks* mais caros que pudesse encontrar e instruir a equipe a convencer os passageiros a pegar quanto quisessem.

Mesmo oferecendo lanches de marcas de luxo e incentivando o consumo à vontade, a JetBlue passou a gastar muito menos do que as outras companhias aéreas. Assim, sobrava mais dinheiro para usar em promoções ou tarifas mais baixas.

Quando você tem a vantagem, pode mudar o sistema.

176. Interoperabilidade

Meu dentista não pode mudar a forma como pratica sua profissão. Mesmo se quisesse, ele faz parte de um sistema que não facilitará a mudança.

Não são apenas os conselhos regulatórios que não lhe permitem usar substâncias ou abordagens diferentes.

Também é fato que ele trabalha com um ou mais profissionais da área, e todos aprendem um vocabulário e um método que são facilmente transferidos de um dentista para outro.

E ele depende dos representantes de vendas e dos fabricantes que produzem cadeiras, luzes e dispositivos usados por praticamente todos os dentistas.

Estamos tão arraigados em nossos sistemas profissionais que nem percebemos que a maioria de nossas escolhas já foram feitas para nós.

177. A que o sistema responde?

Os sistemas são diferentes, mas costumam adotar compartamentos semelhantes. Quando sabemos o que as pessoas estão procurando, é mais fácil encontrar essa coisa.

Vejamos algumas coisas que as pessoas procuram; muitas estão enraizadas na cultura comercial ocidental.

- **Reconfirmação**: essa é a principal necessidade. O sistema quer o que ele quer. E uma coisa que ele quer é persistir. Se houver uma maneira de gastar tempo e dinheiro para garantir que tudo vai continuar bem, para evitar a emergência mais recente, essa ação alivia a tensão.
- **Tudo mais rápido**: a corrida pela produtividade continua inabalável e veloz. Ideias, dispositivos e processos rápidos em geral ganham força, normalmente entre pessoas que gostam de ir mais rápido, o que significa que a adesão também é mais rápida.

- **Tudo mais conectado**: desde 1850, o mundo está conectado em rede. Os sistemas são as redes originais e, com cada vez mais rapidez, eles estão adotando abordagens que enredam ainda mais os nós.
- **Tudo mais conveniente**: Tim Wu destacou que o consumidor rico trocaria quase tudo por conveniência. Máquinas de lavar louça e compras com um clique são parte do mesmo espectro.
- **Tudo mais barato**: Se tudo é igual (embora raramente seja), as pessoas escolhem o mais barato.
- **Tudo mais notável**: Em um mercado cheio de escolhas, poucas coisas são comentadas. Mas itens notáveis, por definição, são.
- **Mais status**: Essa é uma forma de reconfirmação. O sistema quer que pessoas de dentro e de fora dele tenham respeito por ele e torçam pelo seu sucesso.

178. O paradoxo de substitutos e singularidade

Os melhores projetos costumam ser únicos, não são facilmente substituídos. Não existe pressão de preço porque você não está oferecendo uma *commodity*. Se a pessoa quer isso, aqui está, ninguém mais tem para oferecer.

Mas muitos componentes dos sistemas existentes têm substitutos fáceis. Sistemas resilientes gravitam em torno de *commodities* porque se sentem mais estáveis. "Todo mundo está usando esse procedimento, essa peça, esse tipo de fornecedor, então, nós também usaremos. E com isso podemos forçar os fornecedores a disputarem entre si pelo menor preço."

Vemos isso em organogramas e contratações. O organograma tem quadradinhos porque as pessoas que o desenharam buscam engrenagens substituíveis — pessoas para preencher um espaço, não espaços construídos em torno de pessoas.

Os sistemas são cautelosos com intervenções singulares e únicas. Quanto mais se valoriza o status quo, mais provável é que os nós de um sistema sejam recompensados por irem em terceiro, não em primeiro. Haverá propostas para licitações, reuniões de comitê e muita atenção sobre o que os outros estão fazendo.

Mas os criadores têm de reconhecer que, quando há substitutos fáceis, há pouca oportunidade para criação de valor lucrativo e narrativa memorável.

179. Mercadoria

Nós só vendemos uma mercadoria quando agimos como vendedores.

Água potável, roupas, até mesmo a fonte de nossa eletricidade — é possível contar uma história em torno de cada uma dessas coisas e criar valor real para as pessoas a quem servem.

O sistema trata de reduzir a tensão insistindo para que nos encaixemos e ofereçamos uma mercadoria. Isso é uma corrida para o fundo.

O insurgente bem-sucedido cria tensão como resposta — a tensão do FOMO e das redes que devem ser conectadas.

180. Entenda o gênero

Gênero não significa "genérico". É quase o contrário, na verdade.

Se uma pessoa diz que vai a uma feira profissional, você logo consegue imaginar o que ela verá, mesmo que não saiba o mercado em que ela trabalha.

Quando você escolhe seu gênero, está escolhendo também seus clientes e as expectativas que eles têm. Você também escolhe (de alguma maneira) seus modelos de equipe, financiamento e produção.

Gênero é uma mensagem, um sinal que ajuda na formação da nossa compreensão. Sabemos que uma livraria de aeroporto vende livros, mas não está na mesma categoria de uma livraria independente de uma cidade pequena, e nossas expectativas serão diferentes em cada caso. Mas escolher um gênero também nos ajuda a entender a nós mesmos, os privilégios e responsabilidades que nossa escolha implica.

Em todos os campos, os inovadores são vistos desse modo porque confundem nossas expectativas de gênero. E muitos dos que fracassaram tentando mudar a cultura fizeram o mesmo. Se não é aquilo que esperamos, é mais fácil ignorar.

Uma das maneiras de mudar o sistema é subvertendo o gênero. Uma novidade pode *parecer* uma experiência ou um produto comum, mas, ao experimentá-la, somos de tal forma transformados que não tem como voltar atrás.

181. Meio x mensagem

Uma amiga me pediu para revisar seu *pitch deck*. Um *pitch deck* costuma ser um PowerPoint de dez slides enviado a potenciais investidores antes de uma reunião.

Duas palavras, *pitch deck*, definem o meio. Estabelecem o público-alvo e deixam o objetivo subentendido.

O resultado final não é conseguir um investidor. Ninguém recebe um PowerPoint por e-mail e preenche um cheque no dia seguinte. Os objetivos do *pitch deck* são:

- Demonstrar que você entende o gênero, que está em consonância com o que veio antes, que não vai desperdiçar meu tempo, que é parecido com a gente, que levanta fundos dessa maneira. Ninguém lê *pitch decks*, só dá uma olhada rápida. A pergunta é: se eu der uma olhada rápida no seu *pitch deck*, vou encontrar uma maneira fácil de dizer "não"?

- Criar tensão. A tensão de ser deixado de fora ou deixado para trás. A tensão decorrente de ver algo que preciso entender, mas ainda não entendo. A tensão pelo que pode ser.

Isso é exigir demais de um PowerPoint de dez páginas. Só que, no fundo, não, tendo em mente todas as coisas que você pode deixar de fora.

182. Considerações sobre preços

Um preço é uma história; um sinal; um sintoma de sua estratégia.

Mais barato pode não ser melhor: Há um viés na economia de mercado que aponta em direção ao mais barato. As curvas de oferta e demanda nos mostram que, quando o preço cai, a demanda sobe. E se os produtos são iguais em todos os outros quesitos, isso de fato se aplica, principalmente para *commodities*.

Mas os outros quesitos não são iguais. Uma coisa só é uma *commodity* se o vendedor a trata dessa forma.

Os clientes precisam de uma história para contar ao chefe e aos amigos: Dizer "é a mesma coisa, só que mais barata" é atraente e tentador. É fácil de vender e fácil de contar. "Você pode escolher qualquer um, e nós somos qualquer um, só que mais baratos."

Mas o preço baixo é o último recurso de um marqueteiro que não tem mais o que dizer.

Acontece que há muitas demandas sobre os produtos ou serviços que vendemos, e o sistema pode exigir um tipo diferente de melhoria.

Generoso não significa de graça: Se doar no trabalho requer esforço emocional. Implica encarar o problema em vez de ignorá-lo. Significa dedicar esforços quando, na verdade, só queremos fugir.

Quando a pessoa se empenha no trabalho, ela se destaca, porque aumenta a conexão.

Trabalhar além do esperado é mais perspicaz do que as pessoas imaginam, ou mais urgente e até mesmo altruísta. Isso faz a diferença, e muitas vezes não há problema se o preço for alto.

O slogan de se doar no trabalho poderia ser: "Você pagará muito, mas receberá mais do que pagou." E seu mote: "Eu vejo você. E me importo."

Custos contínuos são mais fáceis de ignorar que o preço imediato: Quanto custa adotar um cachorro?

Talvez os 400 dólares que você passou no cartão de crédito. Mas esse valor não inclui 14 anos de ração, os chinelos destruídos, a limpeza do carpete do chão, do cuidador de animais e muito mais.

Organizações e famílias tomam decisões com base no preço o tempo todo. Gestores conscientes analisam custos.

Em certo ponto, a história de uma pessoa com o dinheiro é muito mais importante que o dinheiro em si: Estratégias bem-sucedidas buscam encontrar clientes que desejam pagar para resolver seus problemas. Se quiser um cliente ruim, escolha alguém que tenha uma mentalidade de escassez ou que prefira permanecer com um problema a gastar para resolvê-lo.

Luxo não é mais utilidade, é desperdício intencional: Bens de luxo são itens que valem mais (para alguns) porque custam mais.

O custo em si é o benefício que está sendo vendido.

Antes, havia uma correlação entre desempenho superior e preço. Em 1900, uma sela da Hermès ou um baú da Louis Vuitton eram, sem dúvida, mais bem-feitos para servir à finalidade a que se destinavam. Hoje, porém, um resort, uma garrafa de vinho ou uma peça de roupa mais cara provavelmente não são os itens de melhor desempenho. São apenas um símbolo, e quem os compra fica feliz por entendê-lo e talvez por ostentá-lo. Uma execusão ruim pode até fazer parte da proposta de valor. Você pode não só pagar mais como também pode pagar mais por um sapato que machuca seus pés.

Dinheiro é uma história, e preço é uma maneira de contá-la.

183. Estratégias exigem empatia

Empatia, não simpatia. Você não precisa concordar com a maneira de agir de cada nó do sistema.

Não se trata de dizer "Se eu fosse você", porque você não é ele. Só ele é ele.

É empatia no sentido de "Eu não sei o que você sabe, não vejo o que você vê, não acredito no que você acredita, e está tudo bem".

Não podemos ter sucesso com uma estratégia que exija que todos os outros se importem com nosso ponto de vista a ponto de adotá-lo. Talvez o melhor a se fazer seja ajudar as pessoas a chegar aonde elas sempre quiseram ir.

Se a mudança for importante, você precisará de empatia para reconhecer que o sistema (e muitas pessoas nele) não quer o que você quer, nem acredita no que você acredita.

Você pode estar certo ou pode progredir. Ajuda se você estiver certo, mas o progresso, na verdade, decorre de ajudar outras pessoas a sentir que estão certas.

É mais fácil ajudar uma pessoa a chegar aonde ela quer do que ficar tentando convencê-la a ir a outro lugar.

184. Dorothy e sua turma

Como Dorothy persuadiu o Leão, o Homem de Lata e o Espantalho a acompanhá-la a Oz para ver o Mágico? Ela fez um discurso sobre o quanto sentia falta de casa?

Vale a pena recordar a lição: *Dorothy criou as condições para que os outros pudessem conseguir o que queriam se a acompanhassem.*

Cada um deles poderia se aproximar de seus objetivos: coragem, compaixão e inteligência. Mas, mais do que isso, ela ofereceu status e pertencimento a seus companheiros.

Buscar o Mágico era apenas um trampolim no caminho para o destino ao qual eles queriam chegar.

185. Todo mundo está sempre certo

O sistema cria as condições para as nossas ações. E qualquer pessoa que age de forma consciente o faz porque é *exatamente* o certo a fazer — com base em quem a pessoa é, no que vê, no que acredita e no ciclo de feedback em que se encontra.

Talvez ela pudesse mudar de atitude diante de algo diferente, se recebesse um feedback diferente do sistema ou se seu status mudasse.

Podemos contar uma história que faça sentido e podemos criar condições para que as pessoas façam escolhas diferentes.

Mas não é tão fácil persuadir uma pessoa de que ela está errada.

186. Todos os sistemas persistentes têm ciclos de feedback

Às vezes, esses ciclos mantêm e estabilizam um sistema e, de quando em quando, trabalham na direção contrária, afastando-se do centro e, por fim, destruindo o sistema.

Em 1952, Ray Bradbury escreveu um conto chamado "O som do trovão". É sobre um turista que viaja no tempo, para um passado remoto, pisa sem querer em uma borboleta e todo o futuro do mundo muda em consequência disso.

Enquanto a teoria do caos prevê que pequenas mudanças podem levar a resultados importantes, os sistemas persistentes duram justamente porque resistem a elas.

Então vá em frente, mate a borboleta; os problemas e desafios de amanhã permanecerão inalterados.

Os ciclos de feedback podem ser negativos (estabilizadores) ou positivos. Quando o feedback passa por um microfone, torna-se mais alto e mais irritante, porque feedback por áudio leva a mais feedback por áudio. Em contrapartida, se alguém age de forma imprudente em um aeroporto, diversas forças e práticas sociais entram em ação para diminuir a interrupção e restaurar o estado normal das coisas.

Os ciclos de feedback negativos podem ser comparados a abafadores. Se sua sala de estar ficar muito quente, o ar-condicionado liga. Se fica muito fria, o aquecedor liga. O termostato instrui a casa a neutralizar as ações do ambiente para manter um equilíbrio.

Em *O bico do tentilhão*, Jonathan Weiner conta a história de Peter e Rosemary Grant, que medem (milimetricamente) o comprimento dos bicos de tentilhões nascidos em uma ilha de Galápagos. Durante os períodos chuvosos, as condições são tais que os tentilhões de bico longo têm mais sucesso em encontrar comida, portanto, têm mais probabilidade de se reproduzir e a porcentagem de tentilhões com bico longo aumenta. Mas se o clima muda e há um longo período de seca, esses tentilhões sofrem, ao passo que os de bico curto têm mais facilidade para achar a comida de que precisam. Assim, a população muda novamente. Por isso ainda existem tentilhões: a constante resposta evolutiva às mudanças climáticas impossibilita sua extinção.

Entretanto, os ciclos de feedback também podem circular na outra direção e fugir do controle. Um exemplo simples é a liberação de coelhos na Austrália há um século. Sem predadores e com comida abundante, eles se multiplicaram (como coelhos) até provocar uma crise.

Na nossa situação climática atual, estamos vendo o que acontece quando as calotas polares derretem. Com menos gelo, a quantidade de luz solar refletida de volta para o espaço diminui, pois a água azul-azincentada absorve mais calor que o efeito albedo criado pelo gelo branco.

Quanto mais sol absorvido, mais gelo derrete. E o ciclo continua...

Interagimos com ciclos de feedback o tempo todo. Às vezes, um pequeno erro se transforma em uma tragédia. Outras, um sistema que buscamos mudar revida, e, quanto mais insistimos, mais ele resiste.

Antes de construir uma estratégia para melhorar, precisamos ver os sistemas.

Ou nós controlamos o sistema ou ele nos controla.

187. O coringa em cada ciclo de feedback é o atraso

Evitamos colocar a mão no calor do fogão. Isso acontece principalmente porque o feedback da dor vem quase de imediato. Em contrapartida, milhares de pessoas fumam cigarros. A resposta de seus pulmões pode levar décadas, e o atraso no feedback faz com que as pessoas sintam que, em interesse próprio de curto prazo, podem fazer algo que as prejudique.

À medida que a complexidade dos sistemas aumenta, o mesmo acontece com os seus atrasos. É como tocar piano de luvas. Os atrasos mascaram o que está acontecendo de verdade.

O Federal Reserve Bank deve aumentar as taxas de juros nos Estados Unidos? Seria uma pergunta fácil, se não fosse pelo atraso. Quando diversas intervenções se sobrepõem antes que o feedback chegue (e em algo tão complexo quanto a economia mundial, ele sempre chega), fica mais difícil estabelecer uma estratégia.

Um primeiro passo, então, é tentar diminuir o atraso, procurar sinais iniciais que geralmente levam a sinais posteriores. Mais provavelmente, porém, precisaremos ter uma estratégia que nos ajude a navegar quando o feedback do sistema for lento ou confuso.

188. Sistemas + jogos + ciclos de feedback

Quando combinamos sistemas, teoria dos jogos e ciclos de feedback, começamos a ver como nossas ações influenciam comportamentos ao longo do tempo.

Vejamos alguns preceitos do impacto estratégico:

- **Pense adiante e argumente em retrospecto:** quando sabemos o público-alvo, o objetivo e as estratégias para chegar lá, podemos começar pelo fim e trabalhar de trás para a frente com o intuito de descobrir por onde começar.
- **A empatia de uma vitória mútua:** podemos evitar complicações quando escolhemos trabalhar com pessoas e sistemas que querem ganhar algo que não nos interessa tanto, especialmente quando nos oferecem algo que *nos* interessa.

- **Confiança e expectativa**: honre seus compromissos e siga as regras para sustentar sua credibilidade e influenciar o comportamento dos outros. A tensão é real quando somos consistentes.
- **Crie as consequências pretendidas:** analise as possíveis consequências não intencionais de suas estratégias, pois elas podem levar a resultados abaixo do desejado.
- **Aproveite a assimetria de informações:** use conhecimento ou informações exclusivas a seu favor, mas esteja ciente de que outros podem estar fazendo o mesmo.
- **Crie e adapte as regras do jogo**: se escolher jogar em um campo no qual tem influência sobre as regras, é mais provável que você alcance seus objetivos. Não conte com a vitória em jogos que estão contra você.
- **Administre as expectativas:** experiências são muito relativas. Se forem melhores que o esperado, melhor.
- **Promova a cooperação por meio da repetição:** incentive a cooperação por meio de interações repetidas e crie uma cultura de reciprocidade.
- **Todo movimento para a frente implica risco e recompensa:** quando você investe tempo, dinheiro e reputação para criar tensão, o que espera receber em troca?
- **Construa andaimes:** exigir que as multidões pulem raramente é tão eficaz quanto criar condições para que elas subam a bordo.
- **Exija esforço e despesa dos clientes iniciais:** ao trabalhar com os primeiros, exija esforço e ofereça status. Não é conveniente nem fácil, e é penoso ir primeiro — não há tensão nisso. Abrace o esforço. A aparência de risco é, na verdade, um benefício para esse grupo.
- **Medidas:** crie métricas simples e úteis para aferir status e as respeite.

- **Crie aderência:** invista em sistemas que façam com que os crentes se sintam pertencentes, e não se distraia com os céticos que o pressionam para que se torne uma mera mercadoria.
- **Persistência:** as pessoas se tornam aquilo que fazem, portanto, recompense-as por se apresentarem deliberadamente para fazer algo novo.
- **Ande para a frente:** crie mecanismos unidirecionais nos quais manter a nova abordagem seja mais fácil que desistir e voltar atrás.
- **Reinvista:** use os recursos obtidos dos clientes iniciais para investir na criação do desejo do próximo segmento da curva.

189. Aceite restrições

Gabe Anderson escreveu em seu blog sobre a analogia do aro maior.

Jogadores da NBA não reclamam que o aro da cesta é muito pequeno (um aro maior, afinal, facilitaria tudo). Eles aceitam a oportunidade de focar a velocidade, o trabalho em equipe e a precisão dos arremessos.

Todos os jogos têm restrições. Podemos negá-las ou podemos trabalhar com elas.

190. Quem se beneficia?

Os sistemas evoluem com o tempo, e nenhum é perfeito; mas todo sistema resiliente persiste porque o impulso que ele cria torna mais fácil persistir que desistir.

Quando vemos quem se beneficia com a persistência do sistema, identificamos as pessoas que trabalharão para mantê-lo.

As pessoas aderem a um sistema cultural enquanto a segurança e o conforto percebidos em manter o status quo superam os possíveis riscos e incertezas de se afastar dele.

191. Seis armadilhas do sistema

Os sistemas não existem para nos agradar. Podem até ter sido criados para esse propósito, mas, com o tempo, os que persistem simplesmente o fazem porque são bons nisso. Esse comportamento persistente pode ser danoso porque nem sempre entendemos onde estão os pontos de apoio para alavancar uma mudança.

Donella Meadows descreveu várias armadilhas dos sistemas, nos ajudando a ver como eles persistem e quais são as opções disponíveis para fazer a mudança acontecer. Do ponto de vista do usuário, elas podem até parecer defeitos, mas, na verdade, foram incorporadas ao sistema desde o início.

- **A resistência política** é um processo de recentralização autossustentável que os sistemas alcançam graças aos ciclos de feedback. Podemos tentar consertar a economia, acabar com o uso de drogas ou equilibrar um orçamento, mas as forças em ação serão resistentes. Indivíduos do sistema podem não procurar intencionalmente sabotar uma mudança política, mas o sistema equilibrado a subverte mesmo assim. O status quo é status quo porque é resiliente.
- **A tragédia dos comuns** é o processo de esgotamento de um recurso compartilhado quando as pessoas, mesmo sendo racionais, não se sentem incentivadas a refrear seus impulsos. Quando todos os fazendeiros compartilham um pedaço de terra, cada

um pode deixar suas ovelhas engordarem; ou outra pessoa o fará. Coisas como ar atmosférico são difíceis de manter porque quem age em benefício próprio muitas vezes não vê razão para adotar uma abordagem menos poluente.

- **Deslocar-se rumo ao baixo desempenho** é o caminho decepcionante de comparar nosso baixo desempenho ao desempenho ainda pior dos outros e criar um ciclo de feedback de redução do nível. Quando um bairro começa a ficar descuidado, as pessoas passam a se importar cada vez menos com a preservação do lugar e ainda ajudam na sua degradação, amplificando o efeito da espiral descendente.
- **A corrida para o fundo do poço** não é o mesmo que ter um desempenho ruim. É o esforço intencional de operar com preços mais baixos, serviço pior, mais efeitos colaterais e menos cuidado. Se o preço baixo é o último recurso de uma estratégia de marketing que se exauriu, o sistema vai amplificar o caminho preguiçoso.
- **Escalada** é uma corrida armamentista, uma guerra de preços ou políticos cada vez melhores em mentir, em usar a raiva ou em buscar atalhos. Qualquer indivíduo que caia nessa dinâmica tem dificuldade de revertê-la sozinho.
- **O rico cada vez fica mais rico** é a vantagem inicial que beneficia quem opera em mercados não regulados. Se você tem dinheiro ou status, pode economizar, investir e lucrar mais, e dar mais a si mesmo. O mesmo acontece com as leoas de uma manada: as bem alimentadas são mais rápidas e mais fortes, portanto, podem caçar mais presas e ficar ainda mais fortes.

192. As manipulações de Moses

Robert Moses se autodenominava um mestre construtor. Ele criou as condições para a construção de uma quantidade incrível de estradas, parques, pontes, usinas de energia e muito mais. Toda a tessitura da cidade de Nova York foi reconstruída durante seu reinado, que durou cinco décadas.

Moses também era um mestre em estratégia. Entendia de sistemas e sabia tirar vantagem de suas armadilhas e do status para conseguir o que queria.

Mas, acima de tudo, agora é ele conhecido como o mestre da manipulação. Ele usou suas habilidades estratégicas para obter resultados dos quais os envolvidos se arrependeram. Ao focar o curto prazo e a urgência, ele não assumiu a responsabilidade pelo impacto de longo prazo de suas ações. Acabou usando seu poder de uma forma que não beneficiou as pessoas que deveria beneficiar.

Vejamos algumas manipulações de Moses, por meio das quais ele tirou vantagem da natureza humana e das armadilhas do sistema. Eu as apresento aqui não como um manual que vá ajudar você a maximizar seu poder, e sim para que possamos ter ciência dessas manipulações e usá-las com pleno conhecimento de que os fins nem sempre justificam os meios.

- **Fixar estacas:** Moses começava o trabalho de construção o mais rápido possível, chegava a crayar as estacas no solo antes mesmo de ter as licenças ou o dinheiro para a obra. Isso fazia com que as obras parecessem inevitáveis e fosse mais difícil de alguém se opor a elas ou alterá-las. Normalmente, os sistemas são otimizados para desacelerar as coisas, não para desfazer coisas que já estão acontecendo.
- **Semear discórdia:** Moses criava crises, fazia com que grupos com interesses concorrentes focassem ganhar status com a contenda, que competissem para ganhar poder apoiando os planos de Moses mais do que os de seus oponentes. Para alguns, perder uma licitação é pior que sequer conseguir entrar nela.

- **Dividir para conquistar:** seguindo uma linha parecida, Moses exacerbava as divisões existentes entre os grupos de oposição ou criava outras, quebrando, assim, as frentes unificadas contra suas iniciativas.
- **Controlar a informação:** os sistemas respondem à informação. Ao limitar implacavelmente a divulgação, mentir ou compartilhar informações diferentes a nós distintos em busca de poder, Moses criava condições nas quais ele era o único que de fato sabia o que estava acontecendo.
- **Começar fora da cidade:** a tática mais benigna de Moses foi construir sua base de poder em Long Island, onde havia pouca concorrência por espaço público e onde a luta pelo poder era muito menos tensa. Depois de adquirir poder ali, ele migrou para áreas mais atraentes.
- **Fazer bullying:** os valentões sempre vão atrás dos mais fracos. Moses encontrava alguém menos poderoso e exigia lealdade e apoio. Se não conseguisse, dedicava-se a destruir a carreira e a reputação da pessoa.
- **Negociar com poder:** pensamento de curto prazo é uma armadilha comum em sistemas, o que significa que a pessoa capaz de jogar uma partida mais longa tem uma grande vantagem sobre as demais, pois pode operar táticas financeiras que beneficiem outros grupos no curto prazo e assim obter status e controle de longo prazo.

193. Os sistemas resilientes perduram

Os sistemas que persistem sobreviveram a mudanças tecnológicas, culturais e organizacionais. Eles são bons nisso.

O sistema de comércio, claro, existe desde o momento em que as pessoas passaram a precisar de coisas.

O Banco da Suécia foi fundado em 1668 como um banco central e nada indica que ele vá desaparecer.

O Grande Bazar de Istambul, Turquia, ainda é famoso quinhentos anos após sua fundação.

Hollywood viu a transformação dos filmes mudos para os falados, depois o surgimento da televisão e depois dos blockbusters. Presenciou o nascimento das redes de cinema e seu fim, bem como o das locadoras de vídeo, depois DVDs e agora vivencia o streaming.

O sistema se ajusta.

Podemos influenciá-lo, mas é improvável que possamos simplesmente substituí-lo.

194. A tentativa de me transformar em um viciado

Há alguns anos, fui internado com infecção grave em virtude de queimaduras. Era uma unidade de primeira linha, com os melhores profissionais.

A cada quatro horas, eu era acordado e me davam medicamentos. Da primeira vez, eu estava suficientemente consciente para perguntar o que estavam me dando. "Sim, isso faz sentido", eu dizia quando me entregavam um comprimido; até que me deram o Fentanil.

Eu disse que preferia suportar a dor e expliquei que não tomaria um analgésico viciante, nem naquele momento, nem depois.

Quatro horas depois, lá estava ele de novo.

E de novo, quatro horas depois.

Por fim, expressei com tanta veemência minha recusa que os médicos acabaram mudando a prescrição e uma alteração manual no sistema impediu que o Fentanil reaparecesse em meu prontuário.

Ninguém naquele hospital queria que eu tomasse um remédio que eu não queria ou do qual não precisava, mas o sistema queria. Não era uma intenção sistêmica, apenas um efeito sistêmico.

195. O desafio dos falsos substitutos

Se mudar o que é medido, você mudará o que é feito.

Os nós do sistema trabalham para atingir seus objetivos, e esse esforço, sem o auxílio de um coordenador, cria o movimento para a frente e o poder do sistema.

Como as pessoas sabem o que fazer?

Elas sabem o que querem. Elas querem status, se sentir pertencentes, conforto, conveniência e não querem sentir medo. Mas ninguém sabe muito bem como conseguir essas coisas.

Por essa razão, buscamos substitutos.

Entrar em uma faculdade pretigiosa não é a causa da satisfação. É uma meta, um substituto alcançável, uma maneira de contar uma história para nós mesmos. E o mesmo acontece em relação ao dinheiro, evitar um olhar de desdém ou limpar a caixa de entrada do e-mail.

A melhor tática que conheço para influenciar um sistema é simples: aumente os substitutos úteis e diminua a presença dos falsos.

No Google, todo funcionário sabe o preço das ações da empresa, e a maioria sabe o valor dos lucros trimestrais. Mas se o foco de um funcionário estiver nesses dois números de curto prazo, não será uma surpresa se ele agir com foco no curto prazo.

E se outras métricas houvessem se tornado mais claras e tivessem sido amplamente distribuídas?

Coisas como:

- A porcentagem de pesquisas fracassadas
- A tendência a sentir lealdade e confiança na marca
- A saúde do ecossistema do qual a rede depende
- O impacto dos empreendimentos filantrópicos
- Mudanças na taxa de alfabetização
- Novos projetos construídos na Interface de Programação de Aplicações
- Usuários médios diários de e-mail

Tenho certeza de que você consegue pensar em mais dez.

196. Vemos sistemas quando eles são forçados a mudar

Durante a maior parte de minha vida, o sistema de publicação de livros e a transformação cultural advinda dele foram relativamente estáveis.

Nos Estados unidos, eram lançadas duas listas de livro por ano, uma no outono e outra na primavera. Isso porque os livros costumavam deixar as lojas em Nova York pelo Canal de Erie, que congelava todos os anos, tornando as remessas impossíveis no inverno.

O setor editorial não envia mais livros por barcaça, mas o sistema de publicação continua.

Como os livros foram inicialmente pensados para o papel, há uma variedade limitada de altura e largura na qual podem ser impressos. Há poucos livros de 12 páginas e nenhum com 4 mil. A média ajuda a determinar os preços, a variedade e as novidades no setor.

Atualmente, metade das vendas do setor ocorre em formatos digitais, mas o sistema permanece.

É bem caro publicar um livro, por isso há um número limitado de livros publicados a cada ano. Durante gerações, ficou em torno de 40 mil por ano.

As livrarias independentes eram grandes o bastante para vender a maioria dos livros que importava para a maioria das pessoas, mas não o suficiente para vender todos os livros. Isso significava que o espaço nas prateleiras era primordial, e a promoção impulsionava muitas vendas.

Na verdade, o número de livros publicados era exatamente o número certo para que uma loja típica tivesse exatamente o tamanho certo.

Um livro que vendesse muitas cópias seria mais promovido pela editora e pela livraria por ser mais lucrativo. Somando-se a isso, livros que entravam na lista de best-sellers tinham mais probabilidade de ser lidos por outras pessoas, porque muita gente só lê livros que são best-sellers.

O sistema tem ramificações profundas. Editoras bem-sucedidas mantinham um relacionamento simbiótico com livrarias bem-sucedidas, já que estas não tinham dinheiro suficiente para vender diretamente aos leitores. Os livros tinham impacto direto na cultura porque, normalmente, o tipo de pessoa que tinha influência cultural também era o tipo de pessoa que lia livros.

Havia ciclos de feedback resilientes em cada etapa.

Até que o sistema mudou. Primeiro aos poucos, e depois, de uma só vez.

Surgiu uma livraria on-line gigante que vendia todos os livros, pelo melhor preço, com entrega gratuita. Além disso, vendia também livros digitais que não custam nada para criar, armazenar ou enviar. Foi o desterro da livraria independente enquanto força cultural e econômica e a ascensão de inúmeras alternativas aos livros, levando ideias por meio de trechos curtos e longos de vídeo, áudio ou texto. Tudo instantaneamente e de graça.

O número de livros publicados a cada ano nos Estados Unidos (pelas principais editoras) hoje é dez vezes maior, mas os pedidos iniciais das livrarias caíram pelo menos na mesma proporção.

Os profissionais do mercado editorial gostariam que as coisas continuassem como antes e puderam até disfarçar isso por um tempo. Mas quando os fundamentos de um sistema desaparecem, o sistema muda.

O Canal de Erie já não importa.

É mais fácil enxergar um sistema quando ele para de funcionar como antes.

197. Posso ver o organograma?

Eu não sabia o suficiente para perguntar.

Nós já vendíamos marketing digital em 1994, muito antes de o conceito existir. Eu estava em uma reunião com uma gerente da IBM e era evidente que ela entendia o que estávamos fazendo e gostava.

Ela pediu meu bloco de notas, pegou a caneta e começou a desenhar.

Um minuto depois, virou o bloco para mim e me mostrou o organograma do setor dela.

Enquanto ela descrevia quem tinha poder real e quem tinha autoridade aparente, ia preenchendo o quadro e circulando alguns nomes. Ela disse: “Esse cara vai aceitar uma reunião e fazer você perder tempo. Ele é legal, mas ninguém se importa com a opinião dele. Por outro lado, se você conseguir persuadir essa pessoa, vai ter tudo que precisa...”

E era assim que funcionava o sistema de tomada de decisão no departamento de marketing deles. Aquela gerente entendeu que não fazia sentido esconder o *modus operandi* das coisas; se os fornecedores não soubessem como funcionava, simplesmente iriam desperdiçar tempo e energia de todos.

Cada pessoa daquele organograma estava lá para fazer um trabalho; todas certamente bem-intencionadas, mas a arquitetura do status, quem tinha o orçamento e a coragem para usá-lo... essas eram as forças invisíveis que demandavam uma estratégia para abordá-las.

198. O agente da mudança

Sistemas mudam; são organismos dinâmicos.

Quando ocorre um evento que estressa um sistema, suas regras mudam, assim como os resultados.

Um dos agentes de mudança mais significativos no sistema das nossas vidas tem sido a tecnologia.

Sessenta anos atrás, o desenvolvimento do transistor levou a rádios de bolso baratos, com fones de ouvido. Como resultado, pela primeira vez os adolescentes podiam ouvir rádio sozinhos, sem usar o grande e caro aparelho de som dos pais. Isso mudou o consumo de música, levou ao crescimento de outro tipo de programação de rádio e mudou toda a indústria musical. O lançamento da rádio FM, alguns anos depois, acentuou isso.

Quando Jeff e Mackenzie Bezos pegaram o carro e foram de Nova York a Seattle, sabiam que a internet mudaria muitos setores e fizeram uma lista para decidir por qual começar. Pequenas mudanças (como uma simples livraria virtual) levaram a uma cascata de mudanças em série cada vez maiores, transformando o status quo relativo à maneira como as coisas eram projetadas, fabricadas, enviadas e vendidas.

O navio porta-contêineres foi um agente de mudança para a indústria de móveis norte-americana. Um sistema muito bem estruturado de lojas, madeireiras, designers e fabricantes, centralizado na Carolina do Norte, foi transformado por um dispositivo que permitiu o envio de móveis por novos concorrentes do exterior para os Estados Unidos a preços incrivelmente baixos. Como resultado, todos os elementos do sistema mudaram.

O YouTube foi um agente de mudança para os ilusionistas. Não só as lojas de artigos de mágica foram substituídas pela PenguinMagic, que podia demonstrar qualquer truque a qualquer momento, como também os ilusionistas passaram a ter a possibilidade de conquistar milhões de seguidores na internet. Em contrapartida, a plataforma fez com que qualquer mágica pudesse ser dissecada e revelada. O ato de aprender, executar, ter uma troca com o público e ganhar a vida com esse ofício foi transformado, deixando de ser uma experiência viva e pessoal, passando a ser uma apresentação digital.

As lanternas solares foram um agente de mudança para o ecossistema de cidadezinhas na Índia e em outros países com população predominantemente rural. Com luz à noite, o aprendizado e a vida familiar mudam. Com a capacidade de carregar um telefone celular, o preço pago aos agricultores por suas safras é revelado, e o acesso a ferramentas e informação aumenta. E com o aumento nos ganhos a que isso leva, sistemas de energia maiores podem ser comprados, novas ferramentas podem ser alimentadas e a natureza da vida diária se transforma.

199. A procura pelo agente de mudança

O agente de mudança geralmente assume a forma de:

- Comunicações
- Concorrência
- Ação e regulamentação comunitária
- Meios de produção e o acesso ao capital
- Flexibilização ou criação de restrições
- Mudanças culturais

Quando a base sobre a qual um sistema é construído muda, o sistema reage, mas mudanças generalizadas e significativas nesses alicerces levam a mudanças permanentes (e oportunidades para quem as viu chegar).

Ter preenchido esses seis requisitos ao mesmo tempo foi o que deixou os capitalistas de risco tão animados em relação à internet (e posteriormente à inteligência artificial).

Vejamos alguns agentes de mudança ao longo dos tempos:

- Os automóveis abriram as portas para restaurantes de fast-food.
- O site Craigslist destruiu o modelo de negócios de muitos jornais. Seus spin-offs criaram uma nova camada de comunicação que diminuiu drasticamente a prostituição de rua.
- A MTV possibilitou a ascensão do rap ao diminuir o poder das estações de rádio locais.
- Programas de TV sobre reformas residenciais ajudaram na popularidade de casas grandes e genéricas.
- O controle da natalidade revolucionou a força de trabalho e acarretou o surgimento de comida de preparo rápido ou já pronta e processada.
- Os números 0800 e o cartão de crédito transformaram todas as empresas de atendimento ao cliente.
- O smartphone possibilitou o acesso às informações de viajantes e motoristas, permitindo à Uber transformar o setor de transportes.

- As sextas-feiras casuais deram início a uma cascata que levou a uma mudança significativa na criação e venda das roupas que usamos todos os dias.
- O elevador permitiu que as incorporadoras criassem arranha-céus e refizessem o conceito do centro da cidade, da mesma maneira que o home office está desfazendo grande parte dessa densidade.
- Títulos de alto rendimento, fundos de cobertura e outros instrumentos financeiros resultaram na ascensão e na queda de grandes lojas, redes de supermercados e outros negócios que tinham vantagens no mercado.
- A IA está transformando a agricultura.
- A próxima redefinição do preço do carbono transformará quase tudo.

Os dois empregos mais escolhidos nos Estados Unidos são motorista de caminhão e corretor de imóveis.

Ambos pertencem a sistemas muito bem estabelecidos, mas a tecnologia e a legislação estão reformulando todos eles.

O primeiro agente de mudança para motoristas de caminhão são os dados — as transportadoras sabem muito mais sobre a cadeia de suprimentos e as condições de transporte. Somem-se a isso caminhões autônomos em trajetos de longa distância e toda a indústria será transformada.

Já o sistema imobiliário foi virado de cabeça para baixo por uma combinação de transparência de dados e acordos recentes que derrubaram o monopólio tradicional que os corretores tinham sobre as taxas do setor.

Tudo isso são ameaças ou oportunidades. A estratégia inteligente é apostar na mudança. Como o novo sistema criará oportunidades para as pessoas corajosas dispostas a aproveitá-las?

200. O telégrafo e o arranha-céu

Para acomodar a densidade demográfica das metrópoles, o arranha-céu era necessário. Antes dos altos edifícios comerciais, só o que tínhamos eram vilas esparsas.

Para ter arranha-céus, precisávamos da invenção do elevador.

Mas o elevador era insuficiente. Na era do telégrafo, os prédios comerciais não podiam ter muitos andares de altura; a quantidade de mensageiros entrando e saindo com telegramas sufocaria qualquer meio de chegar aos andares mais altos.

Somente a invenção do telefone permitiu que os profissionais do conhecimento tivessem um escritório em um arranha-céu. Alexander Graham Bell mudou o mercado imobiliário.

Se procurar um agente de mudança, você encontrará.

201. Bullying no ramo do queijo

Oliver Zahn comanda uma empresa de tecnologia insurgente chamada Climax, que usa ciência para fazer queijos maravilhosos usando apenas ingredientes vegetais. Os chefs da Climax desenvolvem produtos simplesmente deliciosos.

Mateo Kehler disse o seguinte sobre a empresa: "Podemos dizer que se trata de um queijo fraudulento [...]. É uma fraude dizer que a empresa produz queijo. Parece queijo, pode ter gosto de queijo, mas não é queijo. Não está conectado com nossa compreensão histórica do que são os queijos."

É o sistema revidando. Outras pessoas poderosas e desconhecidas no setor de queijos trabalharam nos bastidores para anular a vitória da Climax no prêmio Good Foods. Esse prêmio carrega prestígio e status na indústria alimentícia, e o queijo azul da Climax estava pronto para vencer (derrotando os queijos feitos de leite de vaca).

Por que pessoas tão trabalhadoras e atenciosas ficariam tão chateadas com um novo tipo de queijo?

Status e pertencimento. Kehler não é do setor de vacas; é do setor de pegar uma matéria-prima e transformá-la em um alimento de alto valor. Não deveria importar para ele se a matéria-prima provém de uma vaca, do grão-de-bico ou de castanhas.

Mas importa.

É assim também que o setor editorial age: como se seu negócio fosse cortar árvores, e não levar novas ideias para pessoas que querem pagar por elas.

Também mostra por que, em 1960, a ferrovia Penn Central perdeu a oportunidade de construir uma companhia aérea de sucesso. Os trens foram a forma dominante de viagem de longa distância durante um século, mas o avião estava chegando como uma forma de conexão e transporte mais rápida e com status mais elevado.

Assim como a Western Union antes dela, empresas dominantes como a Penn Central poderiam ter migrado com a nova onda. Mas, como Ted Levitt nos ajudou a entender no artigo "Miopia em marketing", eles achavam que estavam no ramo de trens, não no de transporte.

Em vez de construir um sistema para o futuro, essas empresas defenderam o sistema vigente.

Em todos esses casos, os que fazem bullying não estão sendo irracionais. Eles não conseguem expressar o que querem. Acreditam erroneamente que o que fazem é mais importante que o motivo pelo qual fazem.

Eles buscam status, pertencimento e livrar-se do medo.

O status que decorre da expertise e do sucesso.

O pertencimento que decorre de um lugar em um setor que é estável há um século ou mais.

O desejo de evitar o medo do desconhecido e a necessidade de proteger o status quo.

Depois que a poeira baixa, os fabricantes de queijo que fazem bullying sempre parecem mesquinhos e empacados. Mas, no momento, é fácil usar poder e autoridade se for para fazê-lo acreditar que pode evitar um alicerce instável no futuro.

A ironia é que o mesmo status e pertencimento que lhes permitem fazer bullying com os insurgentes também podem ser ferramentas poderosas para ajudá-los a inventar o futuro.

202. Uma breve história sobre atravessar fora da faixa

Quem tem a preferência e o benefício da dúvida? Durante milênios, a resposta foi fácil: os pedestres.

O movimento para tornar os carros superiores aos pedestres começou em 1913. O primeiro constrangimento aos pedestres que atravessavam fora da faixa foi feito por ninguém menos que o Papai Noel. Sim, um ator que ficava em frente a uma loja de departamentos em Syracuse, vestido como o Bom Velhinho, instava os pedestres a sair do caminho e deixar os carros passarem.

Em uma década, a indústria automotiva se unia para mudar a cultura nas cidades. Quando os cidadãos de Cincinnati propuseram um projeto de lei para limitar a velocidade máxima dos carros dentro dos limites urbanos, as empresas locais se uniram para derrotá-lo.

Pela primeira vez em milênios, a hierarquia do direito de passagem estava mudando. Colisões que eram descritas como ataques horríveis a pedestres perpetrados por motoristas egoístas passavam a ser caracterizadas como erros das vítimas.

Os carros ofereciam às empresas acesso a clientes abastados. Eles aceleravam o transporte e a comunicação. As empresas não queriam ficar de fora. Os carros eram mais lucrativos para elas.

Um "comitê de segurança" em Detroit ofereceu um serviço gratuito a jornalistas preguiçosos. Se levassem os detalhes de uma colisão de trânsito, a equipe do comitê os reescreveria para pôr a culpa no pedestre.

Organizações até contrataram escoteiros para distribuir cartões-postais com uma explicação "segura" de como atravessar a rua.

Menos de uma década depois do Papai Noel, leis contra atravessar fora da faixa de pedestres foram criadas em muitas cidades, e a cultura mudou.

Carros ofereciam poder, status, conveniência e efeitos de rede. Os pedestres nunca tiveram uma chance.

203. O que vou dizer aos outros?

Essa é a segunda pergunta. A primeira é: "*Por que* vou falar aos outros?"

Como essa rede que você está construindo me beneficiará? Ela vai aumentar meu status, vai aumentar meu pertencimento social ou diminuir meu medo?

O efeito de rede nos dá força para passar por tudo isso. Ele nos dá um propósito.

E então, vem a terceira pergunta: facilitamos para você falar aos outros?

Muitos criadores gostariam que seus projetos escalassem. Eles veem vantagem na eficiência e em ter mais pessoas conectadas. A

Uber, por exemplo, precisa de escala com relação aos passageiros para recrutar motoristas (e vice-versa). Sem escala, o resultado é fracasso.

Isso não é efeito de rede.

O efeito de rede é empático; ele pergunta: "Por que alguém convidaria um amigo para esta rede?" E não é por causa disso que seu projeto lhe serve mais.

O fax criou um efeito de rede. A pessoa não podia enviar um fax a si mesma (receberia um sinal de ocupado). Sua máquina de fax lhe serve mais se você tiver colegas a quem possa mandar um fax. Por isso, você os recruta.

O efeito de rede oferece um benefício à pessoa que espalha a ideia: status, talvez, mas geralmente é algo mais prático. Se Maria coloca José em sincronia com suas ferramentas ou ideias, seu dia melhora. Isso não só dá a eles um motivo para disseminar a ideia, como também algo a dizer quando o fizerem.

Ao oferecer utilidade, status ou pertencimento aos nossos usuários, mais provavelmente eles usarão a vantagem do sistema que têm para encontrar mais usuários para nós.

204. Quem diz "sim"?

Trabalhar no sistema significa que precisamos que cada pessoa diga "sim". A pessoa diz "sim" porque deve. Ela diz "sim" porque isso lhe dá status ou agrada a seu chefe.

Em contrapartida, quando o objetivo é mudar o sistema, encontramos indivíduos que são recompensados por dizerem "não" a nosso trabalho. É assim que se mantém o status quo: o sistema permanece porque foi projetado para permanecer, e é bom nisso.

Mas cada indivíduo que faz parte do sistema tem incentivos variados. Quando as pressões sobre um indivíduo são grandes, quando as histórias, o momento e a cultura se alinham, ele pode acabar tomando outra decisão com base em novas informações.

Trabalhar dentro do sistema significa transformar alguém que quer dizer "não" em alguém que diz "sim". Fazer isso consistentemente ao longo do tempo tem o poder de transformar uma única mudança em várias. É uma chance de criar padrões e cultura diferentes.

205. Se quiser usar o sistema...

... precisa vê-lo.

Vejamos a analogia do mercado editorial. De 1900 a 2015, era possível mudar a cultura com um livro. Você procurava um agente, que entrava em contato com uma editora que atendia seu perfil e esta respondia à proposta de um livro que correspondesse ao gênero que ela publicava. Ela tratava com livrarias, mídia e outros autores, organizava uma turnê, produzia provas de galé e muito mais para garantir que as lojas vendessem 10 mil exemplares na primeira semana. *O New York Times,* parte desse sistema, colocava o livro na lista dos mais vendidos. Isso impulsionava o próximo círculo de compradores e, depois disso, as ideias do livro teriam de ser suficientemente fortes a ponto de fazer com que os leitores as passassem adiante.

Hoje em dia, no novo mundo das ideias, poucos desses passos têm sentido racional. Um livro como *Quarta asa,* de Rebecca Yarros, tem mais de 100 mil avaliações na Amazon. Foi um best-seller nacional, mas a autora usou poucas peças do sistema original de venda de livros para atingir esse sucesso.

Tirar uma ideia de um livro a transforma ainda mais. Não é raro que um vídeo do TikTok alcance mil vezes mais pessoas que um livro.

As forças que atuam no sistema já existiam muito antes de o próprio sistema mudar.

206. A pessoa à sua frente faz parte de um sistema

Mas ela não é o sistema.

Ninguém toma decisões pelo sistema. A mão invisível não tem dono. Nem mesmo o presidente/fundador/diretor de operações/rei tem controle completo sobre o sistema.

Cada pessoa do sistema especula que ações provavelmente levarão às respostas mais úteis. Úteis para ela. Úteis para o dia de hoje.

Alguns integrantes do sistema são suficientemente vigilantes, querem saber como uma nova decisão impactará o sistema como um todo. Mas mesmo para essas pessoas, independentemente de suas boas intenções, essa decisão é motivada pela resposta que o sistema terá.

Cometemos dois erros, repetidamente:

- Ao lançar uma ideia, imaginamos que a pessoa com quem falamos se importa com todo o sistema, com o que ele deveria querer. Mas ela não se importa, nem está ciente do sistema inteiro. Ela está apenas pensando no chefe, nas suas urgências, ou em nada.
- E quando consideramos uma mudança, muitas vezes voltamos a pensar em nossa agência limitada e na pessoa que está à nossa frente, em vez de investigar o que pode fazer o próprio sistema girar e mudar.

207. Alguns *modi operandi* dos sistemas

Pessoas dentro de um sistema escolhem como vão tratar quem deseja se envolver com ele.

Pessoas bem-sucedidas dentro do sistema sabem seu status e buscam pertencimento em relação a seus pares.

As pessoas têm pouco tempo e recursos e procuram reduzir os riscos.

A escolha padrão é seguir fazendo o que sempre fizeram.

Às vezes, as pessoas em um sistema buscam métricas de desempenho como forma de manter seu status.

As pessoas logo descobrem que se associar a quem tem status na comunidade lhes confere status por osmose.

Sistemas invisíveis costumam ser mais poderosos, pois seus participantes imaginam as regras, em vez de lê-las com a intenção de quebrá-las.

Sistemas persistentes trabalham para manter o status quo.

Um sistema se torna persistente ao negar benefícios de curto prazo àqueles que ameaçam o status quo e punindo os hereges no longo prazo.

Quem apoia um sistema pode aparentar "não estar fazendo seu trabalho". Mas o sistema exige apoio, e esse pode ser o trabalho da pessoa.

Um dos agentes de mudança mais poderosos é uma tecnologia ou alteração que forneça mais opção de escolha a determinados usuários do sistema, especialmente se essas escolhas modificarem a dinâmica de status.

Uma estratégia sofisticada não condena essas tendências; simplesmente se ajusta a elas. Ao dar aos nós o que eles querem, ela dá valor ao passo que também muda os padrões, o fluxo de informações e os resultados.

208. Tipos de estratégias elegantes

Baixo custo e baixo preço: é a estratégia mais procurada, mas poucos conseguem de fato aplicá-la. O Walmart não reinventou o varejo só porque reduziu seus preços; ele também reduziu os custos, e o fez de uma forma tão persistente e consistente que, por décadas, ninguém conseguiu alcançá-los, mesmo com sua cartilha óbvia.

Baixo custo não significa tentar com mais afinco. É uma vantagem sistêmica que você constrói em sua organização e que fica melhor à medida em que escala.

Trazer coisas de fora em navios porta-contêineres permitiu ao Walmart vender produtos a um preço que seus concorrentes nem conseguiriam comprá-los. Conforme a empresa foi crescendo e o volume aumentando, foi possível usar a logística e manter um depósito para vender itens menos de trinta dias após seu recebimento — o que significa que não apenas podia comprar coisas por menos, mas também pagava seus fornecedores *depois* que já havia vendido o produto, essencialmente tendo um capital de giro gratuito à medida que crescia.

Baixo custo é fácil de alegar, mas difícil de fazer. Muitas empresas alegam que é isso que fazem, mas acabam ficando só com a parte do preço baixo. Se você não tem uma vantagem substancial de processo, fica quase impossível manter preços baixos.

É uma corrida para o fundo e você pode vencer. Se aparar muitas arestas, não sobrará nada. E a resiliência desaparecerá.

O luxo do luxo: algumas das marcas mais valiosas do mundo estão fazendo exatamente o oposto. A Hermès e a LVMH aumentam implacavelmente o preço de tudo que vendem e construíram sistemas de marketing e produção para garantir que continuem sendo o padrão-ouro para compradores que insistem em pagar mais. Ao mesmo tempo que se sentem tentadas todos os dias a reduzir os preços para ganhar participação de mercado, resistir a esse impulso há séculos está no cerne do modelo de negócio dessas marcas.

Efeito de rede: se você oferece um serviço ou produto que funciona melhor quando meus amigos o usam, é provável que eu conte a eles. Isso não é uma reflexão tardia ou um truque de marketing; está no cerne do design do produto e da experiência do usuário. As pessoas não compartilham porque gostam do que você oferece; compartilham porque isso pode ajudá-las a atingir seus objetivos.

O Alcoólicos Anônimos não é anônimo e você não pode fazer parte dele sozinho. Essa é a questão.

Expertise e status: a marca registrada de uma estratégia sofisticada é que quanto mais você a usa, melhor ela funciona. Harvard existe desde antes de Galileu Galilei ser morto, e sua vantagem inicial aumenta a cada geração.

O status da instituição atrai professores em busca de status, o que atrai estudantes, financiadores, periódicos acadêmicos, discussões e empregos, tudo isso criando um ciclo difícil de quebrar.

Quando foi comprada por Chris Anderson há mais de vinte anos, o TED era uma pequena conferência anual com trezentos participantes. Anderson acelerou a estratégia postando as palestras na internet, o que atraiu espectadores, e estes, por sua vez, mais palestrantes, até que, mais de um bilhão de visualizações depois, o TED é visto como uma instituição. O fato de ter um efeito de rede embutido tornou o modelo ainda mais poderoso.

Pertencimento: o desejo de se encaixar é o que move o status quo da moda, não importa se o produto é roupa, idioma ou discurso cultural.

As marcas mais lucrativas investem muito dinheiro para que seus clientes tenham a sensação de pertencimento. O ser humano tem um longo histórico de trocar dinheiro por pertencimento.

Compromisso com uma curva tecnológica ou cultural: a Lei de Moore não é apenas uma boa ideia; na verdade, é a lei. Nos últimos sessenta anos, o custo dos chips de computador vem caindo, enquanto sua potência aumenta. Se os carros tivessem a mesma curva de rendimento, você poderia comprar um Porsche hoje por 50 dólares. Existem curvas semelhantes em nossa cultura, como aumento na diversidade de origem, gênero e raça. Existem curvas implacáveis no clima, inteligência artificial e conexão digital também.

O amanhã será mais favorável a você do que foi o hoje? Estratégias elegantes geralmente nadam com a corrente, não contra ela.

O coiote: Lewis Hyde descreve esse papel como o do trapaceiro. Nas tradições indígenas, o coiote é o agente de mudança, o provocador, aquele que encontra uma brecha no sistema e a explora.

É exaustivo fazer isso com frequência, mas os sistemas dependem dessa função. Andy Warhol era um coiote, assim como o site MSCHF. Sempre sondando, provocando e inventando, o coiote leva mudanças ao sistema, geralmente por contra própria.

Fazer o trabalho de um coiote não é previsível e é difícil de crescer nele. Muitas organizações de coiotes acabam compradas por outras que dominam o setor — seja para absorver a magia delas ou para silenciá-las.

Quando um insurgente começa a virar um porta-estandarte, é quase impossível manter o papel de coiote. David Letterman, Miles Davis e até mesmo o The Who se tornaram o establishment contra o qual protestavam.

O status quo: sistemas bem-sucedidos lutam para manter o status quo no qual são bem-sucedidos. Organizações e indivíduos que se oferecem para ajudar nessa luta estão sempre em alta demanda.

Quando a empresa de pesquisa e consultoria Gartner destacou os potenciais riscos dos anos 2000, mais de vinte anos atrás, houve muita demanda por seus conselhos por parte de grandes empresas. Minoração do risco potencial é uma maneira elaborada de dizer, "tudo vai dar certo (se você nos ouvir)".

O problema com essa abordagem é que, mais cedo ou mais tarde, o status quo cai quando confrontado por um agente de mudança. Provavelmente você não quer ser a Sears ou a Walden Books ou a Western Union. Mas isso sempre acontece, mais cedo ou mais tarde.

Assinaturas e conveniência: uma variação da manutenção do status quo, em que organizações que vendem assinaturas estão vendendo tranquilidade e conveniência.

Quando Lester Wunderman se mudou para a França rural, em uma noite fria descobriu que o caminhão do óleo de aquecimento só aparecia quando era chamado. Então, ele persuadiu uma empresa a lhe vender uma assinatura do serviço.

Os consumidores percebem que vão pagar mais se não fizerem compras sempre, mas assinam o serviço com prazer porque não ficar sem o produto vale mais que economizar um pouco de dinheiro.

Reinvestir a vantagem inicial: como vimos, os sistemas aumentam as vantagens iniciais. Uma organização que reinveste mais que sua competição terá processos melhores, resultados mais confiáveis e tecnologia incomparável. O resultado é que isso vai intensificar sua vantagem inicial, e isso vai continuar acontecendo com as mudanças no sistema ou na tecnologia.

"Ninguém nunca foi demitido por comprar qualquer coisa da IBM" foi verdade durante quarenta anos. Não porque a IBM tinha a melhor tecnologia para qualquer problema (isso era raro), mas porque ela criou tanta segurança, vantagem cultural e conveniência que era mais fácil apenas dizer "sim" do que arriscar com outra marca.

Disrupção de mercado com foco singular: ao contrário do coiote, a organização que encontra um ponto de vantagem para mudar um sistema é capaz de se tornar o agente de mudança. O sistema sobrevive, claro, mas é transformado por essa mudança e acaba aceitando-a como se sempre houvesse sido assim.

Isso se aplica ao iPhone, mas também a algo aparentemente tão pequeno quanto o US News College Rankings ou a criação do contêiner para transporte.

A FedEx apostou tudo em que seria capaz de transformar o sistema com um negócio centralizado e nacional de entrega de pequenas encomendas. Não existia a possibilidade de "meio" sucesso. Ou a dinâmica de remessas rápidas se tornaria o padrão nacional, ou nada feito.

209. Levar mudanças para um sistema

Vários fatores determinam como um sistema responderá a um agente de mudança.

- A adaptação à mudança exige métricas, recompensas e abordagens diferentes?
- A mudança leva a uma transformação significativa na estrutura de status dominante — uma que as pessoas que estão no poder tentarão impedir?

- A mudança atual é consistente com as anteriores e o sistema tem um histórico de aceitar e trabalhar com esse tipo de alteração?
- O problema ou a percepção que o agente de mudança traz é persistente e permanente, ou é transitório ou urgente?
- Outros sistemas se beneficiam a tal ponto que essa mudança ameace o poder do sistema?
- A mudança está alinhada com os valores e crenças tácitos do sistema?
- A mudança é percebida como uma ameaça às funções individuais, habilidades ou à segurança no emprego dos nós que detêm o poder?
- Os nós do sistema acreditam que têm recursos e capacidades necessários para implementar a mudança?
- Pressões competitivas forçarão o sistema a adotar a mudança?

Podemos ver essa análise aplicada a sistemas grandes e pequenos, novos e antigos.

Com o advento do telefone, os agentes do sistema de comunicações telegráficas não responderam com entusiasmo. O centro da rede, a Western Union, recusou uma chance de comprar a tecnologia da Bell.

As empresas e os indivíduos que enviavam, recebiam e lucravam com a telegrafia não tinham interesse em mudar e imaginavam que o telefone era simplesmente uma novidade para moradores urbanos ricos.

A IBM e a Digital eram empresas de computadores gigantescas que tinham certeza de que o mercado para PCs não passaria de 20 mil unidades vendidas. Ambas esperaram muito tempo antes de reconhecer a mudança.

O mesmo aconteceu quando a TV a cabo começou a ganhar popularidade. Enquanto a CBS ajudou na criação da ESPN, a maioria dos principais agentes do sistema de TV — inclusive as empresas de hardware, agências de talentos, emissoras e atores — ignorou o novo meio, dando a arrivistas como Ted Turner bastante espaço para inovação.

O sistema jurídico, por outro lado, foi um dos primeiros a se beneficiar dos bancos de dados digitais. O poder dos advogados aumentou ao passo que a influência de funcionários e bibliotecários de status inferior diminuiu. Além disso, os advogados que adotaram esse novo sistema passaram a receber mais clientes. A pressão competitiva era real.

Essa análise, contudo, não é reservada para sistemas de larga escala. O mesmo pode ser aplicado em escala pequena especializada, como os gastroenterologistas que ignoraram informações sobre causas de úlceras ou o serviço social de uma cidade pequena que ignorou os sinais de uma nova ameaça de overdoses de Fentanil.

210. A sorte não se equilibra em longo prazo

O filósofo Dan Dennett estava errado quando afirmou que a sorte se equilibra. Infelizmente, se começarmos uma maratona metafórica atrás dos líderes, é improvável que os alcancemos e isso tem a ver com sorte. Nas palavras de Neil Levy, "não podemos desfazer os efeitos da sorte com mais sorte".

Os sistemas contêm ciclos de feedback que normalmente recompensam a liderança inicial. É mais produtivo ir mais rápido agora que depois.

Quando uma criança de 6 anos vence outras no tênis, tem mais probabilidade de ser incentivada a jogar mais, ou a ter um treinador, e logo será muito melhor no esporte que as demais. Isso leva a mais treinadores e mais torneios.

Quando uma banda lança um single que gera repercussão positiva no Spotify, é mais provável que consiga um produtor ou até mesmo uma gravadora.

Quando um candidato vai bem nas pesquisas no início de uma campanha eleitoral, tem mais probabilidades de conseguir apoio em vez de ser incentivado a desistir.

A nossa cultura recompensa o sucesso inicial e daí surge a concorrência com base na escassez. Reconhecer isso (por mais injusto que seja como um mecanismo de classificação) nos mostra nosso modo de pensar nossa estratégia.

Podemos decidir jogar em um sistema no qual nossa vantagem inicial nos dá uma vantagem natural. Ou podemos reconhecer que os ciclos de feedback do sistema provavelmente não vão nos ajudar no início e, portanto, ir em busca do suporte e do conhecimento necessários para superar esse déficit. Andaimes são difíceis de encontrar, mas têm valor inestimável.

Quase sempre há caminhos, só precisamos estar dispostos a procurá-los.

211. Vantagem e exagero das estratégias

A vantagem nos negócios funciona assim: a coisa está dando certo e você consegue um financiamento para aprimorar a operação, seja aumentando a velocidade ou a escala.

Você tem uma máquina que torna tudo mais eficiente. Obtendo um financiamento e comprando mais uma máquina, terá ainda *mais* eficiência.

Investimentos têm impacto direto nas estratégias.

Qual é o problema, então?

Seus concorrentes também estão pegando empréstimos e pensando o mesmo que você:

"Com esse investimento, posso ampliar minha estratégia em grandes proporções."

Pequenos movimentos são amplificados com empréstimos, é claro, mas quando chega a hora de devolver esse dinheiro aos credores, as nuances desaparecem. A pressão recai sobre os funcionários e os clientes.

É difícil se conter e adotar uma abordagem sensata para escalar com a concorrência na sua cola.

Mas esse movimento leva à chamada destruição criativa de Schumpeter. *Uma estratégia superdimensionada não é capaz de ser sustentada e será substituída por novas condições, jogadores e regras.*

Em outras palavras: toda empresa bem-sucedida fracassará, a menos que aconteça algo diferente antes disso.

212. Intenção e efeitos colaterais

A intenção na criação de um sistema geralmente é boa.

Os pioneiros da internet não estavam tentando construir uma plataforma para pessoas intolerantes vociferarem seus preconceitos. Os criadores de alimentos ultraprocessados não queriam aumentar a incidência da obesidade, do diabetes e dos ataques cardíacos.

Efeitos colaterais são comuns, mas precisamos lembrar que são apenas isso: efeitos. Em geral, o sistema os produz com a mesma regularidade com que produz os efeitos desejados. Se não pudermos aceitar os efeitos colaterais, não poderemos aceitar o sistema.

Nenhuma estratégia pode ignorar os efeitos colaterais: eles fazem tanta parte do sistema quanto qualquer outro componente.

213. Turbulência e transformação de sistemas

Um sistema em estado estável é exatamente isso: estável. Embora ondas de mudança sejam frequentes em vários nós do sistema, a situação geral permanece razoavelmente previsível.

Bombeiros voluntários, ritos funerários e internatos permanecem relativamente inalterados depois de mais de um século.

Mas, às vezes, um agente de mudança encontra a alavanca para que o sistema seja transformado. A internet é um desses agentes, assim como o smartphone, as mudanças climáticas e o aumento do poder das mulheres e das castas sociais negligenciadas.

Quando um sistema entrincheirado encontra uma nova tecnologia ou passa por uma mudança cultural que ameaça o status quo, se vê diante de três opções: ignorá-la, combatê-la ou tentar viver com ela. Só que, às vezes, o próprio sistema é transformado e, com isso, vêm as turbulências, inesperadas, caóticas, mas geralmente temporárias.

Em momentos como esse, novas ideias e novas organizações podem ganhar força e promover a transformação. É fácil imaginar que a turbulência durará para sempre, mas raramente dura.

O sistema de Hollywood perdurou por um século, até que a mídia digital o virou de cabeça para baixo. Isso permitiu que surgisse um novo tipo de celebridade (que nome triste é "influenciador"...), bem como uma mudança quanto ao lugar onde nossa cultura buscava dicas e inspiração.

214. Guardiões

O objetivo de um editor é manter as coisas normais.

Eles escolhem publicar os tipos de obras com que seus leitores estão acostumados, para as quais estão prontos. Buscam ideias que reproduzam ou combinem com as anteriores.

Durante séculos, revistas científicas influentes rejeitaram importantes novas teorias, entre elas:

As placas tectônicas: passaram-se décadas para que os geólogos aceitassem a ideia.

A *H. pylori* e as úlceras: em 1982, os médicos australianos Barry Marshall e Robin Warren indicaram a bactéria *Helicobacter pylori* como a responsável pela maioria das úlceras pépticas, desafiando a crença predominante de que estas eram causadas por estresse e fatores de estilo de vida. Décadas depois, eles ganharam o prêmio Nobel.

A hipótese dos Alvarez: em 1980, a equipe de pai e filho Luis e Walter Alvarez propôs que o impacto gigantesco de um asteroide provocou a extinção dos dinossauros. Décadas depois, a hipótese foi, enfim, aceita.

A rejeição pode ser explicada pelo fato de que a inovação em geral provém de um agente estranho. Um agente estranho usando abordagens diferentes ou cruzando limites tradicionais. Também pode ser explicada porque a nova ideia ameaça o status quo mesmo sem embasamento suficiente (por ironia, esse embasamento provém principalmente de sua publicação em uma revista científica).

O guardião não está ali para ajudar o criador a chamar a atenção. Ele existe para dar calor e segurança ao sistema. Às vezes, o trabalho de um guardião é manter o portão fechado.

A mesma vigilância aconteceu com executivos de redes de TV, com o pessoal do departamento de artistas e repertório (A&R) da Decca, que rejeitou os Beatles, e com grandes comerciantes que se recusam a vender itens que fazem muito sucesso na internet.

Como novas ideias passam pelo guardião do status quo?

No caso de artigos científicos, isso geralmente acontece em conferências, palestras e com a distribuição do artigo impresso. Assim, outros cientistas são convertidos e espalham a novidade. Foi assim que a teoria do caos passou a ser aceita.

Na música, a rádio FM trouxe a revolução. Novos guardiões levaram a mudanças significativas no sistema.

Vinte anos depois, CDs, DJs e, por fim, a MTV permitiram que o rap se espalhasse sem nenhuma ajuda dos guardiões da música tradicional.

E o TikTok e o YouTube transformaram as ideias culturais que são disseminadas por meio de vídeo.

Sem os guardiões tradicionais, o ciclo acelera.

215. Tipos de tensão

Um sistema estável é organizado para manter a tensão o mais baixa possível. A manutenção do status quo oferece segurança e protege do medo.

Mudanças oferecidas ou exigidas criam tensão no sistema.

Se não houvesse tensão, em pouco tempo o novo paradigma seria adotado ou ignorado. É nesse estado intermediário — o estado de querer e temer ao mesmo tempo — que quase todo mundo vive.

Parte da empatia relativa a criar mudanças positivas é que podemos enxergar os desejos de quem servimos em sobreposição aos medos que a mudança causará. *Estamos causando medo.*

Podemos escolher criar essa tensão e encontrar uma estratégia que aguente a tensão que nos dará uma chance de levar nosso projeto adiante. Vejamos algumas opções:

O mínimo de tensão possível: o padrão é oferecer algo que seja mais conveniente, mais barato e verificado. Em resumo, espera-se que nosso trabalho flua sem grandes conturbações. Espera-se mais por menos. Não só menos dinheiro, mas menos dificuldade também.

Temos aqui um caso especial porque esperar e torcer é muito fácil, e realizar é muito difícil. O freelancer que diz "Você pode escolher qualquer um, e eu sou qualquer um" tem uma vida difícil.

O trabalho importante enxerga além do objetivo de não haver tensão e busca e equilibra as variedades de medo que os humanos conseguem inventar. Esses medos geralmente são conflituosos — causamos um tipo de problema, mas prometemos reduzir outro tipo. A pessoa corre de um medo para o outro.

Nosso projeto alivia a tensão quando é adotado por nossa comunidade. Há uma montanha, e do outro lado, algo melhor.

O medo de perder a novidade: os clientes iniciais querem novidades. Se você cria uma inovação, constrói um atrativo para pessoas que buscam inovação.

O medo de ficar para trás: quando um sistema começa a adotar uma nova ideia, principalmente se essa ideia ampliar uma vantagem, logo outros o seguirão, fisgados pela tensão da antecipação.

O medo de ser deixado de fora: que não é exatamente a mesma coisa que ser deixado para trás. Refere-se à tensão da dinâmica do grupo causada pelo "todo mundo já está fazendo".

A generosidade do efeito de rede: quando um colega ou amigo pede para você participar como um favor, gera-se uma tensão se você não atender ao pedido.

O medo de ser considerado uma fraude: surpreendentemente comum, mas pouco discutido, nos ajuda a evitar atalhos e golpes, mas também nos impede de abraçar a coragem.

O que direi ao meu chefe? Mesmo os nós que não estão muitos entusiasmados para explorar novas fronteiras estão cientes de que sua organização pode querer que eles o façam.

E mais:

O medo do fracasso e o medo de ser bem-sucedido, que andam lado a lado.

O medo da responsabilidade.
O medo de discordar ou compartilhar sua opinião.
O medo de ser julgado.
O medo de estar fora de sincronia.
O medo do novo ou do desconhecido.
O medo de estranhos.
O medo da insuficiência.
O medo do fim.

E a razão pela qual é tão difícil falar sobre isso: **o medo de sentir medo.**

216. "O que eu vou dizer às pessoas?"

Esse questionamento está no cerne de todas as nossas interações. Um indivíduo dentro de um sistema não pode fazer algo corajoso, poderoso e novo sem contar a seu chefe e seus colegas.

Se alguém vai tomar uma decisão sobre uma contratação incomum, mudar uma política ou comprar de um novo fornecedor, está se expondo ao risco — um risco que o sistema amplifica, porque sua estabilidade precisa da manutenção do status quo.

Uma intervenção bem-sucedida pré-escreve a história. Elimina a objeção não declarada antes que se torne um fator.

Trata-se de correspondência de padrões. Uma coisa com a qual já concordamos é importante porque nos ajuda a obter outra coisa. Na verdade, protelar ou debater é minar nosso comprometimento com a coisa que dissemos que importava.

Nenhum nó sozinho é capaz de mudar um sistema inteiro. Estamos buscando sistemas dentro de sistemas, estruturas de apoio mútuo. Grupos menores que buscam se conectar e ganhar status uns perante os outros, e também os novos grupos que vão chegando com as mudanças na cultura.

217. Duas parábolas sobre a Tesla: o absurdo e o palhaço

O Tesla Model S é um estudo de caso sobre a tensão útil.

Quando foi lançado, seu argumento era: "Tem tudo de que você gosta em um Mercedes top de linha, mas fará você parecer mais inteligente do que seus amigos."

E, por esse motivo, ele foi o carro de luxo mais vendido na Califórnia. Os clientes iniciais aderiram e, depois, muitos compradores de carros de luxo foram atrás, sem querer ficar de fora ou parecerem contrários à tecnologia.

Vale a pena notar que o principal tópico das conversas nos estacionamentos (de acordo com um *insider* da Tesla) eram as maçanetas retráteis. As pessoas se aproximavam de um Tesla e comentavam não não sobre o valor dos carros elétricos, ou sobre a mudança que estavam causando, e sim sobre as maçanetas.

A pergunta da maçaneta resultava num convite para entrar e dar uma volta. Aquele "absurdo" não era particularmente funcional, mas muito divertido. Quando ativado, o carro acelerava 50% mais rápido que qualquer veículo tradicional. Ia de 0 a 100 km/h em poucos segundos, levando os passageiros a se assustar muitas vezes.

A tensão causada pelo carro exigia discussão e, para muitas pessoas, gerou tal desconforto em relação ao status quo que elas fizeram a troca.

Alguns anos depois, a Tesla anunciou o Cybertruck.

Depois de alguns anos de vida, a Tesla havia ganhado o direito de atravessar o precipício e se apresentar a um mercado de massa. Infelizmente, desperdiçou a chance. Com um design pobre, o Cybertruck causou pouca tensão em comparação com o Model S.

Picapes são os veículos mais vendidos nos Estados Unidos, e a Tesla estava em uma posição perfeita para dominar um segmento de alto poder aquisitivo, capaz de bancar uma alternativa elétrica cara. Mas os condutores de picapes são mais propensos a comprar algo comprovado, conservador e discreto, porque é para isso que servem seus veículos. Uma caminhonete não é apenas um símbolo de riqueza ou luxo; é um símbolo de utilidade — especialmente — para pessoas que não precisam dessa utilidade.

Em vez de facilitar para o comprador — permitindo que ele falasse sobre como o Cybertruck era "normal" e "útil" (fatores-chave na compra de uma picape) —, a Tesla focou janelas à prova de balas (que não passaram nos testes) e recursos estilo Mad Max que chamavam a atenção de quem passava. A única história que a picape da Tesla permitia que seus compradores contassem era: "Eu sou superfã da marca."

O resultado foram muitas encomendas de fãs, mas poucas do público em geral. O valor de revenda caiu 50%.

O menor público viável é o mais útil, mas somente quando servi-lo representa uma semente que cresce e se transforma em um segmento maior de mercado, causando a mudança que você busca.

218. Vantagem competitiva

A maioria das discussões sobre estratégia começa e termina com uma compreensão da vantagem competitiva.

A vantagem competitiva geralmente se baseia na falsa concepção de que tudo no fundo é igual e que, todos os dias, os consumidores tomam uma nova decisão racional entre opções semelhantes.

Se há dois abacates no mercado e um é maior, está mais maduro e menos manchado, é claro que a pessoa vai escolher esse. Se um produtor encontrar certa variedade de abacate e uma cadeia de suprimentos que lhe permitam entregar regularmente frutas melhores, ganhará em participação de mercado.

É possível conseguir uma vantagem competitiva de curto prazo. Você pode entregar mais por menos, ter uma margem de lucro menor, perder um pouco de dinheiro e esforçar-se muito mais do que é consistentemente viável; mas uma vantagem competitiva de curto prazo não é útil se não levar a uma mudança sistêmica que seja possível sustentar.

Existem investimentos eficientes para encontrar vantagem competitiva em longo prazo como design, investimentos em produtividade e storytelling, por exemplo.

Tradicionalmente, as empresas se concentram em alguns pilares para vencer no mercado:

- Qualidade confiável por meio da inovação de processos
- Melhor preço
- Propriedade intelectual
- Vantagem de posicionamento persistente
- Atendimento ao cliente
- Aprisionamento distribuído
- Inovação de produtos

- Especialização
- Parcerias

Você já ouviu falar de tudo isso antes. Pense em soluções melhores que as existentes, crie defesas estratégicas para a sua marca, invista em ferramentas e processos mais eficientes e faça parcerias para superar a concorrência.

Tudo isso contribui para o objetivo da vantagem competitiva duradoura: "Isso é o que o sistema quer."

Se é o que o sistema quer, cobre um preço justo. Isso cria um efeito de rede embutido, e passa-se a desconfiar dos substitutos e eles passam a ter menos utilidade. Fornece margem e impulso suficientes para continuar reinvestindo e garantindo que o sistema continue querendo. É um ciclo de feedback sustentável.

219. A lei de Metcalfe está esperando por você

Confiança gera confiança. Influência gera influência. O efeito de rede é a dinâmica do nosso tempo e a maioria das pessoas nem percebe isso.

O valor de uma rede aumenta exponencialmente à medida que mais pessoas fazem parte dela.

As pessoas não se juntam à sua rede para te ajudar, mas para benefício próprio. O efeito de rede desafia os arquitetos de sistemas a criar ativos que forneçam valor para os usuários, que aumentam quando eles convidam seus colegas a participar.

Essa é uma das razões pelas quais não concordo que a sorte se equilibra. Uma estratégia inteligente cria as condições para um efeito de rede, e o crescimento exponencial resultante se transforma em valor — valor para o criador da rede, mas também para as pessoas que fazem parte dela.

Shawn Coyne explicou que o trabalho do escritor é vender os primeiros 10 mil exemplares de um livro; depois, o livro deve se vender. O "livro" é a obra, a coisa que criamos. É o artefato que as pessoas da rede usam para recrutar outras pessoas para a rede. Não porque elas gostam da obra, mas porque esta (quando compartilhada) pode ajudá-las a atingir seus objetivos.

Não precisa ser um livro, necessariamente. Pode ser um grupo em uma rede social ou a sua pizzaria. Um movimento por um futuro sustentável ou os ingressos para uma apresentação em um clube de jazz que o pianista quer que esgotem.

O efeito de rede impulsiona toda mudança cultural ou projeto empresarial.

220. A primeira regra...

Não é só o fax, o clube de luta, os Alcoólicos Anônimos: o efeito de rede amplifica qualquer sistema que o mereça.

Não se trata de uma competição de esforço ou de métricas de desempenho óbvias. O trabalho não obtém o efeito de rede que merece com base no quanto você insiste para que as pessoas engajem. As redes "caem no gosto" porque são atrativas, aglutinadoras, persistentes. Se meus amigos também fizerem parte desse sistema, ele vai melhorar?

As redes criam valor para quem escolhe fazer parte delas, e parte desse valor decorre do status e do aumento de pertencimento que os evangelizadores do sistema recebem.

As pessoas só convidam outras pessoas para participar de uma rede se elas mesmas se beneficiarem.

Se o efeito de rede enquanto benefício significativo para os usuários não estiver presente desde o começo, será quase impossível incorporá-lo mais tarde.

221. Fazer x querer

O que as pessoas fazem pode não estar alinhado com o que elas querem.

Todos nós temos maus hábitos, e isso sem a pressão da comunidade ou dos colegas para intensificá-los. As empresas também têm maus hábitos, e todo sistema acaba fazendo coisas que não combinam com seus princípios e objetivos declarados.

O sistema eleitoral nos Estados Unidos queria a guerra do Vietnã? Os fabricantes de tacos de beisebol de alumínio querem que jogadores de ligas infantis se machuquem ou morram por causa de seus produtos? A equipe da Pepsi realmente queria que as pessoas tivessem diabetes por causa de suas campanhas de marketing incrementadas?

Provavelmente não.

Podemos mudar o sistema quando ajudamos as pessoas a fazer coisas que efetivamente as levem a conseguir o que sempre quiseram.

Não estamos tentando dizer que o que elas querem é errado. Isso é difícil de vender, e provavelmente não temos influência suficiente para fazê-lo.

Estamos buscando criar condições para que as pessoas escolham fazer coisas úteis enquanto buscam o que sempre quiseram.

E o que elas querem é status e pertencimento; um pouco de alegria, honra e realização; um lugar seguro e uma maneira de se destacar.

222. Trocar o sistema é tentador

Mas improvável. Revoluções são traumáticas. É possível mudar abruptamente um sistema; temos o exemplo de a estrutura econômica da Rússia se transformar em URSS, ou uma escola pública falida substituir todas as métricas e abordagens com urgência.

Mas não é recomendado.

A cultura derrota as táticas, sempre. A cultura é o componente mais resiliente de um sistema. Na maioria das vezes, temos a oportunidade de fazer judô em vez de cirurgia; assumimos os objetivos e o impulso do sistema para direcioná-lo para algo melhor.

Não mudamos tanto o sistema quanto mudamos os resultados que ele cria.

223. As revoluções são raras

Mudanças quase sempre envolvem um agente principal. O agente de mudança não muda o que os nós do sistema querem: ele muda a maneira de conseguirem o que querem.

A DeBeers não mudou a maneira como o patriarcado e os ricos usavam o casamento como símbolo de status e pertencimento. Ela inventou uma história sobre diamantes, celebridades, orgulho, longevidade e status.

Ninguém quer o diamante em si. A pessoa quer a história que ele lhe permite contar.

Não é vontade do funcionários das grandes indústrias destruir o ecossistema. Eles querem estabilidade, status e agradar ao chefe. A poluição nada mais é do que um subproduto.

Quando contamos às pessoas uma história diferente sobre como alcançar os desejos que elas já têm, os comportamentos mudam.

Não por meio de uma revolução, mas por meio de uma estratégia e de uma história.

Os fabricantes de automóveis lutaram contra os cintos de segurança. Lutaram contra os airbags obrigatórios. E lutaram para tornar a coluna de direção mais segura.

Claro que a indústria automotiva não queria que as pessoas morressem em acidentes horríveis. Sempre que isso acontece, ela perde um cliente. O que ela queria era status, estabilidade e lucros.

E então, diante da ação coordenada da comunidade, ela descobriu que teria mais estabilidade e lucraria mais se abraçasse a corrida pela segurança, em vez de lutar contra.

224. O jogo pertence às crianças que o jogam

O escritor Simon Harling nos instiga a prestar atenção à ordem em que as coisas se desenrolam. As prioridades que o sistema incorpora silenciosamente mudam nossa forma de abordá-lo e de trabalhar.

Harling desenvolveu um sistema diferente para a abordagem dos esportes infantis. Vejamos:

- Desenvolvimento > Competição.
- O vencedor não importa.
- Todas as crianças devem competir entre si e por si mesmas.
- Não importa que os melhores jogadores joguem mais.
- Cada criança deve ter a mesma quantidade de tempo de jogo.
- Não importa que os melhores jogadores joguem fora de posição.
- Todos os jogadores devem jogar em todas as posições no campo.

Existem poucas ligas de futebol estudantil pensadas com esses preceitos em mente, porque a maioria dos pais de crianças que praticam esportes tem prioridades diversas.

O perfil padrão parece acreditar que o futebol oferecerá mais diversão, status e emoção se o time da criança vencer. Vencer requer uma hierarquia de habilidades, cortar os piores jogadores e encontrar uma vantagem que possa levar à vitória, mesmo que isso tenha um custo para os jogadores no curto prazo.

Esses pais criam as condições para que as crianças tenham medo de ser ridicularizadas por desempenho ruim e façam tudo que está a seu alcance para vencer. Eles agem como se houvesse escassez de troféus e buscam métricas facilmente mensuráveis.

Não são pais ou treinadores ruins, estão apenas em um sistema diferente.

O sistema vigente é firme. É fácil promover a ideia de vencer, motivar crianças e pais com pontos, orgulho e troféus. É mais fácil deixar a comunidade animada com o status decorrente de um time vencedor.

A escolha crítica na construção de um projeto para outro tipo de liga é simplesmente se afastar do outro sistema. Não podemos mudar facilmente a perspectiva de uma pessoa, mas podemos trabalhar para encontrar as pessoas que querem ir aonde queremos ir.

Quando essa outra liga começar a beneficiar as poucas crianças e pais envolvidos, a novidade começa a se espalhar. Logo haverá outro tipo de status e pertencimento para as famílias que compõem o grupo de clientes iniciais, e essas famílias podem acabar recrutando outras.

É mais fácil ajudar uma pessoa a encontrar o que quer do que mudar o que ela quer.

225. Os dois desejos invisíveis

Nunca estamos sozinhos. Estamos cercados pelas forças criadas pelos sistemas culturais, ambientais e técnicos, e esses sistemas têm muito a ver com nossa capacidade de fazer a mudança acontecer.

A economia clássica argumenta que os humanos baseiam suas decisões na racionalidade. Quando algo mais barato ou mais funcional aparece, escolhemos isso. Quando podemos usar nosso tempo ou nossos recursos para atingir nossos objetivos, fazemos assim.

No entanto, isso quase nunca acontece da maneira que os economistas dizem que acontecerá. Quase nunca mudamos o mercado ou as comunidades da maneira que esperamos. Isso se deve, em grande parte, a desejos invisíveis que são mais poderosos do que imaginávamos.

Esses desejos invisíveis merecem ser nomeados: adesão social e resistência à substituição.

Adesão social é cultura. Pessoas como nós fazem coisas assim. As regras implícitas nos impelem a fazer coisas difíceis ou distantes de nosso interesse de curto prazo. Os sentimentos vagos (ou pronunciados) que temos quando nadamos contra a corrente.

Lembro que a resistência à substituição está no cerne de todo mercado do qual participamos. Por que isso e não aquilo? O que impede uma corrida constante por algo mais barato ou mais conveniente? Tudo não deveria ser uma mercadoria racional?

Por que ficar, se podemos mudar?

A adesão social e a resistência à substituição muitas vezes funcionam em sentido contrário, criando uma relação oscilante e instável entre a mudança e o status quo.

"Todo mundo está fazendo isso" encontra o "Eu não quero ir primeiro".

Depois de ver os dois desejos, fica mais fácil identificar e trabalhar com sistemas em seu trabalho ou sua comunidade.

Por que uma instituição de quatrocentos anos como a Harvard tem lista de espera se há aulas semelhantes disponíveis na internet de graça? Pagamos mais por uma vodca famosa, mesmo sabendo que ela é feita na mesma fábrica que a mais barata. E aquele incompetente do seu trabalho está com o emprego garantido — mesmo que, se fosse hoje em dia, ele jamais seria contratado.

Pense então no boné da Prada, que custa 650 dólares e não oferece nenhuma vantagem funcional em comparação a um boné de 4 dólares — exceto que os benefícios sociais de usar um Prada são tão grandes em algumas comunidades que, para esses compradores, 650 dólares parecem uma pechincha. Existem infinitos substitutos, mas nenhum deles pode oferecer exatamente a mesma combinação de status e pertencimento que esse produto ridículo pode oferecer à pessoa certa.

Vejamos o exemplo dos corretores de imóveis. Não é difícil ser corretor de imóveis nos Estados Unidos, existem milhões deles. Quando o mercado imobiliário aquece, mais corretores entram nele, as substituições são fáceis e a renda média por corretor não sobe muito. A disposição para mudar transforma drasticamente a dinâmica do mercado.

Nós andamos para a frente e para trás — sistemas que apoiam o status quo e agentes de mudança que incentivam a substituição e a criação de outro status quo.

Sob essas duas forças há um punhado de amplificadores: dinâmicas que mantêm os sistemas potentes e estáveis.

Efeitos de rede são inimigos da substituição. Se a escolha popular funciona melhor porque é popular, as pessoas não vão querer mudar. Isso explica por que há apenas um padrão para máquinas de fax e por que é melhor ter um perfil no LinkedIn que no Friendster.

A adesão dos líderes (e o desafio para os substitutos) é profunda. As pessoas não querem "desperdiçar" um voto em uma eleição, por isso apoiam quem está na frente nas pesquisas. Destinos turísticos populares continuam populares porque são o lugar para se ir.

Este é um exemplo de **ciclo de feedback** — uma ferramenta que aumenta as pequenas vantagens de um líder inicial. A coesão social exige que estejamos em sincronia com nossos pares, e os primeiros sinais de uma liderança normalmente nos incentivam a escolher esse líder, expandindo sua vantagem inicial.

Então, **os custos irrecuperáveis** chegam para proteger ainda mais um titular contra possíveis substitutos. Nós normalmente supervalorizamos decisões passadas e as repetimos. Construímos essa aversão em nossos círculos sociais, recompensando pessoas que se mantêm fiéis às suas tradições e decisões anteriores.

Papéis de status e **pertencimento** estão no centro da adesão social e são a força motriz de muitas decisões individuais que contribuem para a criação de padrões culturais.

Papéis de status são uma métrica cujo fim é demonstrar quem está em cima e quem está embaixo. Dinâmicas de poder como essas dirigem nossas escolhas, e comparar-nos com os outros é um comportamento humano persistente.

O **pertencimento** nos mantém em órbita. Quem está à nossa esquerda e quem está à nossa direita? Nós combinamos? Nós combinamos o suficiente?

Quando a tecnologia ou forças externas agem como um **agente de mudança,** facilita-se o processo da substituição. A invenção do e-mail, do carro elétrico ou do pão sem glúten ofereceu a cada pessoa uma escolha — quem se beneficiará de mudar primeiro e quem insistirá em mudar por último (ou nunca)?

226. A questão do mais barato

Às vezes, as pessoas escolhem a opção mais barata.

Mais barato significa menos caro, menos complicado ou mais conveniente.

Na verdade, as pessoas vão escolher a opção mais barata sempre que não houver aversão à substituição ou desejo de adesão social. Todas as demais coisas sendo iguais, sempre escolhemos a opção mais barata.

Mas as coisas quase nunca são iguais.

Tudo é afetado por forças sistêmicas. A adesão social e a aversão à substituição estão em quase todos os lugares.

227. A composição de nossos instintos tribais

A evolução da adesão social não se deu por acidente. Quando vivíamos em grupos de cem pessoas, cercados por um mundo desconhecido e muitas vezes perigoso, pertencer ao grupo era um mecanismo crucial de sobrevivência.

Isso, somado ao instinto que toda espécie tem de evitar o novo, de temer erros, de evitar desperdiçar tempo e energia, nos permite ver como a aversão à substituição pode facilmente se arraigar. Buscar novidades é um comportamento estranho, um sintoma de habituação à riqueza e à segurança.

À medida em que fomos desenvolvendo nossa capacidade de tomada de decisões, a dinâmica grupal nos levou a cometer uma série de erros comuns na avaliação racional de nossas opções.

Indivíduos com poder (que desejam mantê-lo e ampliá-lo) se beneficiam quando tomamos decisões que reforçam o sistema social existente, apesar do custo para os demais indivíduos não privilegiados do sistema.

E embora estejamos culturalmente preparados para buscar algo novo (reprises não fazem parte da programação obrigatória da TV), há muita pressão social, comercial e interna para nos atermos ao que é seguro.

Alguns exemplos:

Aversão à perda: o que sentimos ao perder é mais intenso do que o que sentimos ao ganhar, e é mais fácil permanecer firme e proteger o que temos.

Viés de confirmação: é bom sentir que fizemos uma boa escolha. O grupo incentiva seus membros a procurar sinais externos de que essas escolhas foram apropriadas, e isso diminui o desejo de procurar substitutos.

Tribalismo: a forte lealdade à própria tribo ou ao grupo social (geralmente levando à hostilidade ou discriminação contra os que são percebidos como estranhos) pode reforçar a adesão social dentro dos grupos e dificultar que novas ideias ou práticas penetrem seu espaço.

Mas, acima de tudo, no último século, pegamos nossos instintos de adesão social e aversão à substituição e os incorporamos à nossa cultura.

O lema tácito do Facebook é: "As pessoas estão falando de você pelas costas; quer saber o que elas estão dizendo?"

A mídia nos coloca em um estado de alerta permanente sobre as novidades (inclusive, chamam isso de "breaking news").

Os sistemas de status existentes controlam indicadores facilmente mensuráveis e não os deixam escapar: a lista dos 400 bilionários da Forbes, o Oscar ou o desejo de que seu casamento seja exatamente como o casamento de seus amigos (mas um pouco melhor).

Uma vez criadas as bases para esses sistemas, construímos um comércio em torno deles, garantindo sua permanência.

228. Os substitutos e a corrida para o fundo

Os substitutos são eficientes. Eles nos dão opções, tiram poder dos fornecedores e criam resiliência no sistema.

Mas evitar a mentalidade de substituição é positivo para criadores, trabalhadores ou produtores individuais. Se você não faz uma *commodity*, seu trabalho é mais valorizado. "Não aceite substitutos" é o oposto de "você pode escolher qualquer um e nós somos qualquer um". A estratégia útil é evitar a corrida para o fundo.

Há uma pressão enorme para simplesmente ser um substituto, ou ser substituído. Para atender às especificações, responder à solicitação do cliente e se encaixar, do começo ao fim. Marketing e estratégia trabalham juntos para evitar essa armadilha.

Uma marca não é um logotipo, e preço baixo não é uma posição sustentável para a maioria das organizações. A promessa que uma marca faz é valiosa quando os usuários pagam mais (em tempo ou dinheiro) por ela.

Se você precisa diminuir seus preços para ter clientes, não tem a fidelidade deles. E se você é substituído regularmente, não tem uma boa marca.

Se o que você faz não é reforçado pelo sistema, sua rede de segurança desaparecerá e você estará competindo apenas com base em preço e conveniência.

Quando um sistema tem energia suficiente para demandar uma mercadoria, ele cria eficiência e resiliência; assim, o preço de uma resma de papel é incrivelmente baixo porque, se todo papel for igual, escolheremos o mais barato.

Em contrapartida, quando um aluno compara um diploma do MIT com o benefício de fazer os mesmos cursos on-line gratuitamente, a maior parte da diferenciação de valor vem do que o sistema valoriza: o diploma, não o aprendizado.

Existem substitutos para o que você oferece? Substitutos que o sistema aceita e admira?

A única resposta sincera é "sim". Isso significa que o trabalho árduo é criar um produto, uma experiência e uma história para os quais não valha a pena procurar um substituto.

229. A procura pela mão invisível

Os sistemas que valem a pena examinar têm um elemento invisível.

O sistema solar tem gravidade. Ele funciona a distância, é invisível.

A economia de mercado coordena atividades sem um coordenador. Surge um problema e aparecem organizações para resolvê-lo. Comerciantes constroem lojas próximas umas das outras. Preços se estabilizam, cadeias de suprimentos se estabelecem. As pessoas envolvidas na criação, venda e compra de um lápis não coordenam suas ações, mas, mesmo assim, a mão invisível leva o lápis à pessoa que precisa dele.

Ao trazer um projeto ao mundo, vale a pena observar os sistemas que poderão impulsioná-lo ou empacá-lo.

Eis o que vale a pena investigar:

Quem ganha ou perde status com as mudanças do sistema?

Existem formas de comunicação e interoperabilidade integradas ao sistema?

Quais são as forças que se opõem às substituições?

As pessoas envolvidas têm o poder de impulsionar ou empacar o sistema?

Existem comportamentos com base em superstições em vez de na realidade?

Onde estão os ciclos de feedback que aumentam ou diminuem os sinais?

A tensão é o que mantém a maioria dos sistemas que são complexos a ponto de ser interessantes. Cada nó quer um resultado diferente, mas ninguém tem poder suficiente para insistir, então o sistema oscila; aparentemente, a mão invisível vai de uma ponta a outra.

230. Exemplos de sistemas que vivem em tensão

No mundo das belas-artes há pintores, colecionadores, investidores, galeristas, falsificadores, casas de leilão, mostras de arte, curadores de museus, mídia cultural, artesãos, parasitas e charlatões. Cada um tem interesses diferentes e, às vezes, conflitantes. Alguns lutam para manter o status quo, outros pressionam por mudanças.

No sistema dos cuidados de saúde há médicos, enfermeiros, pacientes, famílias, advogados, hospitais e seus investidores, indústrias farmacêuticas e seus investidores, revistas acadêmicas, faculdades de medicina, companhias de seguros, agências governamentais, casas de repouso, profissionais de cuidados paliativos e comentaristas sociais.

Mais uma: as faculdades envolvem pais, conselhos escolares, professores, superintendências, reitores, alunos, coordenadores, empresas que estão contratando, conselhos de classe, editoras de livros didáticos, sindicato dos professores, diretores e bancos.

Em cada caso, há subgrupos com interesses conflitantes, e a tensão está presente dentro dos subgrupos.

Mas o status quo recompensa muitos agentes, particularmente porque não consegue encontrar nada para substituí-los. Se pudesse, já o teria feito.

Além dos interesses conflitantes, o sistema inteiro também está sob tensão. Quando a tecnologia muda, ou muda a política pública, o sistema se esforça para encontrar e manter o próprio equilíbrio.

Vemos mais facilmente um sistema quando ele se dobra pelo peso do estresse.

231. Qual persona?

Talvez seja útil imaginar que podemos escolher personas diferentes para cada situação. Cada uma se mostra apropriada em determinadas circunstâncias; mas o problema é usar uma e esperar o resultado da outra.

Não importa se você de fato escolheu tal persona: você automaticamente adota uma. Ou, às vezes, mais de uma, o que quase nunca resulta em boa coisa.

Persona 1: O insurgente: esse projeto tem velocidade, direção e poder para realmente forçar o sistema a notá-lo. O status quo vai lutar e, às vezes, terá sucesso e sobreviverá. O movimento Occupy foi um insurgente que falhou, ao passo que Chuck Berry e Elvis Presley foram bem-sucedidos.

Persona 2: O agente de mudança: quando a tecnologia de produção ou comunicação passa por uma mudança fundamental, o sistema vigente finge que nada está acontecendo, tenta resistir e, por fim, fracassa ou muda. Exemplos disso são o impacto que os podcasts tiveram no rádio tradicional, ou a mudança inexorável em cada elemento de nossa vida devido às mudanças climáticas.

Persona 3: O sapateiro: essa pessoa faz um trabalho importante em um sistema existente e, embora não seja remunerada de forma justa, trabalha arduamente em seu ofício. A maioria dos freelancers se enquadra nessa categoria.

Persona 4: O *Fidei Defensor*, ou o defensor da fé: título concedido pela primeira vez a Henrique VIII. A "fé" defendida aqui não é a religiosa; representa qualquer conjunto de valores, costumes ou sistemas tradicionais que sejam desafiados ou questionados. É o fabricante de queijo fazendo bullying com o produtor de queijo vegano, ou um crítico musical depreciando as músicas nas rádios de hoje.

Persona 5: O inovador: tecnologia e informação são as formas mais comuns e poderosas de mudar um sistema. A inovação cria oportunidades e ameaças, e a tensão que se forma em torno dela força os participantes do sistema a responder ou reagir. A Claude.ai e outros LLMs são um exemplo atual disso. O trabalho que eles fazem pode se tornar um agente de mudança, mas, agora o inovador está simplesmente focado em resolver um problema interessante.

Persona 6: O educador: a informação é, na verdade, uma força mensurável da natureza, da mesma forma que uma tempestade ou um meteoro. Quando a informação é compartilhada e espalhada, o sistema muda.

Personas 7 e 8: O mantedor e o otimizador: quem trabalha em uma empresa geralmente se encaixa em um desses dois papéis. O mantedor tem um trabalho a fazer e o faz. Fomos doutrinados a agir dessa forma desde muito jovens. Não apenas indivíduos, mas setores inteiros são encarregados da manutenção de sistemas dos quais dependemos.

Já o otimizador trabalha dentro do sistema para melhorar processos e resultados de acordo com objetivos já estabelecidos. Se você oferecer um jato um pouco mais rápido, uma máquina de cobertura de cupcake um pouco mais eficiente ou uma caixa registradora um pouco melhor, suas melhorias ajudarão o sistema a chegar ainda mais rápido aonde ele acha que quer ir.

232. O boletim do tempo é uma previsão

É útil entender como será o futuro quando chegarmos lá, mas somos péssimos em entender previsões.

Se a previsão do tempo diz que há 80% de chance de fazer sol no sábado, dia do seu casamento, isso significa que não vai chover?

Uma previsão de 80% de sol é como um cabo de guerra entre oito pessoas puxando pelo sol e só duas puxando pela chuva. É claro que o sol vai vencer.

Mas nem sempre é o que acontece.

Mas também não significa que haja 100% de chance de chover 80% do dia no sábado.

Se os meteorologistas fizeram bem seu trabalho, o que estão dizendo é que para cada 100 sábados como este, neste local, é bem provável que chova em 20 deles.

É como pegar cinco cartas, quatro ases e um curinga. Tire uma carta aleatoriamente; se for o curinga, significa que vai chover.

Algumas pessoas chamam isso de probabilidade, que é uma maneira de expressar uma ideia simples com uma palavra complicada de seis sílabas.

Probabilidade nada mais é que um relatório sobre a disposição das cartas.

Para escolher nosso futuro, ter uma ideia do que esperar dele é útil.

233. Isso pode não funcionar

O futuro é incerto. Qualquer projeto que assumamos, qualquer mudança que busquemos fazer, pode não funcionar.

Não podemos criar estratégia sem aceitar que estamos correndo um risco.

Se você precisar de garantia para fazer qualquer coisa, precisará que o mundo fique parado. Estratégia exige usar a inteligência para definir como investir nosso tempo, dinheiro e ativos com tamanho grau de incerteza em relação a tudo.

Para ajudar na criação de estratégias, normalmente tentamos quantificar o risco. Nesse sentido, estratégia é o trabalho difícil de administrar o desconhecido para nossa abordagem.

Voltemos ao baralho.

Estamos tentando convencer um novo cliente em potencial, um nó de um sistema a adotar nosso novo produto ou serviço.

Quantos ases há no baralho? Se nossa apresentação for boa, com base em nossa experiência e daqueles que vieram antes de nós, quais são as chances de termos outra reunião com esse possível cliente ou de conseguirmos um sim?

Quanto custou para chegar a esse momento? O que estamos arriscando?

E a questão dos sistemas: se conseguirmos um sim desta vez, a próxima ligação será mais fácil? São eventos dependentes, que vão ficando mais fáceis à medida que avançamos, ou estamos presos nesse ciclo?

Visualize as cartas e será capaz de fazer escolhas mais inteligentes, ajustando seu foco para momentos, nós, mudanças e sistemas mais apropriados.

234. De volta ao rinoceronte

Quando Dürer fez a xilogravura do rinoceronte, em 1515, nunca havia visto o animal ao vivo, nem por meio de um desenho confiável (não havia câmeras fotográficas na época, obviamente). Ele fez asserções sobre o que havia ouvido, juntou elementos e acabou criando um pastiche de como um rinoceronte poderia ser.

Foram feitas tantas impressões dessa xilogravura que ela se tornou a imagem europeia definitiva desse animal nos séculos seguintes.

O futuro nos manda relatórios sobre como ele será. Ninguém o viu, mas é possível fazer asserções sobre o que está por vir.

Talvez tenhamos de abandonar o desenho amanhã, independentemente de quão difícil tenha sido criá-lo, mas o esboço compensa, porque oferece contexto e estrutura para o que pode acontecer.

235. Quem controla os dados?

Adam Mastroianni descreve uma história pré-científica do homem que diz que as pessoas tinham certeza de que Zeus (ou talvez sua filha, Dice) controlava eventos aleatórios. Quando as pessoas lançavam os dados, era Zeus quem controlava o resultado. Quando uma cobra mordia alguém, era retribuição divina. Se chovesse no dia de seu casamento, era um sinal.

Ferramentas como a estatística, um estudo médico duplo-cego e o método científico existem há poucas centenas de anos. Todos têm como base o fato observado de que os sistemas têm uma gama de resultados previsíveis e eventos aleatórios são, na verdade, aleatórios, não controlados por uma força poderosa invisível.

A incidência de mordidas de cobra é baixa no Ártico, e isso não é porque Zeus acredita que as pessoas que vivem lá são moralmente superiores. É porque lá não há muitas cobras.

Ninguém está controlando os dados, mas, se formos espertos, escolheremos dados que tenham mais probabilidade de nos dar o que buscamos. Podemos encontrar dados viciados e cartas marcadas, se procurarmos.

236. Quem está esperando você no aeroporto?

Não podemos prever o futuro, mas podemos ter uma boa noção do que esperar.

Por exemplo, imagine que você esteja indo para uma conferência em outra cidade. Alguém foi designado para esperar você no desembarque e levá-lo até o local. O grupo que o esperará tem vinte pessoas, e duas delas são muito altas.

Espero que consiga visualizar como seria e o que você encontraria quando chegasse.

As pessoas se distribuem aleatoriamente para esperar a chegada dos aviões, e mais ou menos em 10% das vezes haverá alguém alto esperando no portão de desembarque.

Essa análise probabilística não diz nada sobre você, sua habilidade, os guias ou suas abordagens — nada além de como sua experiência pode se desenrolar.

237. Entender estatísticas e pesquisas

Se alguém disser que, no exemplo acima, com base naquelas informações, há 90% de chance de uma pessoa baixinha ir encontrá-lo, estará lhe dando uma probabilidade. Se uma pessoa alta aparecer, a probabilidade não estava errada. Era apenas uma asserção sobre quantas pessoas estavam no funil do aleatório, quais eram altas e quais eram baixas.

Quando lemos sobre pesquisas ou probabilidades, é simplesmente tentador arredondar os resultados. A chance de que a próxima carta não seja um ás é de 96%; não faz sentido ficar surpreso se você receber um ás. Você tinha de receber alguma coisa, e as chances de que não fosse nenhuma outra entre as 12 possíveis são exatamente as mesmas: 48 de 52.

Existem dados e eles são lançados; existem cartas e elas são embaralhadas. Eventos aleatórios acontecem o tempo todo.

Menos de uma em cada vinte pessoas é admitida em Stanford. Se você entrar, não será prova de que eles estavam errados ou de que você superou as probabilidades; eles precisavam deixar *alguém* entrar, e esse alguém foi você.

Estratégia implica o trabalho de analisar as probabilidades e construir resultados prováveis em seus planos. Pode ser que não esteja sob nosso controle, mas sempre podemos contar as cartas.

238. As melhores práticas e o status quo

Quando o mundo está tranquilo, um manual de instruções preciso é uma ferramenta útil. Engenheiros confiam nas melhores práticas, assim como um aluno ansioso por um A.

"Faça isso e você conseguirá aquilo."

E, durante 10 mil anos, foi exatamente isso que fizemos.

Aprendemos a caçar, cultivar e pescar com outras pessoas que já haviam descoberto esses métodos. Fomos treinados para trabalhar em uma linha de montagem, dirigir um carro e até pintar um retrato.

As melhores práticas reduzem nossos riscos e garantem que o sistema dominante seja bem cuidado.

As melhores práticas funcionam quando estamos integrados a um sistema, quando fazemos a *nossa* parte e vivemos em um mundo estável.

As melhores práticas transformam projetos em garantia.

Mas hoje em dia as melhores práticas já não são tão úteis quanto antes. Elas podem nos dar segurança, mas nem sempre são o "melhor" caminho.

239. As analogias e o problema do "quase"

Quando o mundo está passando por transformações — e é justamente isso que queremos —, as melhores práticas falham. A alternativa é aprender por analogia.

Nesse caso, com *esses fatores*, essa abordagem funcionou. E é quase a mesma que você está enfrentando.

"Mas", pergunta o indivíduo cuidadoso, criado nas melhores práticas, "você tem um exemplo que seja exatamente como a situação na qual estou atualmente?".

Não.

O "quase" faz parte do acordo.

Fomos doutrinados a buscar certezas, voltar ao normal, celebrar o fim das mudanças, buscar a resposta certa e a decorrente paz de espírito.

Para encontrar um modelo útil — uma estratégia eficaz —, temos de buscar analogias.

Entender uma analogia requer que entendamos o sistema que a torna relevante.

Quando vemos o sistema, podemos discernir como ele é igual (e diferente) àquele que estamos enfrentando.

E quando entendemos um sistema, podemos trabalhar dentro dele e mudá-lo.

240. Líderes de torcida e treinadores

Quem se senta à sua mesa? Quem você deixa criticá-lo?

A maioria das pessoas ao nosso redor são espectadores. Não são o público que pretendemos servir, nem são especialistas confiáveis, com a percepção e o discernimento necessários para lhe dizer o que você precisa ouvir.

Devemos buscar dois tipos de apoiadores quando estamos construindo nossa estratégia.

Os primeiros são pessoas que contribuem com entusiasmo e otimismo para nossa jornada. Não queremos feedback ou críticas úteis delas; elas estão aqui para oferecer apoio. Líderes de torcida incentivam o time. Esse é o trabalho delas.

Se esse for o único grupo em sua vida, você está perdido. Sua jornada se torna um ciclo de "sins" desenfreados e você pode acabar indo na direção errada; ouvirá "sim" quando deveria ter ouvido "talvez" ou até mesmo "não".

No outro grupo, aquele no qual os bem-sucedidos criadores de mudanças podem confiar, estão indivíduos que entendem de verdade de estratégia. Eles têm conhecimento de domínio, podem fazer perguntas difíceis e anseiam por criticar o trabalho (não o trabalhador).

Esses treinadores não precisam ter jogado para ser bem-sucedidos, mas precisam ter visto muitos jogos e definido muitas jogadas para ter conhecimento de domínio e discernimento para entender como conduzir o time.

Eles nem sempre estão certos, mas seu feedback pode ser útil e eles talvez façam perguntas difíceis que ajudarão no refinamento do seu projeto.

Hoje, podemos treinar uma IA para cumprir esse papel. Não importa se é um humano ou não quando estamos tentando saber o que vem a seguir. Muitas vezes, é a pergunta que importa. *E depois, o que acontece?*

241. Mover para o centro

Marty Neumeier aponta que muitas marcas ficam sem graça com o tempo. Sistemas e ciclos de feedback nos empurram implacavelmente para o centro. É mais fácil administrar cem médicos em um hospital se eles agirem sempre do mesmo jeito.

É difícil defender algo, seguir uma estratégia e estar disposto a encaminhar clientes para outra pessoa em busca de ajuda.

Posicionamento é um serviço. É um farol para seus clientes, pacientes ou eleitores. Posicionamento é aquilo que diz: "Se você está procurando X, é isso que temos. Por outro lado, muitas pessoas estão procurando Y, e você encontrará Y com nossos colegas ali."

Posicionamento não é competitivo, é o oposto. Transforma seus concorrentes em colegas, pessoas que têm produtos ou serviços parecidos, porém, diferentes, para outras pessoas.

Mas posicionamento também é uma jogada em um jogo estratégico. Quando se coloca *aqui*, também está escolhendo colocar *lá* as pessoas que antes competiam com você.

Algumas delas farão jogadas em resposta. Outras serão empurradas para o centro enquanto você vai para as bordas.

Precisamos de organizações e pessoas no centro, e não acho que corremos o risco de ficar sem elas. Mas você (e seus clientes) se beneficiam quando têm uma estratégia para chegar às bordas nas quais buscam viver.

242. Entenda a grade de posicionamento 2 x 2

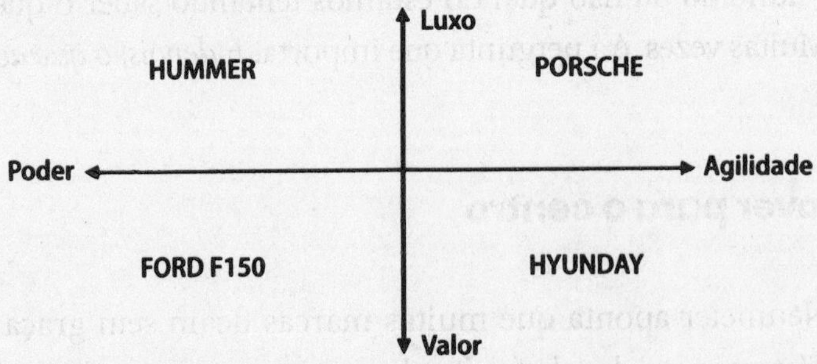

Os eixos horizontal e vertical no diagrama representam extremos de algo que é importante para os clientes. Pode ser segurança x desempenho, luxo x barganha, ou sustentabilidade x conveniência.

A revelação é a seguinte: *Cada ponta do eixo tem de ter algo que um cliente pode querer.* Não o que você quer, mas o que eles querem.

Não é possível colocar "caro" e "mal projetado" como extremos pois isso não é posicionamento, é simplesmente falar mal da concorrência.

Nessa grade do exemplo, você vê que qualquer um dos quatro extremos pode ser visto como razoável. Os quatro carros são o veículo certo para alguém, mas nenhum deles o é para todos.

Uma pessoa que compra uma Ferrari ou um celular Android ou um gorgonzola não é idiota; é simplesmente uma pessoa que faz escolhas diferentes de quem compra um carro elétrico, um iPhone ou um cheddar vegano.

A beleza do posicionamento é que ele destaca respeitosamente quais podem ser as escolhas. Os extremos de cada eixo talvez não sejam algo de que *você* gostaria, mas deve ser algo de que *algumas* pessoas gostariam.

Quando você posiciona a concorrência de forma honesta e precisa, ela deixa de ser concorrência, porque você vende algo que ela não vende.

Bônus: em geral, há espaço para superar um concorrente no que ele escolheu fazer. É claro que você pode dizer que seus cachecóis são mais exclusivos, caros e luxuosos que os da Hermès, especialmente se puder provar isso. Mover sua concorrência para o centro — o bueiro da mediocridade — é uma estratégia poderosa.

Na maioria das vezes, porém, estamos procurando dois eixos que ninguém pensou em destacar antes. Quando encontramos a combinação certa, vemos que um dos quatro quadrantes da grade 2 x 2 está totalmente aberto, e podemos reivindicá-lo.

Em dois exemplos mais famosos nesse sentido, a Volvo descobriu que o quadrante segurança/confiabilidade estava vazio e o preencheu. E a 7UP se distinguiu da Coca-Cola simplesmente por não ser colorida. A 7UP não é Coca-Cola e tem orgulho disso.

Construa algo que preencha um quadrante e ele se tornará seu, para que você o defenda.

Uma pequena faculdade sem um time de futebol, mas com bastante interação com professores, não compete com a Florida State ou a Notre Dame. Mas tem a chance de ser a melhor opção para pessoas que buscam um corpo docente coeso.

243. O alvo do alvo

Uma maneira de encontrar uma estratégia de posicionamento bem-sucedida é roubar uma. Ande, pegue emprestado.

O Shake Shack é o Starbucks do fast-food.

Os atributos aos quais os humanos dão importância são finitos. As pessoas buscam coisas como luxo, conveniência ou uma boa pechincha. Não somos responsáveis por inventar essa lista, precisamos simplesmente ouvir para descobrir o que é importante para as pessoas.

Posições bem-sucedidas funcionam porque têm empatia pelas pessoas, não porque representam um conceito universal do que é melhor.

244. Mover para o centro (ou não)

As posições mudam de acordo com o mercado.

Por mais de cinquenta anos, a Tiffany's construiu sua reputação: uma joalheria famosa, porém exclusiva; cara, mas não idiossincrásica, para pessoas que querem passar uma mensagem a amigos e entes queridos.

"Só existe uma Tiffany's" é muito diferente de "Você pode comprar joias de qualquer pessoa, e nós somos qualquer pessoa".

O investimento da Tiffany's em suas lojas, publicidade e design de embalagens reforçou implacavelmente essa posição. Não havia concorrente que pudesse arranjar recursos para desafiá-los nessa área.

Com o tempo, ganhar o direito de ser chamada de "Tiffany" de um setor se tornou um gênero por si só.

Em 1979, a Avon, a vendedora de cosméticos do mercado mais popular, comprou a Tiffany's por cerca de cem milhões de dólares. Nos cinco anos seguintes, dedicaram-se a mudar o posicionamento da marca, afirmando que seguiriam sendo os melhores do ramo, mas que iam baixar os preços e ampliar a distribuição. A estratégia não deu certo, e acabaram vendendo a marca quase pelo mesmo preço que pagaram.

Às vezes, é possível mover uma posição para baixo e para o meio, com sucesso, mantendo ao mesmo tempo o status.

A posição da Cheerios é de um cereal acessível, com baixo teor de açúcar e recomendado pelas mães para crianças. Saudável e insosso.

A Honey Nut Cheerios é, agora, uma das marcas de cereal mais vendidas nos Estados Unidos, e por ela tudo bem você pensar que o produto tem os mesmos atributos do Cheerios. Só que não tem, porque é cheio de açúcar. Mas mover-se para o centro e atrair mais pessoas valeu a pena, e a marca conseguiu manter sua reputação.

O Shake Shack começou como uma barraquinha de hambúrguer bem peculiar na cidade de Nova York. Nos anos 1920, foram crescendo e chegaram a mais de quatrocentos pontos de venda, mas mantiveram sua posição em comparação com as tradicionais redes de hambúrguer de preço baixo, e ao mesmo tempo alcançaram muito mais pessoas.

A Nike passou de tênis de desempenho para atletas altamente competitivos para casacos aveludados para sedentários. Isso não vai durar para sempre, mas certamente valeu a pena — atletas de elite estão na folha de pagamento, a tecnologia continua impulsionando a competição e eles também vendem conforto e baixo desempenho para quem quer isso, mas com desconto.

245. Ir a lugares para os quais a concorrência não pode ou não quer ir

Em muitos mercados competitivos, os líderes evoluíram para atender ao maior público possível. Isso significa que, mesmo que queiram responder a uma ameaça de posicionamento competitivo, podem escolher não fazê-lo.

Quando a Netflix foi pioneira em streaming, disponibilizou seu conteúdo original todo de uma vez, incentivando o hábito de "maratonar" séries. As redes de TV não podiam e não queriam fazer isso, pois ia contra seu modelo de negócios, sua tecnologia e sua cultura. A propaganda "Must See TV" se baseava na escassez e no tempo certo, ao passo que o streaming funciona na cauda longa e a qualquer hora.

A McKinsey tem bilhões de dólares em receita e atende a qualquer empresa grande que possa pagar. Como resultado, eles se envolveram com projetos antissociais, incluindo a criação de estratégias para ajudar a Purdue a viciar pessoas em opioides.

Um concorrente como a BCG ou a Bain poderia anunciar que só aceitaria clientes éticos. Contratar essas empresas enviaria um sinal. Muitos clientes podem escolher os benefícios de serem tão bons que têm uma empresa de consultoria limpa trabalhando para eles.

A mesma oportunidade aconteceu depois do desastre da Enron, e depois de novo com Sam Bankman-Fried. Uma empresa de contabilidade poderia pedir a seus clientes mais questionáveis que fossem em frente e, depois, tornar público o fato de que escolheram trabalhar só com clientes de respeito.

Sua concorrência bem-sucedida representa algo. Quando você escolhe representar algo que contrasta com isso, talvez ela não possa acompanhá-lo.

246. Cadê todo mundo?

A gerente de marketing do novo restaurante era séria, focada e animada. Perguntei a ela: "Qual é o público-alvo desse lugar?"

Sua resposta entusiasmada tinha só duas palavras: "Todo mundo."

Bastava um olhar para ver que isso era uma mentira. Não era para pessoas morando a mil quilômetros de distância nem para vegetarianos estritos, nem para pessoas que não vão a restaurantes, ou que não podem pagar a conta.

Mas, mais do que isso, se fosse para todos, ela não estaria dizendo que não era para ninguém?

Se tiverem sorte, duzentas pessoas comerão ali semana seguinte. Na outra, o restaurante será exatamente para essas pessoas. Eles precisam criar as condições para encantar esse grupo e tanta tensão positiva que esses clientes iniciais voltem com mais amigos.

E depois, os amigos dos amigos...

Não vai precisar duplicar isso muitas vezes antes que o restaurante lote todas as noites. Mas, mesmo assim, será apenas uma pequena porcentagem de todos.

"Todos" é uma abreviação de esperança e uma relutância a ver tempo, sistemas e estratégias.

"Alguém" é muito mais eficaz.

247. Divulgação

Quando alguém me fala sobre suas frustrações em termos de marketing, a conversa quase sempre começa da mesma maneira: "Como faço para divulgar melhor isso ou aquilo?" Mas existem muitas variações:

"Você pode me apresentar alguém?" "Onde devemos veicular este anúncio?" "Estamos sem tempo, como posso apressar as coisas?" "Deve haver um jeito mais rápido de fazer isso!"

E minhas respostas são sempre as mesmas, na forma de mais perguntas:

- Se você não tem tempo para fazer direito, como vai arranjar tempo para refazer?
- É realmente esse o seu objetivo?
- Seus pontos fortes têm a ver com as necessidades do projeto?
- Por que os agentes envolvidos nesse sistema se interessariam em ouvi-lo ou em tomar uma atitude?
- O que eles dirão aos colegas e amigos?

Pessoas com respostas a essas perguntas quase não enfrentam um problema de marketing.

248. Uma escala melhor

A versão fácil de escala é *mais*. Mais funcionários, mais receita, mais links, mais imprensa, mais seguidores, mais status. Para alguns, isso é um tipo de *melhor*.

Mas esse tipo linear de crescimento é unidirecionado.

Há também o melhor do trabalho emocional, bem aplicado.

Há a opção melhor para uma mudança significativa no sistema, como consertar o furo em vez de esvaziar o barco com um balde.

É melhor criar um impacto duradouro para um grupo reduzido do que buscar o reconhecimento superficial das massas.

Você sabe dizer que tipo de melhoria é importante para você e para as pessoas a que atende?

249. Meio barco não é grande ajuda

Não fique sem dinheiro e não fique sem tempo.

Metade de um barco afundará. Na verdade, 99% de um barco é inútil. Um iate de 100 pés com um furo de 30 cm vai afundar do mesmo jeito, independentemente do quanto você torça para ele flutuar.

Para construir um ativo, precisamos de recursos. Tempo e dinheiro são os dois mais óbvios.

Se ficarmos sem tempo, fim da linha.

Se ficarmos sem dinheiro, fim da linha.

E se o fim da linha chegar antes de causar impacto, todo o esforço terá sido desperdiçado.

A escala de seu projeto precisa corresponder a seus ativos. Quando assumimos uma mudança muito grande, para muitas pessoas, e entregamos menos, tudo se perde.

Voltando àquele barco: se ele pode efetivamente transportar nove pessoas, não dez, colocar dez pessoas a bordo fará que afunde. Não só a última pessoa perecerá: todos os envolvidos sofrerão.

Cada indivíduo que buscamos influenciar se recusará a agir se tivermos muito pouco a oferecer. As pessoas têm escolhas e padrões. Quando oferecemos algo que entrega muito pouco, elas não são ativadas. Oferecer um pouco a menos para muitas pessoas também não resolve nada.

A cada passo, nosso projeto é julgado de novo. Ele ganha influência, autoridade, poder, ou fracassa.

Viver no excesso também cria vantagens de longo prazo. O dinheiro no banco se acumula, enquanto a dívida se acumula ainda mais rápido (na direção errada). Quando nos estendemos além de nossos meios, criamos pressão de curto prazo e uma espiral descendente se o mercado não responder a tempo.

O processo é simples, mas fácil de esquecer: devemos sobrecarregar o menor público viável com uma solução que crie condições para que ele tome uma atitude.

E fazer tudo de novo.

250. Discussão no início

Steve McConnell compartilha a lição mais importante que aprendeu sobre gestão de projetos: mudar de rumo e explorar outras opções é muito mais barato no começo que no fim.

Embora isso seja óbvio, quase sempre fazemos o contrário.

É só no final do projeto que o chefe dá uma olhada, que a equipe de revisão se envolve, que compartilhamos nossa ideia com o pessoal de vendas — porque é no final que as coisas começam a parecer reais e iminentes, e pessoas ocupadas, importantes e distraídas não conseguem prestar atenção em tudo diante de emergências conflitantes.

A disciplina da gestão de projetos é insistir. "Não vamos escrever uma linha de código enquanto você não assinar os storyboards" ou "Não vamos colocar um tijolo até que os projetos não sejam aprovados".

Depois que o projeto é lançado, evolui rapidamente em resultado das interações com a comunidade, das mudanças de percepção e da maneira surpreendente como o tempo passa.

E assim, um novo projeto começa. Discussão de novo. No começo. E faça de novo e de novo.

251. O último minuto

Nós vivenciamos vários tipos de minutos todos os dias:

- O último minuto
- O próximo minuto
- O melhor minuto

O último minuto parece uma parte necessária da vida moderna. Temos inúmeras prioridades concorrentes e é fácil querer adiar qualquer coisa (que não seja uma crise) para focar a crise do momento.

É claro que a tarefa que adiamos ficará marinando e se tornará uma crise, e, então, começaremos a trabalhar nela.

O que significa que passamos os dias em crise trabalhando em tudo e qualquer coisa apenas no último minuto.

Mas o tempo passa alheio às nossas necessidades.

Daqui a alguns segundos, seremos presenteados com o próximo último minuto.

Podemos escolher passar o próximo minuto trabalhando na tarefa que está se desenrolando neste momento, no último minuto de sua urgência.

Ou podemos mudar de direção e ver projetos. Podemos ver projetos e podemos gerenciá-los.

O próximo minuto tem uma chance de ser o melhor minuto. Algo no que investir, alocar e gastar de uma forma que combine com nossa estratégia, não com a urgência das pessoas que nos cercam.

Podemos aprender a ver o tempo e a administrá-lo.

252. Cada "sim" requer muitos "nãos"

O custo de oportunidade é real.

O tempo não é infinito e sua escassez cria restrições.

Só há um espaço xis em seu carrinho de compras. Se pegar isso, não poderá pegar aquilo.

Um dos motivos de evitarmos escolher uma estratégia é que não nos agrada abandonar todas as outras estratégias possíveis.

Em vez de celebrar os caminhos não percorridos, acabamos por não seguir caminho algum.

Se for dizer "sim" para alguma coisa, esteja preparado para fazer concessões e dizer "não" a muitas outras.

Muitas pessoas usam mídias sociais por três, quatro horas por dia. Para que esse tempo poderia ter sido usado? Aumentar o número de seguidores no Instagram é realmente a maneira mais útil de fazer uma mudança acontecer?

A pergunta não é "Como vão as coisas?"

Mas sim "Comparado com quê?"

Esse tempo, esforço ou dinheiro que você está gastando poderia ter sido destinado a qual outro fim?

253. Empatia pelo varejista

Para a loja colocar seu item na prateleira, vai ter de tirar outro do lugar.

O que vão dizer ao chefe?

Espaço de prateleira é um ativo e vem com um custo de oportunidade. A métrica óbvia é o lucro por metro quadrado. O varejista tem um desejo insaciável de ganhar mais com as prateleiras que controla.

Isso significa que, para ter esse espaço nas prateleiras, você precisará oferecer uma margem de lucro maior sobre o mesmo número de vendas ou mais vendas por metro quadrado.

É bem provável que o sistema não esteja aberto a mudar a forma como vê o custo de oportunidade, portanto, você terá que dançar conforme a música dele.

254. Ponha intenção nos projetos

Projetos não são simplesmente tarefas. Todos os projetos:

- Interagem com outras pessoas
- Têm começo e fim
- Procuram entregar um resultado desejado
- Têm restrições
- Envolvem incógnitas

Quando colocamos intenção em um projeto, temos mais probabilidade de evitar drama. Redução de riscos é investir em evitar problemas antes que eles surjam.

É possível esbarrar em um projeto por acaso e ainda assim fazer ele dar certo, mas temos mais chances de resultado positivo se trabalhamos com propósito. Podemos buscar os desafios, nos adequar à tensão e olhar para cada desafio claramente. Gostando ou não, há uma cultura influenciando cada projeto. Como é a cultura do que está em suas mãos?

Podemos falar a respeito?

Comece anunciando o projeto, descrevendo a estratégia e articulando a mudança que buscará fazer.

Como diz Sasha Dichter, "conte a todos sobre sua estratégia". As táticas mudam, mas as estratégias são para o longo prazo.

Podemos identificar as pessoas com quem precisaremos trabalhar, os ativos que precisaremos adquirir e os riscos, reais e imaginários, que o projeto enfrenta.

Por que isso gera desconforto? Existe uma cultura ditando que é ruim abordar o tópico " futuro". Contribuímos com ela quando evitamos falar sobre os projetos importantes para nós.

255. Projetos de sucesso

- Não são estáticos porque se movem através do tempo, e vice-versa.
- Realizam alguma coisa.
- Atendem a sistemas e permitem que seus participantes cheguem aonde desejam.
- Criam as condições para que as pessoas espalhem uma ideia.
- Criam estruturas resilientes que prosperam quando o mundo muda.
- Evoluem com base em informações úteis.

Um projeto não é simplesmente um conjunto de tarefas. É o trabalho coordenado de pessoas envolvidas com sistemas e tem começo e fim. Há restrições, recursos e, acima de tudo, tempo.

Tijolo por tijolo, dia após dia.

Quando somos capazes de ver o eixo temporal de cada projeto, nosso trabalho fica mais claro.

Se à nossa frente há um declive, um lugar de dificuldade, onde a maioria das pessoas desiste, nosso trabalho é garantir que tenhamos impulso, recursos e energia suficientes para passar por ele. Amanhã teremos uma nova chance para recomeçar.

Não fique sem tempo, não fique sem dinheiro. Decisões difíceis hoje garantem decisões mais fáceis amanhã.

256. As três armadilhas do projeto

- Comunicação
- Gestão de riscos
- Confusão de restrições

No percurso de um ponto ao outro, é inevitável que as coisas nem sempre saiam como esperamos. Até o trabalho solo encontra imprevistos; e, conforme adicionamos mais pessoas, a complexidade aumenta.

257. Comunicação com intenção

Quanto maior a equipe, mais precisamos cuidar da comunicação. Ela começa sendo clara acerca de nossos papéis, nosso propósito, a mudança que buscamos fazer e as pessoas a quem buscamos servir.

Mais do que isso, precisamos criar as condições para que essa comunicação honesta focada no projeto ocorra continuamente, sem esforços heroicos. É assim que os edifícios são construídos e os filmes são feitos — quando nossa cultura de projeto é óbvia e os parâmetros para progresso e qualidade são claros, o trabalho acontece.

Pense um pouco: projetos profissionais têm gerentes de projeto. Quando é importante, não improvisamos nem esperamos o melhor. Somos atenciosos ao falar com os outros.

Não é algo que se conclui em uma reunião, e sim o compromisso contínuo de criar e manter um fluxo de informações ao longo do tempo. O mundo muda. Nós o estamos mudando. Sem um sistema de comunicação resiliente, o projeto encalha.

Projetos exigem estratégia, mas nossa estratégia está diretamente relacionada à nossa capacidade de entregar o trabalho.

258. Os riscos não devem ser evitados

O futuro é um lugar desconhecido e nenhum projeto é isento de riscos.

Se dissermos "O fracasso não é uma opção", estaremos assegurando que o sucesso também não poderá acontecer. A certeza é ilusória e, se precisarmos de certeza para seguir em frente, estaremos perdidos.

Oportunidade não é blindar nosso trabalho contra riscos. Oportunidade é ver os riscos, entender o jogo e construir nossas expectativas e respostas levando esses riscos em consideração.

Risco é o preço que se paga para fazer a diferença.

259. Restrições são uma dádiva

"Se ao menos" é uma frase reconfortante. Se ao menos as restrições desaparecessem, e as coisas que são escassas fossem abundantes. Se ao menos o caminho estivesse livre, se ao menos houvesse mais tempo ou menos obstáculos.

"Se ao menos" é uma armadilha.

Se as restrições desaparecessem, você estaria jogando um jogo totalmente diferente, porque seus concorrentes também teriam suas restrições eliminadas.

As restrições são uma dádiva porque nos fornecem pontos de apoio e nos dão a chance de ajustar o foco.

Às vezes, a situação muda e as restrições desaparecem. Nesses momentos, precisamos estar muito conscientes das novas possibilidades. No restante do tempo, em vez de odiarmos nossas limitações, podemos celebrá-las.

As estratégias mais interessantes acontecem nas bordas, e as bordas existem porque é onde estão as restrições.

260. O que você produz?

- Um estilo de vida
- Um cronograma

- Um conjunto de bits
- Um widget
- Projetos
- Uma comunidade
- Uma diferença
- Uma mudança
- Uma confusão
- Escolhas
- Um compromisso
- Decisões

A maneira como você gasta seu tempo, dinheiro e esforço corrobora sua resposta?

261. Problemas são oportunidades

Quando uma decisão é necessária, deve haver um problema a ser resolvido. Se não houver problemas, não há necessidade de projetos e nem de espaço para crescimento.

As obras de Russell L. Ackoff sobre sistemas afirmam que os problemas têm cinco componentes:

- Um tomador de decisões
- Elementos da situação que o tomador de decisão pode controlar
- Elementos que estão fora do controle do tomador de decisão
- Restrições
- Vários resultados possíveis

Quando os cinco estão presentes, fazemos nosso trabalho: tomamos uma decisão.

Se não estiverem presentes, não temos um problema ou uma decisão a tomar. Simplesmente temos uma situação.

Celebre os problemas que estão por vir; eles são oportunidades para criar as condições para melhores resultados.

O caminho é simples, mas não é fácil.

Primeiro, precisamos analisar o problema, entender os sistemas, as restrições e os desejos das pessoas a quem servimos. Podemos aprender mais sobre quais ativos controlamos e como podemos investir neles e fazê-los funcionar melhor para nós.

Não foque uma situação que não seja um problema. Uma situação é uma incompatibilidade de restrições e objetivos. Ela só se torna um problema quando podemos fazer algo para mudar e seguir em frente.

Segundo, podemos ser sinceros acerca de nossos objetivos. Quase toda estratégia deselegante ou fracassada começa com objetivos conflitantes ou confusos.

Por último, devemos focar os elementos que controlamos enquanto tomamos decisões. Os que não podemos controlar devem ser compreendidos, mas não faz sentido tentar mudá-los. Quando estiver em dúvida, pense no motivo de você ter colocado esses elementos na categoria "não podem ser controlados".

Se ainda assim o projeto não estiver funcionando, encontre um novo objetivo. Tome decisões melhores. Construa novos ativos. E evite tentar controlar aquilo que não está a seu alcance.

Ser picado por uma vespa é uma situação infeliz. Dói. Mas não há muito o que se fazer a respeito. Além de uma pomadinha, não há decisões a tomar.

Evitar ser picado por uma vespa amanhã é um problema. Temos escolhas a fazer, investimentos de tempo ou esforço a considerar e uma chance de reconsiderar os objetivos que podem ter causado a primeira situação.

262. A simples hierarquia do esforço de decisão

Nosso projeto pode exigir que outras pessoas tomem decisões. As pessoas a quem buscamos servir geralmente preferem o caminho mais fácil — fazer menos esforço na tomada de decisões.

Existe uma pirâmide de esforço de decisão e, se a pessoa não tem um bom motivo, certamente preferiria estar no número mais baixo, no nível 1:

1. Não perceba, não dê importância, nenhuma decisão é necessária.
2. Pense e perceba que nosso instinto anterior estava correto.
3. Pense em uma nova situação e tome uma nova decisão do zero.
4. Pense em uma situação e faça uma escolha diferente com base em novos dados.
5. Perceba que um erro foi cometido e volte atrás em uma decisão anterior.

A cada passo vai ficando mais fácil. Se seu projeto precisa que o nível 5 aconteça repetidas vezes, é um fardo pesado. As pessoas quase nunca apertam o botão de voltar atrás, especialmente em decisões caras, públicas ou nas quais o pertencimento tribal está em jogo.

Por isso, é produtivo tentar trabalhar para mover as decisões para o nível anterior da lista; ajudar clientes ou parceiros a reformular o que está acontecendo como “Não estamos desfazendo um erro, estamos tomando uma nova decisão com base em novas informações”.

Por isso, é mais fácil fazer as pessoas conseguirem o que elas desejam do que fazer com que elas desejem o que você quer.

E é por isso que o impacto real decorre da construção de um sistema no qual a conveniência, o status quo e a pressão dos colegas empurram as pessoas da primeira categoria e, ao mesmo tempo, apoiam seu trabalho. Se as pessoas fazem algo digno por hábito, esse algo digno acontecerá com muito mais frequência.

Nenhuma decisão necessária é a decisão mais fácil de todas.

263. Opcionalidade e possibilidade de desfazer as coisas

Em nossa trajetória, tomamos decisões e fazemos investimentos que cruzam com o desconhecido.

Uma resposta possível é não fazer nada. Se não pudermos ter certeza, é melhor esperar.

Uma abordagem mais útil é buscar e abraçar a opcionalidade. Se pudermos tentar algo, experimentar algo ou lançar algo que venha com um botão de desfazer, esse caminho é muito mais resiliente do que decisões irrevogáveis que não podem ser desfeitas.

Se houver uma maneira fácil e produtiva de voltar atrás, a melhor resposta pode ser: "Claro, por que não?"

O movimento para a frente com opcionalidade não implica estagnação se contemporizar for o melhor caminho para fazer uma mudança acontecer. Mas quando todas as opções são semelhantes, escolher aquela que amplia nossas possibilidades é o certo a fazer.

Vejamos alguns exemplos simples:

Ao criar uma planilha, inclua cenários imprevisíveis e que pareçam arriscados em seus modelos alternativos. Não precisa executar nenhum deles, mas pode ser útil entender quais são as implicações.

Quando for escrever um plano de negócios, escreva três totalmente diferentes. Você vai escolher um, mas, primeiro, precisa explorar as opções. Na verdade, pode valer a pena escrever três planos de negócios sabendo que você vai escolher um aleatoriamente.

Vai montar uma caixa de ferramentas? Comece com ferramentas muito boas para todos os fins, em vez de especializadas que só fazem uma coisa.

Se estiver planejando um voo que exija uma conexão, escolha um aeroporto que tenha muitos voos que cheguem perto de seu destino. Assim, se seu voo for cancelado, você terá alternativas.

Tudo isso faz sentido, mas com que frequência buscamos conscientemente a opcionalidade?

"E depois?" é mais produtivo quando aceitamos mais de um resposta.

264. Ótima escolha, só não deu certo

Annie Duke e Rohan Rajiv me ensinaram muito sobre tomada de decisões.

Há uma diferença entre uma boa decisão e um bom resultado.

As estratégias começam com a tomada de decisões, e as decisões continuam até que alcancemos nossa meta ou percebamos que não conseguiremos. Nossas decisões melhoram à medida que aprendemos mais sobre os sistemas com os quais estamos trabalhando, e é útil avaliar nossas decisões passadas como parte do processo de aprendizado.

Parece que a melhor maneira de fazer isso é criticar as decisões que não funcionaram e celebrar as que funcionaram. Mas essa abordagem ignora o ponto principal das decisões.

Toda decisão é uma escolha, e se baseia no que sabemos no momento.

Comprar um bilhete de loteria é uma decisão ruim, porque deveríamos saber o suficiente sobre as probabilidades para ver que é um péssimo investimento. Se você comprar muitos bilhetes de loteria, poderá ir à falência.

Mas se comprar um bilhete de loteria e ganhar, parecerá que tomou uma boa decisão. Não tomou; você tomou uma decisão ruim e teve sorte: uma escolha ruim com um bom resultado.

O outro lado da moeda costuma ser mais verdadeiro: entendemos corretamente nossas opções, fazemos uma escolha e nossa estratégia não dá certo.

Não é uma decisão ruim. É uma boa decisão que foi seguida por um resultado ruim.

Em vez de esconder ou diminuir esses resultados, deveríamos examiná-los e inclusive celebrá-los. Azar não é uma falha moral.

265. Decisões ocultas perecem

Uma estratégia inteligente prospera com explicações e discussões.

Quando percebemos que uma decisão é uma escolha racional com base nas informações disponíveis e em nossa percepção do futuro, podemos ver que informações e percepções melhores levarão a melhores decisões.

Uma decisão não é uma eleição democrática. Em geral, é uma pessoa que escolhe entre as opções disponíveis, com base em seu perfil de risco e objetivos.

Mas esconder os fundamentos da nossa decisão não é um caminho resiliente e quase certamente levará a escolhas abaixo do ideal.

Começamos com descrições sobre como é o mundo: "Essas seis coisas são verdadeiras."

A seguir, acrescentamos afirmações sobre como esses fatos tornam um futuro possível mais provável: "E isso significa que é provável que tal coisa aconteça."

Por fim, descrevemos as probabilidades e como nossos objetivos e recursos se cruzam com os riscos que estamos correndo.

Nada disso melhora se as mantivermos no campo privado.

As pessoas podem discordar do seu perfil de risco ou da sua visão de futuro. E nossa descrição de como vemos o mundo é — compreensivelmente — tendenciosa.

No entanto, descrever tudo isso para as pessoas que estão torcendo por nós (e principalmente para aquelas que talvez não estejam) é uma maneira barata de descobrir como melhores escolhas podem estar disponíveis.

A tensão e o estresse de falar sobre uma decisão antes de tomá-la são reais, porém muito menores que a tensão e o estresse de conviver com o peso de uma decisão ruim tomada ontem.

266. Comparado a quê?

Se outra pessoa tivesse as mesmas informações que você, ela poderia ter tomado uma decisão melhor?

Isso não é o mesmo que comparar resultados após o fato.

Sistemas suficientemente complexos criam resultados imprevisíveis. No curto prazo, alguém sempre terá um resultado melhor que o esperado. Vencerá as probabilidades, superará o mercado de ações, registrará resultados surpreendentes e parecerá ser um gênio muito perspicaz.

Por um tempo.

Warren Buffet perdeu bilhões de dólares investindo na Dexter Shoe e perdeu a chance de ganhar ainda mais que isso por não comprar ações do Google.

Observe atentamente qualquer estratégia bem-sucedida e você verá que resultados ruins ocorrem com mais frequência do que imaginamos.

Estratégias exigem decisões, e decisões estão relacionadas ao futuro. Prever o futuro em um sistema complexo é um empreendimento incerto, por isso resultados inesperados e imprevistos são a norma.

Vale a pena dar nome aos bois: isso se chama sorte.

Estratégias resilientes aceitam e levam em conta a sorte. Elas se beneficiam da sorte e são resilientes o bastante para sobreviver ao azar.

É tentador (e preguiçoso) culpar decisões ruins por resultados ruins, mas eles podem não estar relacionados.

267. Trezentos e cinquenta mil dólares

A Vanderbilt University tem 150 anos. Está entre as cem melhores universidades dos Estados Unidos e estudar nela custa mais de 65 mil dólares por ano. Contando com alojamento, alimentação e outras despesas, facilmente o custo do curso para um aluno e sua família chega a 350 mil dólares ao fim do curso.

A University of Buffalo faz parte do sistema SUNY de Nova York. Ela tem cerca de 160 anos e é uma das melhores faculdades estaduais dos Estados Unidos. Levando em conta a taxa diferenciada para alunos do próprio estado e uma bolsa de mérito, ela é praticamente gratuita.

Um aluno que decide que a opção cara é uma boa ideia tem muito a explicar. O custo da faculdade significa que ele ficará em dívida por anos depois de se formar. Alunos egressos dessas duas faculdades encontram empregos na mesma proporção, e a diferença entre seus salários iniciais giram em torno de 10 mil dólares ao ano.

As escolhas que fazemos e a escala em que as colocamos é a nossa gestão de projeto.

Não poderemos fazer um bom trabalho se não pudermos falar para quem e para que serve. Fomos doutrinados a evitar conversas difíceis sobre projetos e o dinheiro envolvido, mas essas conversas só são difíceis quando escondemos a verdade de nossas escolhas.

Se o status de curto prazo da faculdade mais famosa e cara vale o que custa, vá em frente. Mas devemos ser claros a respeito dos motivadores das nossas escolhas, particularmente as importantes.

268. Pensar em dinheiro

Muitos profissionais de marketing trabalham muito para nos confundir sobre dinheiro. Eles tiram vantagem de nossa incompreensão do valor temporal do dinheiro, de nossa aversão a ler as letrinhas miúdas, de nossa necessidade infantil de gratificação instantânea e, acima de tudo, de nossa conexão emocional conflituosa com o dinheiro.

Confundir a perspectiva financeira dos clientes pode ser muito lucrativo se esse for o tipo de trabalho que você está disposto a fazer.

Algumas coisas para ter em mente:

- A quantidade de dinheiro que você tem não tem nada a ver com você ser ou não uma boa pessoa. Ser bom com dinheiro é meio como ser bom com as cartas. Pessoas boas nas cartas não são melhores ou piores que qualquer outra — elas são simplesmente melhores em jogar baralho.
- O dinheiro gasto em uma coisa é o mesmo dinheiro gasto em outra coisa. Uma taxa desnecessária de 500 dólares no fechamento de uma hipoteca de um milhão de dólares é exatamente tanto dinheiro quanto uma gorjeta de 500 dólares no McDonald's (exceto pelo fato de que esta última pode mudar a vida de quem a recebe).
- Se você pega dinheiro emprestado para ganhar dinheiro, está fazendo mágica. Em contrapartida, se você se endivida para pagar suas contas ou comprar algo que deseja, mas não precisa, está sendo míope e pagará o preço dessa escolha por um bom tempo. Não se surpreenda se descobrir que muitos sistemas dependem de nossa miopia.
- Quitar dívidas o mais rápido possível talvez seja a coisa mais inteligente que você possa fazer com seu dinheiro. Se precisar de provas, peça a qualquer pessoa com dinheiro que lhe mostre a

matemática disso. Dica: as operadoras de cartão de crédito provavelmente lucram mais do que qualquer outro tipo de empresa no mundo.

- Não há diferença (em termos do dinheiro que você tem) entre gastar dinheiro e não ganhar dinheiro; não há diferença entre não gastar dinheiro e receber um aumento (na verdade, por causa dos impostos, você fica até melhor não gastando). Se você tem TV a cabo e um celular, gasta 4 mil dólares por ano.
- Se dinheiro é uma questão emocional para você, isso é um problema. Ninguém que é bom em construir casas tem um problema emocional com martelos. Elabore essa dificuldade com ajuda de algum profissional e comece a ver o dinheiro como uma ferramenta.
- Como muitos outros empreendimentos profissionais importantes, o dinheiro tem um vocabulário próprio. Não vai demorar muito para você aprender o que significa custo de oportunidade, investimento, dívida, vantagem, pontos base e custos irrecuperáveis, mas valerá a pena o tempo investido.
- Nunca assine um contrato nem faça um investimento sem entendê-lo ao menos tão bem quanto a pessoa do outro lado da transação.
- Se você tem um emprego fixo, é hora de descobrir uma maneira de ganhar uma renda extra em seu tempo livre. Trabalhar como freelancer, vender coisas na internet, abrir uma empresa — duzentos dólares extras toda semana pelos próximos vinte anos podem lhe dar paz de espírito para a vida toda.
- Um pequeno investidor quase nunca ficará rico calculando o momento certo no mercado de ações ou com outros investimentos duvidosos.
- Sua opinião e postura acerca de doar dinheiro para boas causas têm muito a ver com o que você pensa em relação ao dinheiro como um todo.

- Não confunda dinheiro com segurança. Existem muitas maneiras de construir uma vida mais segura, começando com as histórias que você conta a si mesmo, as pessoas com quem se relaciona e o custo de vida que abraça. Dinheiro é uma maneira de se sentir mais seguro, mas ele sozinho não vai proporcionar isso.
- Pessoas ricas pegas negociando com informações privilegiadas não estavam arriscando tudo para ganhar mais dinheiro pela segurança que o dinheiro pode oferecer. Na verdade, o oposto é evidente. A necessidade insaciável por mais dinheiro está direta (e ironicamente) relacionada a não ter clareza sobre o que realmente oferece segurança. Como muita gente nesse caminho, a pessoa acaba sem dinheiro e sem segurança.
- Em nossa cultura, ganhar mais dinheiro é como uma vitória, e a vitória parece ser o objetivo. No entanto, dentro de faixas muito amplas, dinheiro não deixa as pessoas mais felizes. Aprender a pensar sobre dinheiro, sim.

Em longo prazo, fazer um trabalho importante gera mais felicidade que fazer um trabalho meramente lucrativo.

269. Sem arrependimentos e os tipos de jogos que jogamos

O Equilíbrio de Nash descreve a melhor estratégia para um jogo finito de dois jogadores. Mostra a série de passos que cada um deve dar para maximizar suas chances de vitória, dado que tem todas as informações e não há a influência de forças externas ou sorte. O Jogo da Velha, por exemplo, tem o Equilíbrio de Nash.

É a estratégia do "sem arrependimentos". Se vamos jogar esse jogo, o Equilíbrio de Nash é a melhor maneira para isso. Mesmo sabendo que vamos perder a rodada, é a melhor maneira de jogar, sempre.

Mas a maioria das pessoas não joga jogos finitos para dois jogadores. Encontramos sistemas complexos, prazos variáveis e diferentes perfis de risco.

Uma abordagem é focar vínculos fortes. Existem diversos fatores que influenciam nossas decisões, mas quando focamos as conexões mais diretas entre nossas ações e os resultados desejados, podemos ignorar as trivialidades emocionais que fazem decisões simples parecerem difíceis.

Outra coisa é deixar claro qual é a diferença entre Maximax e Maximin.

Maximax é a estratégia de buscar maximizar o impacto das suas vitórias. Como no ramo do entretenimento, no qual não importa se você tem fracassos ocasionais; o que importa é focar aumentar a escala e o impacto de próximos sucessos.

A alternativa é focar Maximin, minimizar o impacto de suas perdas. É assim que funciona uma usina de energia. É bom se sua produtividade média aumentar um pouco, mas é absolutamente terrível se algo der errado e a usina derreter.

Tendemos a recorrer ao Maximin, jogando pelo seguro e evitando perdas de curto prazo. Mas em certos lugares, devemos nos inclinar para o Maximax, tendo cuidado para não estragar tudo, mas abraçando pequenas perdas enquanto buscamos maximizar os benefícios de nossas vitórias.

Isso é sempre uma escolha. Pouquíssimas decisões oferecem ambas as possibilidades.

Eu jogava pôquer semanalmente com amigos. Depois de algumas semanas, o organizador sugeriu que eu deixasse de ir. "Você joga para não perder. Você faz apostas pequenas, dá sempre split pot e diminui os riscos. Isso não é jogar pôquer, é ser guarda de trânsito."

Qual é sua abordagem às apostas?

270. Por que é difícil falar sobre decisões?

Instintos, sentimentos e desejos tácitos são mais amorfos e carregam menos responsabilidade que aqueles que escrevemos e defendemos.

Quando desenvolvemos uma estratégia, abraçamos as decisões que levaram a ela (e as que virão), e às vezes é tentador evitar ser claro e nos envolvermos com nossa equipe.

- Precisamos explicar que queremos algo e por quê.
- Precisamos encarar o fato de que talvez não consigamos o que queremos.
- Precisamos descrever com precisão o mundo como ele é, o que também pode ser um julgamento dos momentos passados, quando nossa compreensão do mundo não estava correta.
- Precisamos anunciar uma aposta específica sobre o futuro, que pode não acontecer.
- Precisamos de um plano resiliente para o caso de a primeira estratégia não ser bem-sucedida.
- Precisamos ser responsáveis por dar continuidade.
- Precisamos reconhecer e assumir a responsabilidade pelas potenciais consequências de nossas decisões, tanto positivas quanto negativas.
- Precisamos confrontar e desafiar crenças, suposições ou tradições antigas que influenciaram decisões passadas.
- Precisamos estar dispostos a ter conversas difíceis e enfrentar divergências com pessoas com outras perspectivas ou prioridades.

- Precisamos ser transparentes acerca do nosso processo de tomada de decisão, mesmo que isso implique o compartilhamento de informações que antes eram sigilosas ou reconhecer lacunas de conhecimento.

271. Paralisia do azar

Interpretar errado os resultados de nossas decisões pode nos deixar empacados.

Não é possível ter certeza de nenhum resultado. Ponto. Se somos levados a acreditar que boas decisões sempre levarão a bons resultados, as boas decisões tornam-se ilusórias e devemos simplesmente evitá-las.

É verdade que é mais fácil não fazer nada que ver que estávamos errados.

Mas a ação é nossa única opção.

Quando decidimos ser espectadores passivos, cedemos nossa agência e desistimos de nossa oportunidade de contribuir.

É impossível ter resultados perfeitos consistentemente. É mais fácil imaginar que somos capazes de tomar boas decisões regularmente.

Uma boa decisão é a melhor análise das informações das quais você dispõe.

Os resultados podem informar nossa análise no futuro, mas estão fora de nosso controle.

Boas decisões valem a pena, mesmo que nem sempre levem a bons resultados.

272. Sobreviventes são notáveis

Vá a uma conferência de empresas de marketing multinível, criadores de NFTs ou de *stock pickers* e você chegará à conclusão de que essas são as melhores maneiras de ganhar a vida. Afinal, todo mundo ali está indo muito bem.

Mas isso é simplesmente porque *as pessoas que estão lá* estão indo muito bem. Em conferências você não vê as pessoas que faliram, tiveram burnout ou desistiram.

Durante a Segunda Guerra Mundial, muitos aviões foram abatidos. O exército contratou Abraham Wald para inspecionar os aviões que haviam retornado à base para sugerir como aumentar a blindagem e melhorar suas chances.

Os aviões que Wald analisou tinham buracos de bala por toda a asa. A abordagem convencional seria colocar mais blindagem ali, onde estavam os buracos.

Mas ele apontou a verdade contraintuitiva: o fato de esses aviões terem voltado em segurança significava que as asas estavam boas. A blindagem devia ser colocada onde não havia buracos, porque os aviões que foram atingidos na fuselagem foram os que não voltaram.

Outro exemplo: uma empresa trabalha para consertar falhas que geram maior número de reclamações, mas ela ignora os clientes que não se dão o trabalho de reclamar, que simplesmente não compram mais ou que falam mal da empresa para os outros.

Descobrindo quais são essas coisas, você causará um impacto ainda maior em seu sucesso de longo prazo.

A utilidade de uma estratégia não é medida por quantas pessoas a usaram com sucesso, mas sim quantas pessoas que a usaram obtiveram sucesso.

273. A regressão à média

Se jogar uma moeda para cima dez vezes, as chances são pequenas de dar cara por dez vezes seguidas.

A próxima jogada tem uma probabilidade de 50/50.

A moeda não sabe o que fez ontem. Cada lançamento é um evento independente.

Mas o tempo sabe. O tempo controla a pontuação no longo prazo. Embora o tempo não possa mudar o próximo lançamento, armado com sabedoria ele vai prever com precisão que, no longo prazo, os resultados vão se equilibrar.

Com tempo suficiente, qualquer sequência de eventos aleatórios encontra o equilíbrio.

Isso não é a mesma coisa que sistemas que recompensam vitórias iniciais.

Ao tomar decisões, é preciso ignorar o ruído aleatório que chamamos de sorte e prestar especial atenção aos sistemas nos quais os vencedores são recompensados com condições que os tornam mais propensos a vencer de novo.

274. Melhores decisões e melhores resultados

Se outras pessoas estão o tempo todo superando sua estratégia, há quatro possíveis razões:

- **Elas podem ter uma vantagem sistêmica** – esse tipo de sorte não se equilibra com o tempo. Se o sistema agravar sua vantagem inicial, serão necessárias mais que boas decisões para superar isso.
- **Elas podem ter uma vantagem de ativos** – essa é uma forma de vantagem inicial. Uma pequena vantagem em ativos dá retorno,

as pessoas compram mais ativos e continuam na liderança. Se os recursos, a rede e as habilidades que eles têm para aguentar agem em favor deles, você terá que dar um jeito de encontrar o andaime de que precisa para replicar o desempenho delas.

- **Elas podem ter acesso a informações melhores** – as decisões são baseadas no que você sabe e em como vê o mundo. Se as outras pessoas estiverem vendo mais claramente, você precisará ir atrás de ver o que elas veem.
- **Elas são melhores do que você em tomar decisões** – se todo o resto for igual, se com as mesmas informações e ativos ainda assim os outros estiverem obtendo melhores resultados, pode ser bom reconhecer que são tomadores de decisão melhores e tentar aprender com eles.

275. Não tomar uma decisão é o caminho fácil

Decisões são difíceis. Implicam medo, esforço e risco.

Na busca de mudar o resultado dos sistemas com que trabalhamos, devemos criar condições mais oportunas para que os tomadores de decisão façam escolhas melhores. E o objetivo é que isso não pareça uma decisão.

Durante décadas, a Samsung fez esquadrões de pessoas irem à Consumer Electronics Show, e isso não era uma grande decisão pensada. Eles faziam eletrônicos de consumo, todo mundo ia, simples assim.

A não decisão passiva pode ser uma armadilha que reforça resultados sistêmicos negativos. O medo de confrontar custos irrecuperáveis pode nos manter presos na dinâmica de fazer as coisas erradas.

Mas podemos transformar esses instintos humanos em prol da comunidade.

Quando todos os outros médicos no centro cirúrgico fazem a assepsia antes das cirurgias, não há muita escolha: nós fazemos o mesmo.

Se a mudança que você busca fazer exige decisões corajosas e ponderadas de pessoas inclinadas a defender custos irrecuperáveis, o caminho é mais difícil do que precisa ser.

Tamsen Webster ressalta que as pessoas raramente sentem o "remorso do crente". Elas fazem quase tudo para defender sua identidade e o sistema em que estão inseridas.

A coisa mais produtiva que você pode ouvir de alguém a quem busca servir é: "Obrigado, eu estava certo o tempo todo."

Vamos, sim, ajudar as pessoas a atingir seus objetivos, mas faremos isso mudando seu modo de chegar lá.

276. Ativos são ferramentas

O que você tem aí?

O valor de um ativo pode ser o preço pelo qual podemos vendê-lo, mas é mais útil vê-lo como uma ferramenta que podemos usar para fazer algo acontecer.

Veja alguns ativos que você pode possuir ou acessar:

- Imóveis
- Permissão para entrar em contato com clientes ou potenciais clientes
- Dados
- Uma reputação que lhe dá o benefício da dúvida
- Dinheiro
- Contratos de aluguel com boas condições

- Reputação (parte do status quo)
- Força de trabalho treinada e comprometida
- Capital
- Propriedade intelectual e segredos comerciais
- Tráfego de varejo ou internet
- Habilidades conquistadas com muito esforço
- Cultura organizacional
- Licenças e certificações
- Parcerias e alianças
- Opiniões do cliente

Os ativos que desaparecem quando você sai do escritório são úteis, mas os mais escaláveis são ferramentas que você pode aproveitar se compartilhar com outras pessoas.

Alguns desses ativos podem ser facilmente adquiridos com dinheiro, mas outros levam tempo e esforço para ser conquistados.

Todos os dias, gastamos tempo e esforço. Você termina seu dia com ferramentas mais valiosas ou simplesmente gastou suas horas realizando tarefas para outra pessoa?

277. Ativos no decorrer do tempo

Em 1957, o bispo católico Fulton J. Sheen era um dos homens mais famosos e confiáveis dos Estados Unidos. Seu horário na TV nas noites de domingo era um bem incrivelmente valioso, e ele conseguia atingir 30 milhões de pessoas toda semana. Para contextualizar, não há nenhum programa na televisão hoje que tenha esse alcance.

Um amigo meu adquiriu os direitos de todos os programas antigos dele. Passamos meses tentando transformá-los em algo de valor, mas décadas depois, o valor daqueles ativos havia diminuído tanto que a ferramenta era praticamente inútil. Os programas não eram tão valiosos quanto o horário.

Ao mesmo tempo que Sheen estava no auge, uma pequena hamburgueria se tornou o McDonald's e o BankAmericard começou a jornada que evoluiu até se tornar a Visa.

O valor desses ativos aumentou dia após dia, ano após ano.

O que você tem aí?

278. Que tipo de martelo você deve comprar?

Profissionais obtêm ativos com intenção.

A Home Depot vende vários de tipos de martelos. O locatário com um apartamento novo se vira bem com um martelo barato com um cabo confortável, mas um pedreiro ou um marceneiro preferem uma ferramenta feita sob medida.

Todos os dias trocamos tempo, oportunidade e dinheiro por ativos. Se fizermos isso sem intenção, estaremos realizando tarefas e desperdiçando a chance de conquistar mais ativos.

Ativos assumem muitas formas. Que tipo de reputação você está ganhando? É resiliente, aditiva e defensável, ou você se contentou em ser uma engrenagem competente em um sistema que não se importa tanto com você?

Depois de seis meses, um ano ou uma década desse trabalho, o que você terá para mostrar?

O objetivo é encontrar ativos que aumentem de valor com o tempo e sejam resilientes, para ser transferidos a outros projetos quando o mundo mudar.

279. Ação comunitária

A única maneira de resolver um problema de sistema é com uma solução de sistema.

Se existe um sistema poderoso produzindo alimentos não muito saudáveis, não vamos melhorar a saúde pública simplesmente contando isso às pessoas. Um documentário sobre o McDonald's é impotente contra os efeitos poderosos dos sistemas que sustentam o avanço do fast-food.

A ação comunitária é o limite do qual o livre mercado depende para sobreviver.

Suborno, rotulagem desonesta, trustes ilegais e maus-tratos óbvios aos trabalhadores são mais raros do que antes. Por causa disso, é possível que as empresas bem amarradas ao sistema se comportem de uma forma que pareça um livre mercado para nós. Esses comportamentos negativos não desapareceram porque era do interesse de curto prazo dos concorrentes evitá-los, e sim porque a comunidade se uniu para bani-los.

Depois que o padrão é estabelecido, poucos querem voltar. Mas não haveria um padrão se a comunidade não o houvesse definido.

O propósito de nossa cultura não é permitir o capitalismo. O capitalismo está aqui porque nos permite construir a cultura em que escolhemos viver.

Se a cultura é a forma como um sistema se protege, a ação comunitária é a forma como resistimos à cultura que se torna tóxica.

280. O homem que envenenou todos nós

Thomas Midgely Jr. inventou a gasolina com chumbo. O chumbo na gasolina fazia que os motores dos carros antigos funcionassem melhor. Isso representava uma economia para as montadoras, mas também poluía o ar. Os vapores são tão perigosos que o próprio Midgely se afastou por um ano do trabalho simplesmente para respirar ar puro e se desintoxicar do chumbo.

Embora soubesse dos perigos, Midgely promoveu esse aditivo milagroso. Havia muito dinheiro a ganhar, e quem estava em posição de ganhar dinheiro abraçou essa contribuição para o próprio sistema.

A gasolina com chumbo não desapareceu só porque engenheiros de automóveis criaram motores melhores: desapareceu porque foi banida pelos governos.

Poucos anos depois de sua "inovação", Midgely voltou. Ele foi pioneiro em CFCs, uma molécula mágica que poderia alimentar refrigeradores com confiança e eficiência (para milhões de lares, isso sem falar do ar-condicionado), bem como facilitar a fabricação de aerossóis para tinta spray e desodorantes.

Infelizmente, cada molécula de CFC liberada na atmosfera altera o estado de milhares de moléculas de ozônio, que forma a camada que nos protege da luz solar direta, do câncer de pele e do derretimento das calotas polares.

Levou algumas décadas, mas as nações do mundo se reuniram em Montreal e concordaram com um protocolo para banir os CFCs. No entanto, apesar da proibição, ainda temos geladeiras e tinta spray. O sistema descobriu como produzi-las sem CFCs, e a camada de ozônio está se recuperando, apesar da resistência de curto prazo de algumas pessoas que se dizem defensoras do livre mercado.

Sem fronteiras, o livre mercado corre para o fundo porque encontra atalhos, e o sistema competitivo em que vivemos força muitas organizações a tomar esses atalhos.

Os verdadeiros defensores do livre mercado entendem que o mercado repousa sobre uma fundação. A ação comunitária pode elevar o nível para todos, tirando incentivos de pessoas sem nada a perder que buscam correr para o fundo.

281. O eterno mito do autocontrole generalizado

"Se você não quer fumar, não fume."

"Se você está preocupado com o chumbo na gasolina, não compre gasolina com chumbo."

"Se você se preocupa com o meio ambiente, faça compostagem, recicle e compre um carro elétrico. Se todos fizessem isso, estaríamos bem."

O sistema que lucra com o foco em mercados de massa e satisfação de curto prazo vem nos doutrinando há gerações a respeito da superioridade moral da escolha individual e do livre mercado.

Isso ignora o poder da cultura, do marketing e dos sistemas que nos cercam.

Também finge, convenientemente, que ações em nível individual não têm efeitos colaterais coletivos de longo prazo. É o mito de que externalidades difíceis de ver não contam.

Fomos pressionados a reduzir cada vez mais nossos círculos. Você é incentivado a se preocupar apenas consigo mesmo e a focar o agora. Essa abordagem é contrária à verdade das comunidades resilientes e generativas.

Os sistemas de marketing difundidos nas culturas industrializadas são otimizados para reduzir o autocontrole.

É isso que muitos anúncios fazem. Eles nos convencem a nos mimarmos, a encontrarmos a solução mais conveniente e a nos preocuparmos com o longo prazo depois.

Estudos mostram que fazer um detox do Facebook melhora o pensamento racional e a felicidade no longo prazo. Mesmo assim, as pessoas seguem rolando seus feeds.

O preço da ração para cães sobe, mas os cachorros não parecem mais felizes. Ficamos felizes por comprar uma história. Promoções e anúncios funcionam. Sistemas funcionam. A cultura se reforça a si mesma.

Não sabemos como mudar todos os sistemas que compõem nossa cultura, mas podemos começar estabelecendo padrões. A ação comunitária cria *guardrails*, os limites de que a cultura precisa para prosperar. Os sistemas anseiam por estabilidade, mas a estabilidade é impossível sem limites — um trem sem trilhos não vai a lugar nenhum.

Talvez não precisemos de mais autocontrole. Talvez precisemos de ação comunitária.

282. Uma abordagem estratégica para a mudança sistêmica mais urgente de nossas vidas

Quando começamos a ver os sistemas que nos cercam, os caminhos para criar mudanças ficam muito mais claros.

O subtítulo do livro *O almanaque do carbono* é "Ainda temos tempo". Como escreveu John Green, "O desespero não é muito produtivo. Esse é o problema dele. Como um vírus replicante, tudo que o desespero cria é mais de si mesmo".

Mas como vamos daqui até lá?

Sabemos o que está aqui. Aqui está o corpo indiscutível e sempre crescente de evidências replicáveis que mostram que o clima está mudando. Ele está mudando de maneiras que deslocarão centenas de milhões de pessoas em alguns anos e mudarão a vida no planeta para sempre.

É fácil se desesperar com isso.

O pai do Superman, Jor-El, viu que o planeta Krypton estava instável e prestes a explodir. Mas apesar de ser um dos grandes cientistas do planeta, não pôde persuadir o governo a agir. Foi assim que Clark

Kent acabou indo parar na Terra e quase todo mundo que ficou em Krypton pereceu.

Não vivemos em uma história em quadrinhos, mas muita gente que viu os dados e vivenciou a rejeição, a paralisação e a oposição dos sistemas poderosos em ação sente raiva e desespero.

Muitos CEOs entendem nossas perspectivas, e líderes governamentais esclarecidos também. No entanto, as construções de oleodutos continuam, fazendas de gado estão sendo expandidas e alguns estados estão proibindo a energia eólica.

Isso é uma ilusão irracional de curto prazo.

Mas, quando vemos os sistemas em funcionamento, ela passa a fazer mais sentido.

Desde 1900, o mundo industrializado vem transformando petróleo barato em energia barata, sem se importar com os efeitos colaterais. Essa energia barata enriqueceu 8 bilhões de pessoas e criou sistemas de conveniência, conforto e poder dos quais muito poucos estão dispostos a abrir mão.

Não é difícil convencer alguém a passar a usar energia renovável, desde que a energia oferecida seja tão confiável, conveniente e até mais barata do que a que as pessoas têm agora. A energia faz parte de nosso desejo insaciável por mais, e oferecer *mais por menos* é uma maneira fácil de ganhar tração.

Isso não é uma mudança no sistema. Isso é alimentar o sistema com o que ele vem consumindo há gerações.

É evidente que não existe uma tecnologia mágica que permitirá uma transição sem esforço para uma realidade de carbono reduzido.

O aumento do nível do mar, a fome e o sofrimento são o que o sistema quer?

Claro que não. Mas o sistema se volta para a conveniência, o status dos agentes e o medo da mudança. Alguns agentes sabem que podem obter mais do que buscam hoje, mesmo que isso prive os outros daquilo de que podem precisar amanhã.

E diferentemente da solução para o buraco na camada de ozônio, a solução para o problema climático maior parece ilusória.

283. Ajudar o mercado a consertar o que o ele mesmo quebrou

Agora já sabemos que problemas sistêmicos exigem soluções sistêmicas.

Nosso problema global no momento se baseia em um problema clássico e simples da economia: externalidades corrompem o funcionamento de um livre mercado.

Se não custa nada para uma empresa despejar lixo no rio, ela assim o fará, nem que seja para economizar centavos. Afinal, a correnteza leva tudo para longe do poluidor.

Na nossa cultura, se estiver dentro da lei, tudo bem. E pressões competitivas levam os industriais a tirar vantagem de qualquer externalidade que economize tempo ou dinheiro.

Há uma externalidade gigante em ação aqui, tão óbvia que não a vemos: *cada um de nós subsidia o preço do carbono, mesmo que não o utilizemos.*

O combustível de aviação é muito barato. O dono do jato economiza dinheiro, e todas as pessoas do planeta (e seus descendentes) pagam por ele. Estima-se que subsidiamos o preço dos produtos petrolíferos em até SETE TRILHÕES de dólares em 2023.

A carne bovina é muito barata. Não apenas porque os contribuintes do mundo todo subsidiam a produção de carne bovina (é uma boa política), mas porque a presença de um bilhão de vacas está alterando o planeta inteiro. Vinte e cinco por cento de nosso impacto no clima provém dos gases liberados pelas vacas e do desmatamento necessário para alimentá-las.

As dez principais causas das mudanças climáticas existem porque são convenientes e baratas, mesmo que, no decorrer de uma década ou menos, elas criem as condições para um desastre, que não será conveniente nem barato de remediar.

A solução é simples, mas exigirá uma ação da comunidade: *Cobrar um preço justo pelo carbono.*

A sobretaxa necessária para acabar com os subsídios poderia ser devolvida a cada cidadão mensalmente, direto na conta bancária. Os detalhes desse plano são delineados pelo Climate Leadership Council, um grupo apartidário que você pode encontrar na internet.

Se alguém escolhe voar de jato particular até Londres para almoçar, isso é uma escolha pessoal. Em vez de 100 mil dólares, o preço exato sem subsídio seria de 400 mil dólares. A sobretaxa de 300 mil dólares — a parte que contabiliza o custo de todos os danos da viagem — seria distribuída igualmente para todos os outros.

Se começássemos aos poucos, com uma pequena sobretaxa e um pagamento menor para todos, muito rapidamente o mercado prestaria atenção.

Produtos e serviços que incorporam carbono aumentariam gradualmente de preço até um nível justo. Alternativas seriam drasticamente mais baratas, porque os dividendos pessoais mudariam a forma como contabilizamos as despesas.

O mercado valorizaria mais as organizações que estão preparadas para um futuro com sobretaxas mais altas.

Os consumidores votariam como sempre fazem: com seus dólares. O mercado poderia ter uma chance de resolver um problema que um mercado mal calibrado causou.

As empresas obteriam o que sempre querem: mais vendas e mais lucros. A maneira como fazem isso mudará um pouco, mas ninguém terá que mudar o que busca.

Não podemos encolher nosso caminho para a grandeza, mas podemos tomar decisões melhores com informações melhores.

284. Aproveitar o insaciável

O poder da sobretaxa e dos dividendos de carbono é que eles se conectam aos ciclos de feedback e às dinâmicas do sistema que já existem.

Quem tem desejo insaciável por mais dinheiro logo encontrará uma maneira de vender coisas que gastam menos carbono, superando a concorrência e ganhando participação de mercado.

Consumidores com um desejo insaciável por estabilidade, status e paz de espírito buscarão opções de baixo carbono, porque isso lhes permitirá economizar dinheiro imediatamente.

Quando as pessoas começarem a receber seus dividendos, um novo ciclo de feedback começará. Quem presta atenção ao carbono incorporado quando faz compras lucrará ainda mais com seus dividendos. Aqueles que não se importam começarão a se importar.

E ninguém vai ter que mudar o que sempre quis.

Se quer causar uma mudança no sistema, descubra quais são seus desejos insaciáveis e conecte-se a eles.

285. A ação que tomamos

Não importa se você instalar uma bomba de calor ou se parar de usar um soprador de folhas movido a gasolina.

Bem, isso não é verdade; importa, sim, mas não o suficiente.

O que muda um sistema é a ação comunitária. Ação comunitária persistente, consistente e focada.

Encontre os outros, conte aos outros, organize os outros.

E repita tudo amanhã.

Qualquer mudança que valha a pena fazer requer foco e persistência para criar ação comunitária. Sistemas e cultura são forças muito maiores do que qualquer indivíduo é capaz de superar sozinho.

No mundo todo, há bilhões de pessoas tentando fazer a diferença, mas, com muita frequência, fomos seduzidos a acreditar que a única maneira de seguir em frente é fazer as coisas nós mesmos ou esperar que outra pessoa cuide do problema.

A terceira escolha é a útil: criar as condições para a mudança. Trabalhar juntos para criar ação comunitária. Movimentos que proporcionem a evolução dos sistemas dos quais dependemos.

A tecnologia e a informação necessárias para lidar com nossa crise climática já estão em vigor. O que não está em vigor é uma maneira de fazer o mercado consertar o que ele quebrou.

Se cobrarmos um preço justo pelo carbono, as pessoas tomarão novas decisões com base nessas novas informações.

E há bilhões de pessoas que querem que essa mudança aconteça, que se beneficiarão dela hoje e amanhã, e que têm a influência necessária para realizá-la.

Ação persistente e alavancada.

E contada aos outros.

286. A doutrinação é real

Começa na sala de parto.

Continua no parquinho e na brinquedoteca.

É amplificada na escola.

E cimentada na entrevista de emprego.

Fomos treinados para nos sentirmos impotentes em relação ao futuro.

O misto de "Isso vai cair na prova?", escassez, classificação forçada, prova surpresa e o ciclo infinito de não ser bom o bastante, cria a aparência de que não temos autonomia.

O amanhã pode trazer esperança, mas provavelmente não trará.

Pelo menos é o que a cultura nos diz.

Adam Mastroianni escreveu: "Hoje, a função principal de nossas instituições científicas e educacionais é acolher os jovens e diminuir suas ambições."

Podemos fazer melhor que isso.

287. A viagem, não um evento

"Gosto de deixar espaço para acidentes ou caos. Fazer um disco perfeito, no qual cada nota e sílaba está no lugar e cada bumbo é idêntico não é magia. Qualquer pessoa com paciência e orçamento para permitir tal tolice pode fazê-lo. Prefiro trabalhar em discos que aspiram a coisas maiores, como originalidade, personalidade e entusiasmo.

Se cada elemento da música e dinâmica de uma banda for controlado por click tracks, computadores, mixagens automatizadas, portas, samplers e sequenciadores, o disco pode não ser incompetente, mas certamente não será excepcional."

Steve Albini, produtor musical

O futuro não é preordenado, mas também não está totalmente fora de nosso controle. Ele não é um labirinto, ou uma jornada de autoconhecimento, ou uma série de testes. Podemos fazer tudo certo? Perfeitamente certo?

Podemos padronizar e produzir, dimensionar e medir nosso caminho para que se adeque exatamente ao que virá?

O mito da Revolução Industrial dizia que poderíamos padronizar nosso caminho para o sucesso. Os gestores argumentavam que uma torradeira que fosse uma ótima torradeira em 1963 continuaria sendo uma ótima torradeira em 1990.

O futuro é, na verdade, muitos futuros, e nosso futuro não é imune às nossas ações. Na verdade, nossas ações (ou inações) são uma das causas do nosso futuro. E nossa atitude sobre o presente, a história que contamos a nós mesmos sobre o que acabou de acontecer, está totalmente sob nosso controle.

O jogo continua, com muitos jogadores, e é sempre novo.

288. Pressão constante e burilamento

O organizador de comunidades Saul Alinsky descreveu sua mais útil percepção de sistemas: "[...] é a continuidade de operações que manterão uma pressão constante sobre a oposição. É essa pressão incessante que resulta nas reações da oposição essenciais para o sucesso da campanha".

Os sistemas resilientes evoluem para resistir à pressão de curto prazo. Eles buscarão durar mais que você.

E isso significa que o lado com o maior período de atenção vence. Esse lado geralmente é o status quo. Ele tem mais recursos e um histórico de paciência para esperar que os insurgentes percam o interesse.

Michael Lopp descreve sua habilidade de burilar como um superpoder em matéria de trabalho. "Uma vez que a lua de mel, que o entusiasmo com um novo projeto acaba, a maioria das pessoas desiste. Mas, quando o sistema começa a reagir, quando o status quo parece prestes a triunfar, esse é o momento de burilar."

Nós burilamos, ou seja, refinamos, quando escrevemos códigos de computador ou pintamos, mas também podemos fazê-lo sempre que buscamos mudar um sistema. Não simplesmente o nosso buril em cena, mas um grupo de pessoas organizado, persistente e conectado, cada qual com seu buril.

Cem buriladores fazendo isso todos os dias. Ou mil.

É o bastante.

A mudança que fazemos com cada movimento não conta tanto quanto a persistência para organizar outras pessoas para que participem e persistam.

Nós mudamos sistemas construindo nossos próprios sistemas — sistemas que trazem mudanças como resultado.

A maneira inteligente de lidar com uma crise nem sempre é mergulhar na solução da crise. Pode valer a pena organizar pessoas de forma consistente e persistente até que o sistema que causou a crise mude.

289. Falha de coordenação

Um elemento negligenciado na teoria dos jogos é a falha de coordenação.

Quando duas ou mais pessoas trabalham juntas em sincronia, sua força é multiplicada.

Soldados marchando sobre uma ponte são treinados a andar fora de sincronia, porque se todos marcharem juntos, a força coordenada de seus passos farão a ponte desabar.

Se você quer impactar um sistema, a coordenação é necessária.

A internet nos mostra que a coordenação nunca foi tão fácil. Nossa capacidade de encontrar pessoas, engajar e aprender nunca foi tão grande quanto agora. A coordenação é mais rápida, mais barata e mais aberta que nunca, mas, mesmo assim, hesitamos.

A coordenação falha quando perdemos a paciência.

Não é suficiente colocar as pessoas certas na sala. E nem é suficiente garantir que todas estejam motivadas.

A mudança de sistemas é um projeto, e os projetos respondem à liderança e à gestão.

Vejamos duas pessoas que decidiram fazer a diferença:

Uma pessoa faz horas extras para chegar à resposta certa: "Eureka, aqui está a solução."

A outra organiza e lidera uma equipe persistente de pessoas que criam uma dinâmica cultural que os outros abraçam. Dão início a um movimento que encontra a resposta.

Quem tem mais chances de causar impacto?

290. Assincronismo é um superpoder

As culturas que desenvolvem a alfabetização avançam mais rápido e chegam mais longe que as analfabetas.

A escrita codifica o pensamento e aumenta a coordenação e a persistência.

Escrever nos dá a chance de manter a sincronia, mesmo quando não estamos todos juntos.

Executamos projetos e tomamos decisões. Ambos dependem de nossa capacidade de coordenar e nos comunicar com os outros. Fazemos isso com cultura e com comunicação direta e ponderada.

O treinador, no vestiário, pode incentivar o time durante o intervalo, mas é a cultura que se desenvolve a partir dos treinos, refeições e do manual de jogadas que determina se eles têm probabilidade de vencer o próximo jogo ou chegar ao fim da temporada.

A cultura derrota a motivação. E a cultura é distribuída e quase nunca acontece de uma só vez.

A cultura é a maneira que um sistema tem de se defender, e para construir um sistema, temos que estar atentos à cultura que criamos.

Em nossa cultura de trabalho, é preciso fazer uma distinção entre reuniões e conversas.

Conversas são interações que compartilham informações e sabedoria.

Reuniões são memorandos ao vivo que desperdiçam o tempo de todos e não deixam nenhum registro comumente aceito.

Organizações que têm dificuldades com estratégia costumam ter muitas reuniões.

291. Ignorar custos irrecuperáveis: uma ideia simples, mas nada confortável

Ao tomar uma nova decisão, devemos ignorar o que adquirimos ontem.

As habilidades que adquirimos, as máquinas que compramos, os privilégios que nos foram dados, tudo isso são presentes dados a você hoje por seu eu de ontem. Como todos os presentes, são opcionais. Você não precisa aceitá-los ou usá-los. Essa é uma das lições mais profundas e difíceis que todo MBA aprende: ignore os custos irrecuperáveis. O dinheiro e o esforço que você gastou ontem não devem ter nada a ver com as decisões que você toma amanhã, porque cada decisão é nova.

Exemplo simples: você gastou 10 mil dólares em uma máquina que faz widgets a um custo de um dólar cada. E ficou um ano na lista de espera. Poucos dias antes de ser entregue, chegou ao mercado uma nova máquina, capaz de fazer widgets por apenas cinco centavos. A nova máquina se pagará em poucas semanas, mas, se você comprá-la, perderá cada centavo do depósito que fez, sem contar o tempo que ficou na lista de espera. O que fazer?

Fica bem claro que defender o dinheiro que você já gastou vai custar uma fortuna. Ignore esse custo e tome uma nova decisão.

Isso faz todo o sentido, até que se torne pessoal. Só que o trabalho que fazemos, a arte que fazemos, é pessoal.

Você está escrevendo uma peça. Uma cena crítica é sua favorita. Foi a mais difícil de escrever, aquela que você suou mais para criar e interpretar. Mas em todas as suas apresentações, o público odeia essa cena e, quando você a corta, a ovação é maravilhosa.

Nessa situação, você não está apenas abandonando um depósito ou um treinamento; está abandonando seu melhor trabalho, seus sonhos, você mesmo.

Parte de ser um artista criativo é se entregar de bom grado a uma obra que pode não funcionar. E a outra parte, que é tão importante quanto, é admitir abertamente quando você foi na direção "errada" e sair correndo dali, mesmo (e especialmente) quando for pessoal.

Todo esforço tem um custo de oportunidade e, às vezes, esse esforço se transforma em um ativo. Quando o ativo não está mais ajudando, você pode perdoar seu esforço, recusar o ativo dali para a frente e correr atrás da mudança que pretendia.

292. O que significa "errado"?

Direção errada, resposta errada, projeto errado. O que significa "errado"?

Vamos voltar ao começo.

Para quem é?

Para que serve?

Se nos disser que está fazendo o filme para você, para sua musa, para seu scrapbook, seja lá o que tenha escrito, filmado ou editado, estará perfeitamente certo. Não está errado. Fique com ele.

Mas se sua estratégia é encantar o público e o filme não o encanta, está errado.

Fazer faculdade de direito foi a decisão errada? Bem, quando você tomou essa decisão, o que queria e os ativos de que precisava pareciam claros. Agora, cinco anos depois, você aprendeu muito, passou a ver o mundo de um jeito diferente.

Esse diploma de direito é um presente de seu antigo eu. Se não vai ajudá-lo a chegar aonde quer, você não precisa aceitá-lo. Basta dizer "Não, obrigado" e seguir em frente.

Defender a decisão que você tomou de cursar direito só traz mais dias bons depois dos ruins.

293. Amanhã é outra oportunidade

Há trinta pessoas ali esperando que você as ajude a se conectar, ou que as lidere ou melhore as coisas. Mas, se você ainda estiver defendendo o projeto inicial, aquele em que tanto investiu, não poderá ajudá-las.

Clientes, parceiros e alunos que precisam de sua voz ou de seu produto não se beneficiarão disso porque você está trabalhando arduamente para sair de um buraco antigo, uma situação que agora está mais difícil que nunca superar.

É fácil focar o problema à sua frente e decidir que esse problema (e somente esse problema) é o que precisa ser resolvido. Mas há um custo para tudo, e a oportunidade perdida quando você faz isso é real, mesmo se não perceber.

Claro que não criamos uma contribuição verdadeira pulando de uma coisa para outra cada vez que as coisas ficam difíceis. Mas também nos venderemos barato (e prejudicaremos as pessoas a quem poderíamos servir) se não formos capazes de abandonar um projeto que deu errado.

O que aconteceu ontem já foi. É um presente e um bem de seu eu do passado. Você não precisa aceitá-lo, se não quiser.

294. Ignore o palhaço que não apareceu

Sim, sua festa de aniversário ia ter um palhaço. Não, ele não apareceu. Que saco.

Mas todos os seus amigos estão aqui, o dia está ensolarado, vai ter bolo e as brincadeiras já vão começar.

A questão é: por quanto tempo você deve lamentar a ausência do palhaço? Quanto mais de sua festa você está disposto a sacrificar?

O jogador de golfe profissional que deu três putts no terceiro buraco enfrenta a mesma pergunta.

O contador que esqueceu uma dedução óbvia, que não pode ser recuperada também.

Assim como o vendedor que perdeu uma reunião importante, ou o palestrante que ficou frustrado porque a equipe técnica errou os três primeiros slides.

Se não há solução, para que insistir?

Quando conseguimos ver esses defeitos temporários como palhaços que não têm relação com a harmonia cósmica ou com o que vai acontecer conosco, fica mais fácil compartimentá-los.

Já foi.

Ok, e agora?

295. O que vestir na quarta-feira?

Em 1979, era raro falar sobre homossexualidade. Milhões de pessoas estavam no armário e a homofobia não era levada a sério.

Enquanto andava pelo campus da minha faculdade umas semanas depois do início do semestre, eu vi uns cartazes azuis que haviam pregado nas portas e nas árvores. Diziam simplesmente:

"Quarta-feira
é
Dia do jeans azul
se você for
gay."

Não dizia mais nada.

Isso logo despertou um monólogo interno em mim. Não só em mim, mas em todo mundo que leu o cartaz.

O que devo vestir na quarta-feira? Eu não costumo usar jeans, mas devo usar em solidariedade? E se eu for o único? As pessoas vão me julgar?

Quando milhares de pessoas se viram se fazendo essas perguntas sobre identidade e poder cultural, muita gente da comunidade se deu conta de que era isso que nossos amigos e colegas gays tinham de enfrentar todos os dias.

O cartaz foi um pequeno passo no caminho da mudança de expectativas e comportamento das pessoas do sistema. Começou com tensão na cabeça de cada pessoa, depois se transformou em conversas entre as pessoas. Começou com alguém sozinho em seu quarto olhando para seu armário, sabendo que logo estaria entre outros, na rede, parte da cultura, ciente de que estava prestes a passar uma mensagem.

Pessoas como nós fazem coisas assim.

A tensão acompanha a mudança da mesma maneira que a sombra acompanha a luz do sol.

296. Pessoas como nós

No estado de Nova York, se o orçamento de um conselho escolar não obtiver a maioria dos votos favoráveis, o conselho pode fazer mais uma tentativa de aprová-lo. Se falhar uma segunda vez, a escola fica sujeita a cortes significativos, que acabam impactando negativamente os alunos.

Minha cidadezinha tem orgulho de seus professores e de suas escolas. A escola de ensino fundamental recebeu o Blue Ribbon, uma espécie de selo de qualidade do Departamento de Educação dos Estados Unidos, e temos um longo histórico de apoio da comunidade.

Há alguns anos, aumento de impostos e mudanças demográficas levaram o orçamento a ser rejeitado. Idosos e outras pessoas menos envolvidas com as escolas acabaram votando contra.

Tínhamos mais uma chance de aprová-lo.

A abordagem óbvia seria argumentar, explicar aos eleitores que votaram "não" que os valores de propriedade, a coesão da comunidade e a boa cidadania nos levaram a apoiar nossas escolas; mostrar-lhes que estavam errados e fazê-los mudar de ideia.

Mas o tempo era curto, e esse tipo de argumento raramente funciona.

Então, três apoiadores compraram uns cem metros de fita azul. Naquela noite, penduraram dezenas de fitas azuis na árvore gigante que há no centro da cidade, que fica bem em frente à escola.

Foi isso. Um símbolo. Um convite para participar.

Nos três dias seguintes, as fitas começaram a se espalhar. Não pelos organizadores, mas por outras pessoas que queriam contribuir. Em uma semana, havia milhares de fitas azuis em árvores pela cidade.

Era uma chance de fazer parte de algo, de encontrar status e pertencimento, e de agir.

O orçamento foi aprovado.

Pessoas como nós podem fazer a diferença.

297. Perguntas que levam a estratégias

Eis algumas perguntas boas para fazer sobre seu projeto e sua estratégia:

- Para quem é esse projeto? Quem é meu menor público viável?
- Que mudança esse projeto busca promover?
- Qual é minha estratégia para fazer essa mudança acontecer? Posso articulá-la claramente?
- Que recursos e ativos tenho para dedicar a este projeto? Tenho lenha o suficiente para essa fogueira?
- Qual é meu cronograma? Quando ele será enviado e qual é meu prazo para encerrá-lo?
- Em quais sistemas estou trabalhando atualmente? O sistema quer o que tenho a oferecer?
- Quais sistemas precisariam mudar para o sucesso de meu projeto? Como posso criar as condições para essa mudança?
- Onde causarei tensão? Que resistência devo esperar dos outros (e de mim mesmo)?
- Quais são os papéis de status e pertencimento em jogo?
- Qual é o tamanho de meu círculo de nós e meu círculo do agora? O que posso fazer para expandi-los? E os círculos do meu público?
- Por que alguém falaria de meu projeto ou o recomendaria a outras pessoas?
- Como posso criar as condições para que se desenvolva um efeito de rede em torno de meu projeto?
- Onde estão os ciclos de feedback e quais deles fazem meu trabalho avançar ou o atrasam?
- Que jogos estão sendo jogados? Quem define as regras?
- Quais jogos se podem vencer, quais são oposicionistas? E quais jogos não precisam ser vencidos, apenas jogados?

- O que posso aprender para aumentar minhas chances de sucesso? Onde posso adquirir esse conhecimento?
- Onde está o menor público viável? O que eles pensam sobre status e pertencimento?
- Quais parâmetros falsos provavelmente vão me distrair? Quais realmente importam?
- Estou tirando vantagem da mudança causada por um agente de mudança? Ou preciso me tornar um agente de mudança?
- Qual ativo transformaria meu projeto? Como posso obtê-lo?
- Se um cliente inicial falar sobre meu projeto, o que ele dirá?
- Onde está a empatia? Meu trabalho se alinha com as motivações e interesses reais do público?
- Que tensão minha mudança vai criar no sistema?
- Estou construindo uma estrutura que as pessoas precisarão adotar e levar adiante?
- Ajudará as forças dominantes do sistema a continuar atingir seus objetivos ou desafiará seu status quo?
- Qual é a minha posição? Quem opta por uma alternativa está fazendo uma boa escolha com base em suas necessidades?
- O que posso aprender com projetos comparáveis que tiveram sucesso ou fracassaram?
- Minha estratégia é simples de descrever e difícil de seguir?
- Que parcerias, alianças ou colaborações poderiam aumentar a estrutura em torno desse projeto?
- Estou explorando um desejo insaciável?
- Qual é o processo para alterar a estratégia com base no que aprendo?
- Minha estratégia é resiliente o suficiente para que possamos enfrentar surpresas?

- O efeito de rede é suficiente para me proteger de uma corrida para o fundo? Posso criar uma rede baseada em abundância em vez de em escassez?
- A mudança que estou fazendo contagia? Como posso alterar a cultura que estou criando para torná-la mais contagiosa?
- Como os sucessos iniciais do meu projeto podem aumentar as chances de futuros sucessos?
- Quais são os requisitos do gênero que escolhi?
- Como calcular a probabilidade de que nossas afirmações funcionem?
- Posso facilitar a decisão dos outros?
- Onde estão os descrentes e como posso evitá-los?
- Sabendo que o desejo por status, pertencimento e/ou segurança ajuda a impulsionar a adoção e a disseminação de um projeto, como estou abordando essas necessidades?
- Que arestas, anomalias ou contradições do sistema atual poderiam servir como vantagem para introduzir minha alternativa?
- Para quais métricas o sistema atual está otimizado? Como minha estratégia poderia realinhar incentivos e ciclos de feedback de acordo com outras métricas de sucesso?
- Meu projeto busca mudar a mentalidade de escassez para a mentalidade de abundância nessa cultura? Como?
- Quem poderia perceber meu projeto como uma ameaça a seu poder ou posição? Como minha estratégia navega por essas dinâmicas políticas?
- Como posso projetar efeitos de rede, de modo que cada novo participante crie valor para todos os demais?
- Que custos irrecuperáveis podem impedir que potenciais stakeholders adotem minha abordagem? Como posso reduzir os custos de mudança percebidos?

- Quais são os scripts ou objeções comuns que devo encontrar? Como responderei construtivamente ao ceticismo e à resistência?
- Como o engajamento com meu projeto ajudará as pessoas a ser quem elas aspiram? Que identidade e visão de mundo ele as convida a assumir?
- Como posso diminuir a resistência inicial e incentivar as pessoas a dar o primeiro passo em direção à minha oferta? Onde está o andaime?
- Como posso encurtar o atraso nos ciclos de feedback relevantes (ou aprender a prosperar com um atraso maior)?
- Como diminuir a barreira de tomada de decisão? Como podemos tornar mais fácil que as pessoas digam "Eu estava certo o tempo todo"?
- Como evitar ficar preso a custos irrecuperáveis se minha estratégia inicial se mostrar fadada ao fracasso? Quando devo mudar de rumo ou persistir? Onde está o declive?
- Posso deixar o projeto mais enxuto? Quais são os padrões e conversas que estou evitando?

Como resistirei à gravidade social e "puxarei para o centro" no decorrer do tempo, conforme meu projeto for amadurecendo e enfrentando pressão para se conformar?

Você sempre teve todo o necessário para fazer a diferença. Mas agora é capaz de enxergar os sistemas, entender os jogos e fazer as perguntas que transformarão seu projeto em um trabalho com impacto. Algo que seja persistente, pessoa por pessoa, dia a dia.

Vá fazer barulho.

298. Agradecimentos

Alguns livros mudaram o foco de minha atenção ao tempo e aos sistemas. Sou grato a James Gleick por sua pesquisa incansável e escrita brilhante. *Caos: a criação de uma nova ciência* e *Time Travel: A History* são fontes infinitas de maravilhas. Também posso recomendar *Pensando em sistemas*, de Donella Meadows, e a grande variedade de obras de Russell Ackoff. Gostaria de ter podido dividir o palco com ambos.

Annie Duke é minha amiga e mentora há anos, e seu livro *Pensar em apostas* é uma leitura obrigatória. *Optimal Illusions*, de Coco Krumme, é revelador, e *How Infrastructure Works*, de Deb Chachra, é uma carta de amor ao que construímos e ao que é possível. Jamie Wong escreveu brilhantemente sobre Thomas Midgley Jr. O grupo de cérebros Ann Marie Scichili, Simon Sinek, Christina Tosi e Will Guidara é um oásis de magia positiva. E obrigado, sempre, a Brian e Amy.

William Rosenzweig, Derek Sivers, Robert Gehorsam, Rohan Rajiv, Avaleen Morris e Margo Aaron foram meus primeiros leitores, e fiz uma boa escolha ao tê-los como amigos, conspiradores e inspirações.

Gostaria de agradecer a Steven Pressfield, David Meerman Scott, Tim Ferriss, Kevin Kelly, Arianna Huffington, Lewis Hyde, Bernadette Jiwa, Debbie Millman, Tom Peters, Pema Chodron, Paul McGowan, Chase Jarvis e muitos outros que têm a coragem de sentar para digitar. Jodi Spangler é uma inspiração e uma amiga querida. Acar Altinsel dá um bom nome aos pinguins. Obrigado a Madeline, Andrea, Carly, Rose, Don e Nina, e ao dr. Olson Pook! E claro, a Helene, Alex, Sarah e Mo.

Obrigado a Becky, John e Julie por fazerem o trabalho. A David Seuss e Bill Bowman por me ensinarem estratégia.

Obrigado à comunidade Purple.space, que ministrou o curso com base no livro: Saurabh Mithal, Júlio Baptista Barroco, Keith King, kHyal, Molly Brawer, Patrick Smith, Scott Perry, Michael Feeley, Gregory Keyes, Terri Tomoff, Julie Rains, Harris Takas, Wendy Coad, J. Thorn, Joya Mary-Rebecca Jones, Eva Forde, Seulki Chong, Morgane Michael, Jason Taylor, Alford Wayman, Josh Lawton, Jan Black, Bill Tomoff, Mary Ahern, Heat Dziczek, Michi Mathias, Andrea Wade, Jon Titus, Damola Morenikeji, Diane Alarcon, Joshua Abush, Brenda Ammon, Ric Lindberg, Raymond Weitekamp, William T. Welch, Anat Banin, Annie Parnell, Diane Alarcon, Paul Melrose, Anna Kohler Smith e Lon Wong. Riley Mayer às vezes lê os agradecimentos. Marshall Gans fez um trabalho importante sobre a história do ego e como podemos fazer a mudança acontecer, o que inspirou o tema dos dois círculos. Obrigado a Anne Shepherd, Jacqueline Novogratz, Jim Ziolkowski, Scott Harrison, Jerry Colonna, Ramon Ray e William Reinisch.

Minha carreira editorial foi moldada por Lisa DiMona, Michael Cader, Stuart Krichevsky, Pam Dorman, John Boswell, Fred Hills, Adrian Zackheim, Megan Casey e Niki Papadopolous. Sou grato a cada um deles por me mostrar o sistema e é uma emoção estar ao lado de Madeline McIntosh enquanto ela ajuda a inventar um novo.

Obrigado a Jen Shaw, Shana Kennedy, Shawn & Lawren, Skylar, David, Charlotte, Lily, Kira, Chelsea, Alice e uma nova geração de solucionadores de problemas.

Toda a equipe da GOODBIDS, que me ajudou a pensar e modelar os desdobramentos da estratégia. Obrigado a Jasper Croome, Anne Marie Cruz, Jennifer Myers Chua, Scott Perry, Blessing Abeng, Fani Theofanidou, Claire Aisinger, e a toda a equipe da Viget.

Randall Munroe da XKCD, claro. E Padma Shyam!

Este livro é dedicado a Niki Armacost, Danielle Butin, Jonathan Sackner Bernstein e à memória de Wangari Maathai.

Uma nota sobre IA: Sou grato pela assistência editorial de Claude, um novo modelo de linguagem conversacional. O livro todo foi escrito por mim, e sou responsável por seu conteúdo, mas sempre pedia a Claude que desafiasse meu raciocínio. Fiquei particularmente satisfeito com sua habilidade de me ajudar a ticar os itens de uma lista.

No início do livro, sugeri a você que desafiasse Claude com prompts e listas deste livro, pois ele é muito bom para revisar trabalhos e apontar o que não condiz com os objetivos que você declara. Se estiver hesitante em compartilhar sua estratégia com seus colegas, pergunte a Claude primeiro.

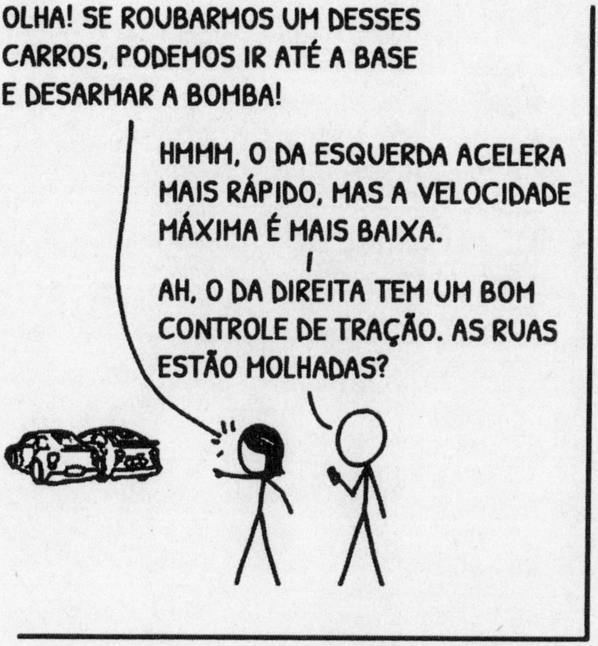

DICA DE EXPERT: SE PRECISAR ME DERROTAR, É SÓ ME DAR DUAS OPÇÕES BEM PARECIDAS E ACESSO ILIMITADO À INTERNET.

Este livro foi composto na tipografia Minion Pro,
em corpo 12/16,5, e impresso em
papel off-white no Sistema Cameron da
Divisão Gráfica da Distribuidora Record.